KB134394

울산 반구대암각화 연구

울산 반구대암각화 연구

전호태

한림출판사

책을 열며

국보 285호 울산 대곡리 반구대암각화는 한국미술사의 첫 장을 장식하는 작품이다. 이미 30곳에 가까운 한국의 암각화유적 중 국보 147호 울산 천전리 각석과 함께 국보로 지정, 관리되는 두 작품 가운데 하나이다. 반구대암각화는 또한 울산지역 선사시대 및 역사시대 초기의 생생한 생활기록이자 종교문화 활동의 증거이기도 하다.

그러나 1971년 12월 25일, 세상에 그 존재가 알려진지 40년을 넘겼음에도 불구하고 반구대암각화에 대한 연구는 매우 제한적으로 이루어지고 있다는 평가를 받고 있다. 더욱이 1965년 대곡천 하류에 건설된 사연댐으로 말미암아 년중 수몰과 노출이 반복될 수밖에 없는 반수몰 유적이라는 상태에서 벗어나지 못한지도 50년에 가까워지고 있다. 암각화의 내용과 구성만으로도 세계적 암각화유적이라는 평가를 받고 있지만 연구와 보존 모두에서 더 앞으로 나아가지 못하고 있는 셈이다.

필자는 1989년 한국정신문화연구원(현 한국학중앙연구원)이 발간을 추진하던 한국민족문화대백과사전의 항목별 교열을 맡으면서 대곡리 반구대암각화와 인연을 맺었다. 1994년 4월에는 반구대암각화의 보존 현황을 파악하고 적극적인 보존관리를 제안하는 KBS 다큐 프로그램 제작 작업에 참여하였고, 1995년 9월에는 한국역사민속학회 주최 학술대회 '한국암각화의 세계'에서 반구대암각화와 천전리암각화의 연구 현황과 과제에 관한 논고를 발표하였다. 울산대학교박물관을 이끌던 1998년 10월에는 '울산의 암각화'를 주제로 한 학술심포지엄을 개최하여 반구대암각화에 대한 국내학계의 관심을 제고시켰고, 2000년 4월에는 울산광역시의 의뢰를 받아 반구대암각화 실측조사 사업을 진행하여 그 결과를 학술보고서로 발간하였다. 이때의 보고서 발간이 계기가 되어 필자는 이후 10여 년에 걸쳐 반구대암각화를 주제로 한 연구논문 여러 편을 학술지에 게재하였다. 2011년 9월 울산대학교에 새로 설립된 반구대암각화유적연구소를 맡은 뒤에는 반구대암각화를 비롯한 한국 암각화유적에 대한 학술적 자료를 수집하고 정리하는 데에 힘을 기울이고 있으며, 국내외 암각화 연구자들의 역량을 모아 의미 있는 연구 성과들이 쌓이게 하고자 애쓰고 있다. 2012년 4월 하버드대학교 한국학연구소와 공동 개최한 국제학술대회 'World Prehistory & Ancient Arts: The Bangudae Petroglyphs of Ulsan, Korea'도 이런 노력의 일환으로 추진, 실행되었다. 이 책 또한 한국의 암각화, 특히 반구대암각화 연구에 새로운 동력을 제공하기 위한 차원에서 준비되었다.

책의 본문 대부분을 차지하는 연구사, 형상론, 편년론, 보존론, 역사교육론은 2010년까지 필자가 여러 학술지에 발표한 논문들을 기초로 근래의 관련 연구 성과들을 더하여 새로 정리하였으며, 예술론 및 한국 암각화유적의 현황과 연구과제는 2013년 초까지의 한국암각화 학계 및 관련분야의 연구 성과를 광범위하게 수렴하면서 작성되었다. 각각의 논문과 자료집 성격의 글에 실린 표, 사진, 도면 등을 수정, 추가, 교체하면서 울산대학교박물관 및 반구대암각화유적연구소 연구원들의 도움을 받았다. 두 기관의 연구원들에게 감사의 뜻을 전한다. 이 책의 출간이 대곡리 반구대암각화의 현재를 돌아보고 미래의 자리 매김을 위한 관심과 노력을 이끌어내는 좋은 계기가 되기를 감히 꿈꾸어 본다.

2013년 2월

울산 문수산 기슭에서 전 호 태

차례

제 5장 예술론

제 6장 역사교육론

제 1 장

연구사

1. 입지

울산 대곡리 반구대암각화는 울산의 중심하천 태화강의 지류인 대곡천 중류의 암벽에 있다.[1](지도 1,2) 이 유적 일대는 1965년 12월 대곡천 하류에 사연댐이 준공되면서 대곡리에 자리 잡은 큰마실, 건넌들, 서당마실, 지통마실 등 여러 마을과 함께 수몰되었다. 반구대암각화 유적이 자리 잡은 대곡리는 본래 경주시 외남면 대곡리와 언양현 중북면 대곡리로 나뉘어 있었다. 이후, 일제강점기에 행정구역 개편이 이루어지던 1914년 언양면 대곡리로 통합되었다.[2]

대곡리 반구대 일대는 수자원 확보를 위한 사연댐이 건설된 뒤 지리상의 큰 변화를 겪게 된다. 현재 반구대 주변에 남은 일부 마을과 유적을 제외한 상당수의 마을과 기존의 크고 작은 교통로가 물에 잠기게 된 것이다. 대곡리에서 가장 큰 마을이던 큰마실과 건너각단 또는 건넌들이라 불

지도 1. 위성 지도로 본 반구대암각화의 위치

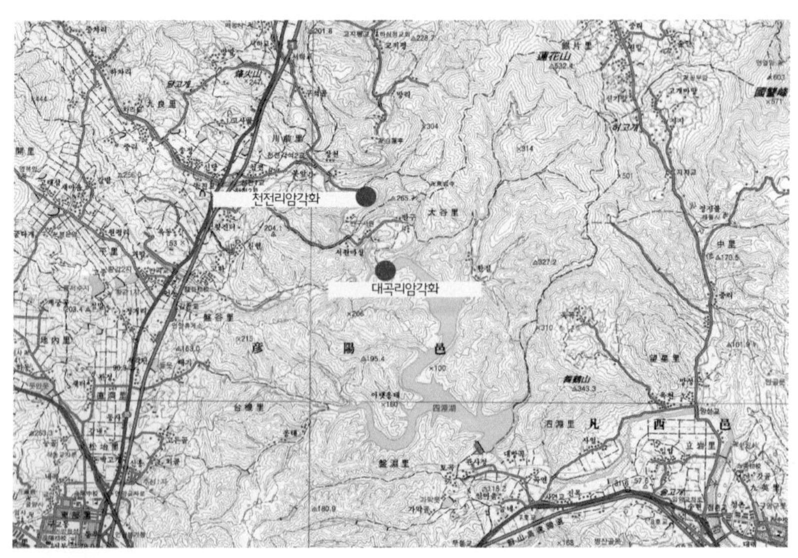

지도 2. 반구대암각화의 위치와 주변 지형

렸던 신리(新里)마을, 서당이 있던 곳으로 알려진 서당마실, 종이 만들던 마을이라는 뜻을 지닌 지통마실 등이 물에 잠겼고, 이들 마을에서 현재의 반구초등학교 사이를 이어주던 건너각단과 암각화유적 사이의 계곡 길도 더 이상 통행이 불가능하게 되었다.[3] 1971년 수몰 상태에서 발견, 보고된 암각화유적은 이후 큰 가뭄이 있는 해의 일부 기간을 제외하면 연중 8개월 가까이 물에 잠겨 있다.[4] 1995년 6월 23일 국보 285호로 지정된 이후에도 유적을 둘러싼 이와 같은 환경조건은 크게 바뀌지 않고 있다.[5]

반구대암각화는 사행성 하천인 대곡천 곁을 따라 수백m에 걸쳐 병풍처럼 펼쳐진 평균 70m 높이의 암벽 가운데 한 곳의 아래쪽에 새겨졌다.(그림 1,2) 유적 앞을 흐르는 대곡천을 따라 2km 가량 거슬러 올라간 곳에 또 한 곳의 대규모 암각화유적인 국보 147호 천전리각석이 있다. 두 암각화 유적 사이의 크고 작은 암벽 곳곳에 사람에 의한 것으로 보이는 바위새김의 흔적이 남아 있으나, 아직 전면적인 조사와 보고가 이루어진 상태는 아니다. 울산지역의 중심부가 전반적으로 평지 사이로 얕은 구릉이 발달한 지형 조건을 지니고 있음을 고려하면, 수km에 걸쳐 깊은 골짜기가 발달한 이 일대가 자아내는 분위기는 독특한 면을 지닌다고 할 수 있다. 이곳이 암각화 제작 장소로 선정된 것은 이 지역이 지니고 있는 이와 같은 특이한 지형 조건 및 분위기와 관련이 깊은 듯하다.

반구대암각화는 암각화가 가장 많이 새겨진 주(主)암면의 위쪽 절벽 바위가 버섯의 갓 모양 앞으로 튀어나오고 서북향인 주암면에 이어진 동북쪽 암벽이 강변을 향해 90°의 각을 이루면서 꺾여 나왔다. 이런 까닭에 주암면 부분은 석양 무렵을 제외하고는 하루 종일 햇볕이 들지 않아 한낮에도 음각그림이 선명하게 드러나지 않는다. 주암면 아래 부분의 암반은 약간 경사지면서 넓게 펼쳐졌다. 또한 암각화 암면 앞을 흐르는 대곡천 건

그림 1. 반구대암각화의 원경

그림 2. 반구대암각화 주암면

그림 3. 반구대암각화 앞 하안대지

너편은 완만한 경사를 이룬 산기슭의 비교적 넓은 하안대지(河岸垈地)로 이루어져 있어 봄의 갈수기에는 다수의 사람이 모이거나 기거할 수 있다.[6] (그림 3)

2. 연구사

잘 알려진 것처럼 국내에서의 암각화 연구는 울산 대곡리 반구대암각화 유적의 존재가 알려지면서 시작되었다고 해도 과언이 아니다. 풍부한 내용과 사실적인 묘사, 회화적인 구성으로 말미암아 암각화 연구 역량의 상당 부분이 반구대암각화에 기울여졌음도 연구자들 사이에는 널리 알려진 사실이다. 근래의 암각화 연구동향 검토에서도 확인되듯이 반구대암각화의 경우도 주로 그림의 제작 시기, 새김법, 의미 해석, 유적의 성격 등을 주제로 연구가 진행되었다.[7]

그러나 문화층 사이의 관계를 검토하거나, 유물의 출토상황, 출토유물과 지표적 유물을 상호 비교하는 등의 방법을 바탕으로 특정 시기 유적, 유물에 대한 편년이 가능한 고고학적 발굴조사 대상들과 달리 암각화유적은 연대 추정을 위한 비교자료가 발견, 수습되기 어려워 객관성을 띠는 편년 결과를 얻기가 대단히 어렵다. 따라서 암각화유적의 경우, 기존의 문화유적 편년방식과는 구별되는 방법론, 별도의 데이터를 바탕으로 편년을 시도할 필요가 있다. 반구대암각화 유적 편년을 위한 주변지역 문화유적 검토에 앞서 기존 연구 성과를 정리하면 다음과 같다.

반구대암각화 유적의 발견자 가운데 한 사람으로 학술지에 가장 먼저 보고 형식의 글을 실었던 문명대는 그림과 그림이 겹치는 부분에 눈길을 모았다.[8] 덧그림에서 확인되는 형상 묘사의 선후관계에 대한 이해에 다른 지역 암각화유적들 사이의 비교분석 결과에 대한 지식을 더하는 방식으로 반구대암각화의 제작시기를 추정하려 한 것이다. 북유럽의 노르웨이와 러시아 시베리아 아무르강 유역의 암각화를 상호 비교한 뒤, 그 결과를 반구대암각화 제작시기 추정에 대입시켜 유적 성립의 상한을 신석기 중기까지 소급할 수 있다는 견해를 제시하였다. 또한 암각화의 새김법을 모두 떼기와 선 새김으로 나눈 뒤, 다시 5가지로 나누었다.

황용훈은 국내에서 발견된 암각화유적 전반을 개관하면서 새김법에 따라 3가지 기본형식과 6가지 세부형식으로 나누었고, 반구대암각화는 제1기법인 쪼아 파기로 제작되었다고 결론지었다.[9] 새김법에 따른 형식분류, 이를 통한 암각화유적 사이의 선후관계 추정, 암각화유적 성립의 상대

편년 설정이라는 암각화유적에의 접근단계와 방식은 이후 임세권, 장명수 등의 연구에도 일정한 영향을 끼쳤다.[10]

김원룡은 반구대암각화에서 중국 한대(漢代)의 무기류와 비슷한 형상이 발견된다고 언급하면서, 암각화가 철기에 의해 제작되었을 것으로 보았다.[11] 그러나 이후의 연구에서 해당 형상과 유사한 무기가 일본 야요이시대 유적출토 유물에서도 확인됨을 지적하면서 반구대암각화의 제작 상한연대를 청동기 후기까지 올려볼 것을 제안하였다.[12]

1980년대에 들어서면 반구대암각화를 고고학자들과는 다른 관점에서 연구하려는 태도가 여러 학문분야 연구자 사이에 나타나게 된다. 김열규는 암각화에 새겨진 형상들을 신화학적으로 해석하려고 시도하였다.[13] 정동찬은 국내외의 고래잡이와 관련한 풍속, 울산 장생포 일대의 고래잡이와 관련한 증언을 청취하고 민속자료를 수집한 뒤 이를 기본 자료로 한 민족지적 접근을 통해 반구대암각화를 이해하려 하였고, 그 결과 반구대암각화는 수렵 · 어로집단이 사냥과 관련된 교육과 의식을 행하기 위해 제작한 것이라는 결론에 이르렀다.[14]

1990년대는 국내에서 발견된 암각화유적의 수가 크게 늘어나면서, 암각화가 관련학계의 주요한 연구주제의 하나로 떠오르는 시기이다. 임장혁은 암각화에 등장하는 형상에 대한 민속학적 해석을 시도하였으며,[15] 임세권은 암각화 새김법을 세밀하게 살펴본 뒤, 덧그림 관계 등 특수한 기법 및 그 결과에 대한 관심을 촉구하였다.[16] 황상일과 윤순옥은 울산만의 후빙기 해진해퇴(海進海退) 현상에 대한 지질학적 분석을 통해 관련학계에 반구대암각화 제작 집단 및 시기와 관련한 지질상태 및 생활환경에 대한 주요한 연구정보를 제공하였다.[17] 황상일 · 윤순옥의 글은 반구대암각화에 대한 자연과학 분야 최초의 전문 연구 성과이자, 암각화유적의 분석과 이해를 위한 학제간 공동연구의 필요성과 가능성을 열어 놓은 연구사적 가치를 지닌 연구결과물이기도 하다.

1995년 한국역사민속학회 주최로 포항에서 열린 '한국 암각화의 세계' 학술 심포지엄은 이와 같은 관심과 성과에 힘입은 것이다.[18] 이 심포지엄은 암각화를 주제로 한 국내 최초의 종합 학술심포지엄으로 당시까지의 암각화 연구 성과를 돌아보고 앞으로의 연구방향을 정립하는 계기가 되었다. 이 심포지엄에서 반구대 및 천전리 암각화의 연구 성과 정리는 전호태가 맡았다.[19]

이어 1998년에는 울산대학교박물관이 '울산의 암각화'를 주제로 한 학술심포지엄을 통해 반구대 및 천전리 암각화에 대한 보다 구체적인 연구와 토론의 기회를 마련하였다.[20] 이 심포지엄에서 장명수는 반구대암각화를 주제별로 분류하고, 각각 어로신앙, 수렵신앙, 벽사신앙의 표현으로 해석할 것을 주장하였다.[21] 김권구는 국내의 암각화 연구에 적용된 이론의 타당성을 검토하면서, 다양한 이론의 장단점에 대한 파악을 전제로 한 유적 연구에의 적용과 해석의 필요성을 제기하였다.[22] 또한 이 해에는 국내 암각화 연구자들이 모여 한국암각화학회를 발족시키며 심포지엄을 개최하고, 그 결과를 바탕으로 '한국암각화연구' 창간호를 간행하였다.[23] 이는 한국에서도 암각화학이 하나의 학문분야로 자리매김 되기 시작했음을 의미한다는 점에서 연구사적 사건이라고 할 수 있다.

2000년에는 울산광역시가 주최한 암각화 국제학술심포지엄이 서울 예술의 전당에서 개최되었으나, 암각화 연구를 위한 새로운 접근방법이나 해석방식은 적극 제기되지 못하였다.[24] 같은 해 울산대학교박물관은 반구대암각화 유적 정밀실측조사를 시행하고 보고서를 발간하였다.[25] 울산대학교박물관에 의한 반구대암각화 실측조사보고서 간행은 유적 발견 30년 만에 이루어진 연구 기초 자료의 확보라는 주요한 학술사적 의의를 지닌다.

울산대학교박물관의 실측조사보고서가 발간된 뒤 반구대암각화에 대한 연구는 세부 주제별로 이루어지는 경향을 보인다. 전호태는 실측조사보고 내용을 바탕으로 반구대암각화의 편년론, 형상론, 보존론 등을 잇달아 발표하였으며, 이상목, 김호석, 장석호, 손호선 등은 동물그림, 고래그림 등을 집중적으로 분석하거나 도상을 보다 구체적으로 고증하고자 하였다.[26] 이하우는 반구대암각화의 제작층을 세부적으로 나누면서 이를 제작집단의 생계방식 및 신앙양상과 연결시켰으며, 장명수는 제작집단의 생업과 신앙양상을 연계시켜 이해하려 하였다.[27] 고무적인 것은 이들의 연구가 단편적 성과에 그치지 않고 박사학위논문 및 학술서의 간행으로 열매를 맺고 있으며 반구대암각화를 주제로 한 학술대회 추진 및 실행의 동력으로 작용하고 있다는 사실이다.[28]

2000년대는 암각화유적의 보존 관리와 관광자원으로서의 활용 가능성 여부가 사회적 논란의 주제로 떠오른 시기이기도 하다. 특히 사연댐 수위의 상승과 하강으로 말미암아 수몰과 노출을 반복할 수밖에 없는 반구대암각화 보존을 둘러싼 논쟁은 사회적 관심의 대상이 되었음에도 불구하고 해결의 실마리를 쉽게 찾지 못하고 있다.[29] 반구대암각화 보존을 둘러싼 논란이 장기화 되고 있는 가운데 구체적 보존 방안을 찾기 위한 학계의 연구와 국토해양부, 문화재청, 국립문화재연구소, 울산광역시 등이 주도한 연구보고도 잇달아 이루어지고 있으나 아직까지는 논쟁의 당사자들이 모두 받아들일 수 있는 대안의 제시와 수용으로까지는 나아가지 못한 상태이다.[30] 지금까지 살펴본 내용을 알기 쉽게 간략히 정리하면 (표 1)과 같다.

표 1. 대곡리 반구대암각화 연구사 개관

연도	발표자	논문명 및 게재지	주요내용
1973	문명대	「울산의 선사시대 암벽각화」『문화재』7	울산의 천전리, 반구대 암각화의 발견경위와 제작기법, 연대추정
1975	황용훈	「한반도 선사시대 암각의 제작기술과 형식분류」『고고미술』127	반구대 암각화를 유럽, 중앙아시아 등의 연구성과를 바탕으로 새김법에 대한 형식분류를 시도
1980	김원룡	「울주반구대 암각화에 대하여」『한국고고학보』9	암각화의 형상과 출토유물에 대한 비교를 통해 제작연대를 추정, 중국 漢代弩와 유사한 형상을 비교
1983	김열규	『한국문학사-그 형상과 해석』 탐구당	암각에 새겨진 도형들을 시각적 언어로 이해하고 이를 신화적으로 해석
1983	김원룡	「예술과 신앙」『한국사론』13	암각화의 특정 형상과 유사한 유물이 일본 야요이시대에도 발견된다고 보고 절대연대의 상한을 상정
1984	황수영 문명대	『반구대암벽조각』 동국대학교	유적의 발전경위와 조사과정, 암면의 실측도와 사진, 탁본도판, 동물형상을 동물분류학상에 의거해 분류해설
1984	임세권	「우리나라 선사암각화의 연구에 대하여」『동양학논총』	암면에 새겨진 형상들을 제작기법 별로 나누고 이들간의 선후관계를 고찰
1986	정동찬	「우리나라 선사바위그림연구-대곡리 선사바위그림을 중심으로-」 연세대학교 석사학위논문	고래잡이와 관련한 풍속과 현지 조사를 토대로 비교연구
1991	임장혁	「대곡리 암벽조각화의 민속학적 고찰」『한국민속학』24	암각화에 등장하는 형상에 대한 민속학적(의미) 해석을 시도
1994	임세권	『한국선사시대 암각화의 성격』 단국대학교박사학위논문	기존 암각화 연구에 대한 정리와 해석
1995	황상일 윤순옥	「반구대암각화와 후빙기 후기 울산만의 환경변화」『한국제4기학회지』	울산만의 후빙기 해진 해퇴를 통해 당시의 생활상과 제작연대를 추정
1996	정동찬	『살아있는 신화 바위그림』 혜안	현지조사 자료와 민족지 자료를 바탕으로 한 비교분석, 고래 형상에 대한 종류와 생태에 대한 해설
1996	송화섭	「한국 암각화의 신앙의례」『한국의 암각화』 한길사	한반도에서 출토된 선사시대 지닐예술품과 벽예술품(암각화)에 대한 종교적 해석 시도
1996	장명수	「한국 암각화의 편년」『한국의 암각화』 한길사	새김새와 문화적 성격 분석을 통한 편년 시도
1996	전호태	「울주 대곡리 · 천전리 암각화」『한국의 암각화』 한길사	암각화 연구의 성과와 문제점, 연구과제 제시
1999	김권구	「대곡리 반구대암각화의 이해와 연구방향에 대하여」『울산연구』1	암각화 연구에 대한 이론적 검토와 편년에 대한 소개
2000	울산대학교 박물관	『울산반구대암각화』 울산대학교	암각화정밀실측조사를 통해 형상분류, 새김법 확인, 조사방법 및 보존방안제시
2001	장명수	『한국 암각화의 문화상에 대한 연구-신앙의 전개양상을 중심으로』 인하대학교 박사학위논문	국내에서 발견된 암각화유적의 현황, 유형분류, 편년, 신앙양상 정리
2004	이상목	「울산 대곡리 반구대 선사유적의 동물그림: 생태적 특성과 계절성을 중심으로」『한국고고학보』52	동물그림의 특징, 유형 분류를 통해 제작집단의 생업활동 내용 분석
2005	전호태	『울산의 암각화-울산 대곡리 반구대암각화론』 울산대학교출판부	반구대암각화 연구사, 형상론, 편년론, 보존론 제시
2005	김호석	『한국의 바위그림』 문학동네	반구대암각화, 천전리서석 제작층 분석
2011	이하우	『한국 암각화의 祭儀性』 학연문화사	국내 암각화유적의 편년, 제의성 검토, 반구대암각화, 천전리서석 제작층 및 제작기법 분석
2011	이상목	Chasseurs de baleines La frise de Bangudae Coree de Sud	국내 암각화유적 소개, 반구대암각화 제작층 및 제작기법 분석
2011	국립문화재 연구소	『반구대암각화』	반구대암각화를 3D스캔기법으로 정밀실측

편년	제작 및 표현기법	유적의 성격	연구사적 의의
신석기중기	모두떼기와 선쪼기로 분류 –하위 5가지로 세분	북유럽과 시베리아의 신석기 샤만예술과도 관련이 있다고 추정	반구대에 관한 최초의 보고서
신석기말기~ 청동기전기	쪼아파기(제1기법)에 해당하며 형식분류상 세 가지 기본 형식과 6개의 세분형식으로 나눔	제작기법상 가장 오래된 암각기법이며 수렵사회의 소산물	제작과 표현기법에 대한 형식 분류 시도
초기철기이후	–	–	암각형상과 역사유물과의 비교
–	–	시베리아 샤머니즘과 관련	신화학적 해석
청동기후기~ 원삼국초기	–	암각화 유적지는 종족보존과 직결된 성지	–
신석기말기~ 청동기	모두쪼기와 선쪼기 – 하위 세부 분류	수렵어로인들의 사냥 관련된 사냥미술	울산암각화에 대한 종합보고서에 해당
신석기	선각화와 면각화로 구분	면각은 어로집단이 선각은 산악집단에 의해 새겨졌을 것으로 추정	중복그림에 대한 고찰
신석기	선그림과 평면그림	사냥대상에 대한 지식과 사냥방법 분배의 법칙과 관련 있다고 봄	민족지(Ethnography)적 비교 연구
청동기	–	정기적인 신년의례와 관련이 있으며 재생	민속학적 측면에서의 고찰
청동기	면각과 선각 및 하위 5가지로 세부	제의 자체와 관련된 사항을 새긴 수렵예술	한국 암각화에 대한 종합적인 고찰
6,000~ 5,000BP	기존연구자들의 면각과 선각의 구분 수용	암각화에 해퇴 현상에 따른 생활상의 변화(어로→수렵)가 반영되었다고 봄	최초의 지리학적 접근
신석기	평면그림과 선그림	수렵 · 어로 대상에 대한 의식, 또는 교육의 목적으로 추정	암면 형상(고래)에 대한 생태학적 분석을 시도
신석기중기	–	수렵 · 어로민들의 예술세계와 심미적 표현양식을 보여주는 선사미술	종교적 대상으로서의 암각화
청동기	면쪼아새김과 선쪼아새김	어로와 수렵에 대한 특별한 기술을 가진 전문집단이 경제활동의 풍성을 기원해서 새긴 것	새김법에 의한 종합적 편년 시도
신석기후기~ 청동기 중기	면각과 선각	특정한 시기, 특정한 영역에 살던 주민들이 남긴 생활유적의 일부	암각화에 대한과학적 기초연구 (古환경, 지질, 생태 등)의 필요성 강조
청동기후기~ 초기철기	면새김과 선새김, 중간단계 (뢴트겐기법)	농경의 비중이 커지는 시대를 살던 어로수렵경제집단의 사회적 전략에 의한 의례	암각화 연구이론에 대한 검토
신석기~ 청동기	쪼아파기(새김)의 다양한 단계	수렵 · 어로집단이 남긴 종교활동의 산물	개별 형상에 대한 정밀실측조사보고
청동기	면새김과 선새김	수렵과 어로의 풍성을 기원한 감응주술적 생산신앙에서 가축과 집단의 보호를 위한 벽사신앙으로 이행하는 과정을 보여줌	국내 암각화유적이 보여주는 문화상에 대한 분석
신석기	쪼기, 갈기, 긋기, 돌려파기	계절에 따라 분산된 집단의 결속과 동족의식을 강화하는 공동의례의 소산물	신석기시대 수렵채집어로집단 제작설 제기
신석기후기~ 청동기	쪼아파기(새김)의 다양한 단계	수렵채집사회의 생활상과 제의, 신앙행위 산물	반구대암각화에 대한 최초의 전문연구서
청동기후기~ 철기후기	선묘, 면새김, 음양각 도안	정착생활을 하면서 일정기간 고래잡이를 병행한 집단의 예술품	동일집단 제작설 제기
신석기후기~ 철기	면새김, 선새김의 다양한 조합	수렵채집사회의 주술 및 제의표현의 산물	암각화 제작층과 제의표현의 상관관계를 구체적으로 검토
신석기	쪼기, 갈기, 긋기, 돌려파기	신석기시대 수렵채집어로집단의 계절별 생업활동과 의례의 산물	신석기시대 수렵채집어로집단의 작품으로 규정
–	–	–	3D스캔 정밀실측

위의 (표 1)에서 보다 잘 드러나듯이 반구대암각화에 대한 관심은 유적 발견 초창기인 1970년대에는 주로 암각화의 제작 시기와 새김법을 파악하는 데에 쏠렸으나, 1980년대에는 고고학 이외의 영역에서 접근이 이루어지기 시작하여 암각화의 제작 동기, 의미, 용도 등이 검토되었다. 이 시기에는 1984년 종합조사보고서의 성격을 지니고 출간된 『반구대 암벽조각』이 연구자들에게 주요한 연구 기초 자료로 여겨졌다.

1990년대 중반부터는 20여 년 동안 이루어진 개별 연구 성과를 종합하고 연구방향을 새롭게 정립하려는 시도들이 학술심포지엄이라는 형태로 나타나는데, 그 대표적인 예가 앞에서 언급한 한국역사민속학회의 '한국 암각화의 세계'(1995), 울산대학교박물관의 '울산의 암각화'(1998)일 것이다. 울산대학교박물관에 의한 정밀실측조사보고서 '울산 반구대 암각화'(2000)는 국제암각화학계에서 그대로 사용될 수 있도록 암각화에 표현된 형상의 개별실측치 자료가 제시되었다는 점에서 유적 발견 이후, 30년간 이루어진 암각화 조사와 연구에 한 획을 그은 성과라고 할 수 있다.

2000년 이후의 주제별 연구는 성과의 축적이 지속적으로 이루어지면서 학술연구서의 간행으로까지 이어진다는 점에서 암각화 연구의 수준이 한 단계 더 깊어짐을 확인시켜 준다는 의미를 지닌다. 그러나 이런 흐름과 함께 시작된 암각화 유적 보존을 둘러싼 논란은 10년 이상 해결점을 찾지 못하고 있다. 이 논쟁의 추이와 결론은 한국사회에서 앞으로의 문화유산 보존의 방향과 방안을 결정짓는 주요한 계기로 작용할 것으로 예상된다.

제 2 장

형 상 론

1. 형상과 분류

2000년 4월부터 시작되어 12월에 마무리된 반구대암각화 유적의 정밀실측 및 조사보고 작업 결과 널리 알려진 주암면(A, B, C, D, E)을 포함한 11개의 암면에서 암각화가 발견, 조사, 정리되었다.(그림 4, 5)[31] 현재까지의 정리 작업으로 확인된 여러 가지 물상의 수는 296점으로 물상의 암면 및 유형별 수량은 (표 2)와 같다.[32]

그림 4. 반구대암각화 암면 배치도

그림 5. 반구대암각화 실측도

표 2. 반구대암각화 물상의 암면 및 유형별 수량

유형	세부유형	A면	B면	C면	D면	E면	F면	G면	H면	I면	J면	K면	L면	M면	N면	O면	합계	총합계
인물상	全身	2	1	6	2					1							12	14
	顔面			2													2	
동물상	우제目	5	5	20	20	2		3	1						1		57	193
	식육目	3	5	8	5	1	1						1	1		1	26	
	고래目	23	7	15	5	2	2	1			1	1	1				58	
	거북目	3		2		1											6	
	鳥類			2	1												3	
	魚類	1	1														2	
	미상	3	6	10	12		1	2	2				5				41	
도구상	배	2		1	1		1										5	11
	울타리	1	1														2	
	그물	1									1						2	
	武器類	1															1	
	기타	1															1	
미상	종류불명	10		8	5	1											24	78
	형태불명	10	8	16	10	2		2	1			2	3				54	
합계		66	34	90	61	9	5	8	4	1	2	3	10	1	1	1	296	296

(표 2)는 암면에서 확인된 개별 형상을 외형을 기준으로 상호간의 유사관계를 고려하여 작은 단위로 묶고, 다시 보다 큰 단위로 묶는 상향분류 방식을 적용하여 정리한 결과이다. 특히 동물 형상의 경우, 외형적인 특징에 주로 근거하는 인위분류(artificial classification)방식을 바탕으로 먼저 종, 혹은 속별로 묶은 다음, 과나 목과 같은 상위 분류단위로 묶어 나갔다.[33] 이와 같은 방식으로 1차 분류된 형상은 다시 인물상, 동물상, 도구상, 정확한 내용을 알 수 없는 미상(未象) 등 크게 4가지 대 유형으로 나누어 묶었다. 대 유형으로 분류한 결과, 가장 비중이 높은 것은 총 개체 수 대비 비중이 65.2%에 이르는 동물상으로 나타났다. 다음으로 미상이 26.3%, 인물상이 4.7%, 배, 그물 등 도구상이 3.7%를 차지하였다. 이를 알기 쉽게 도표로 정리하면 (표 3)과 같다.

표 3. 반구대암각화 물상의 대 유형별 비중

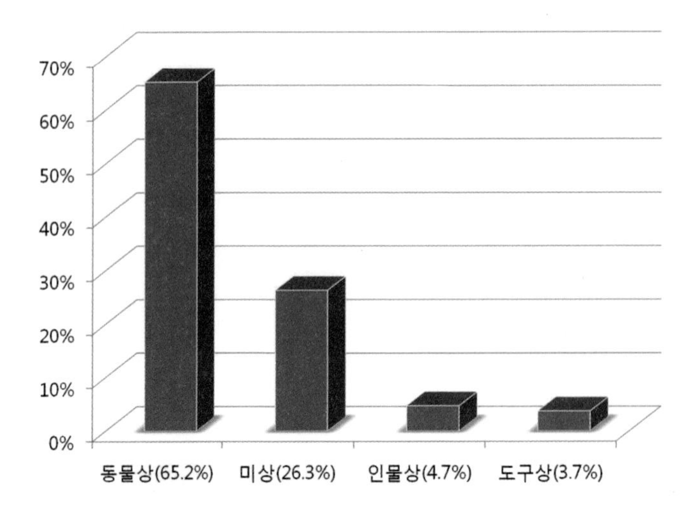

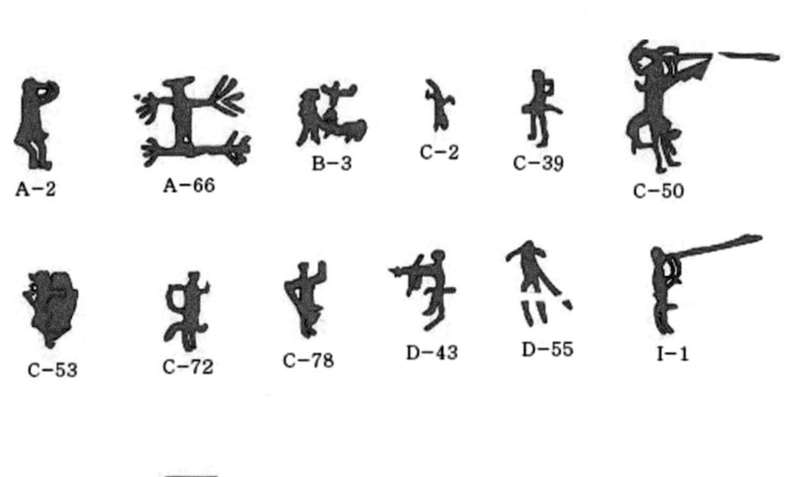

그림 6. 반구대암각화 인물상 실측도

(1) 인물상(Anthropomorphes)

실측조사 결과 반구대암각화 유적에서는 모두 14점의 사람 형상이 확인되었다.(그림6) 이 가운데 12점이 측면으로 새겨진 전신상이며, 나머지 2점이 얼굴 부분만이 표현된 안면상이다. 전신상 가운데 남성의 성기로 여겨지는 부분이 발견된 것이 4점이다.

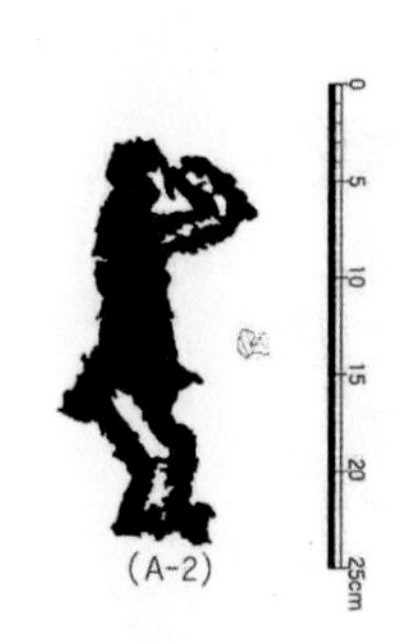

그림 7. 반구대암각화 A-2

눈길을 모으는 사례로는 두 손을 얼굴 부근으로 올리고 두 다리를 약간 구부린 A-2, 다른 동물 형상과 함께 새겨진 B-3, C-2, C-72, D-43을 들 수 있다. A-2는 고래를 부르는,[34] 혹은 신에게 고래를 보내줄 것을 요구하는 주술사로 해석되는 존재이다.[35](그림 7) 기존의 보고 도면들과 비교할 때,[36] 성기로 해석되는 돌출부의 끝 부분이 그리 두텁지 않다. D-43은 맞은편에 보이는 사슴류의 짐승들 D-40, 41, 42을 향해 활과 유사한 도구를 들이대는 듯한 자세이다.(그림 8) 사슴들을 활로 쏘아 잡는 실제의 사냥 장면,[37] 혹은 이미 있었던 상황을 재현한 그림의 일부로 이해된다. 이 장면과 관련하여 C-50의 인물을 나팔을 부는 몰이꾼으로, C-78은 검을, D-43은 활을 든 사냥꾼으로 해석하면서 이 일대의 짐승들을 몰아 사냥하는 모습으로 보는 견해도 있다.[38] 그러나 실측에 이은 셀룰로 작업 결과 C-78의 경우, 도구를 들고 있는지, 들고 있다면 어떤 도구인지가 명확하게 드러나지 않아 재고가 요청된다.(그림 9)

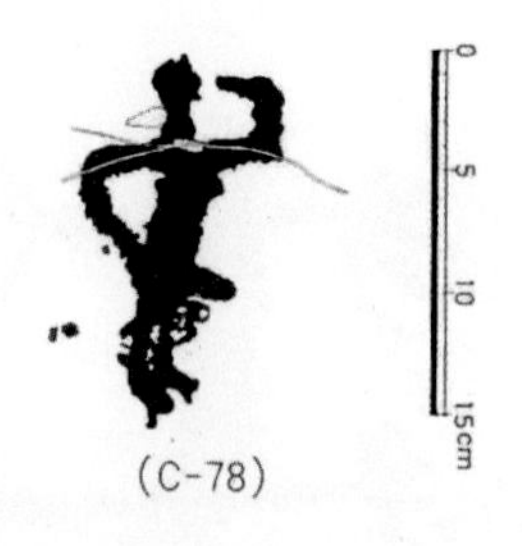

그림 8. 반구대암각화 C-78

그림 9. 반구대암각화 실측도: D 암면 부분

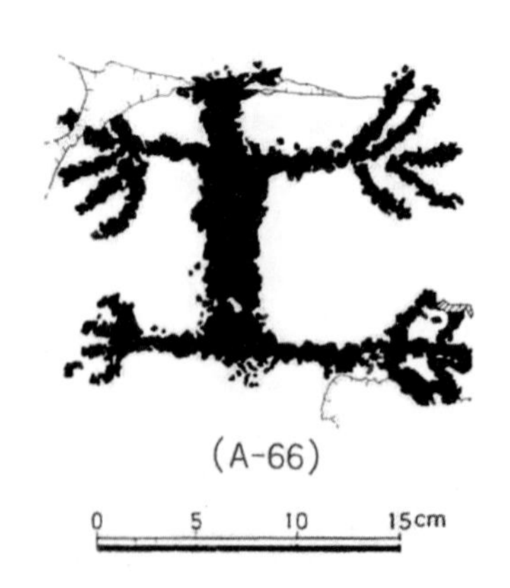

그림 10. 반구대 암각화 A-66

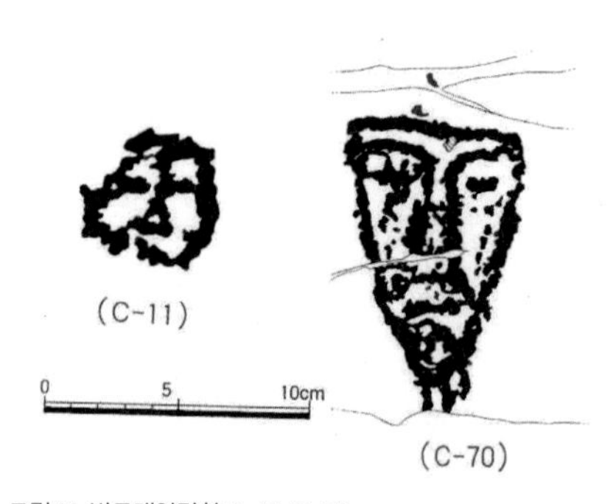

그림 11. 반구대암각화 C-11, C-70

인물의 전신상 가운데 흥미로운 것은 두 팔과 두 다리를 벌린 채 서 있는 자세의 A-66이다.(그림 10) 사지 끝의 손가락과 발가락이 모두 표현된 이러한 사람 형상의 암각화는 세계적으로 유사한 사례가 널리 발견된다.[39] 대부분의 연구자들은 A-66을 샤먼으로 해석하고 있으나,[40] 일부 연구자는 성기가 돌출한 형태로 표현되지 않았고 가슴부분이 부풀게 묘사되었음을 들어 여자로 이해하기도 한다.[41] 그런데 실제 현장조사에서는 일부에서 지적한 '가슴이 부푼 부분'이 확인되지 않았다. 오히려 사람 형상의 사타구니 아래쪽에 소수의 새김 흔적이 있었다. 따라서 A-66의 성(性)에 대한 판단을 바탕으로 한 여러 가지 해석은 재검토의 여지가 있다고 하겠다.[42]

C-11, C-70은 이미 잘 알려진 물상으로 보다 강한 주술적 기능이 상정된 탈로 이해되기도 한다.[43](그림 11) 그러나 두 형상의 기능과 성격에 대한 분석이 아직 미진한 상태임을 고려할 때 일단 안면상으로 분류한 상태에서 머무르는 것이 아직은 타당할 듯하다.

(2) 동물상(Zoomorphes)

193점이 확인된 동물상은 크게 바다짐승과 뭍짐승으로 나눌 수 있다. 목, 과 단위로 살펴보면 사슴, 양, 멧돼지 등을 포함한 우제목(Artiodactyla)이 57점, 호랑이를 비롯한 고양이과(Felidae), 여우, 늑대 등 개과(Canidae)와 족제비과(Mustelidae)로 분류될 수 있는 식육목(Carnivora)이 26점, 조류 3점 등 뭍짐승류가 모두 86점이다.(그림 12~15) 바다짐승인 고래목(Cetacea)은 58점, 바다를 생활무대로 삼는 바다거북류, 곧 분류상 거북목(Chelonia)에 속하는 것이 6점, 모두 64점이 바다짐승들이다.(그림 16~19) 이와 같이 동물상 가운데 식별, 분류 가능한 것은 모두 152점이며, 나머지 41점은 현재로서는 목이나 과 단위로 나누기 어렵다.(그림 20) 종류미상으

그림 12. 반구대암각화
동물상 실측도: 우제목 1

그림 13. 반구대암각화
동물상 실측도: 우제목 2

그림 14. 반구대암각화
동물상 실측도: 식육목

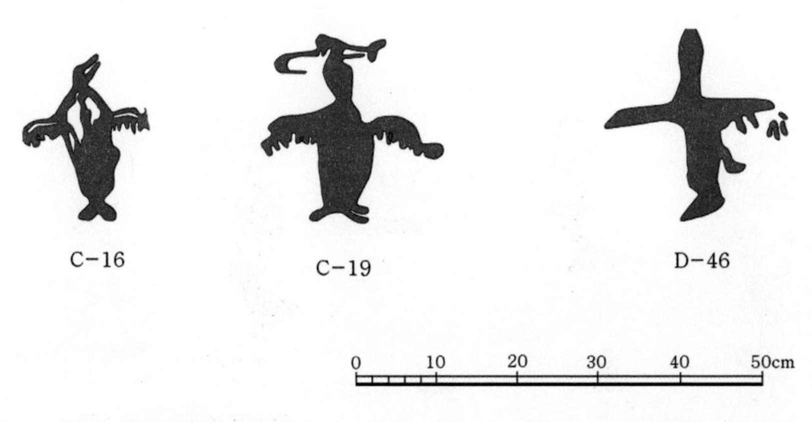

그림 15. 반구대암각화 동물상 실측도: 조류

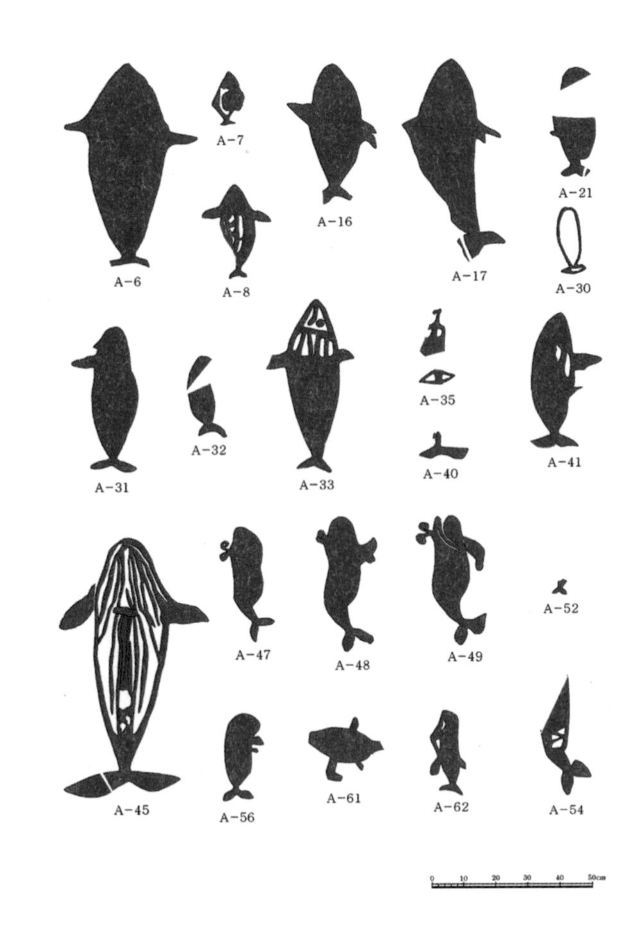

그림 16. 반구대암각화
동물상 실측도: 고래목 1

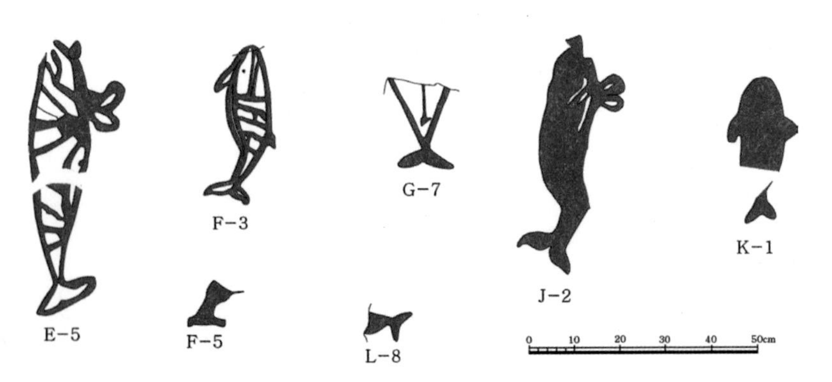

그림 18. 반구대암각화 동물상 실측도: 고래목 3

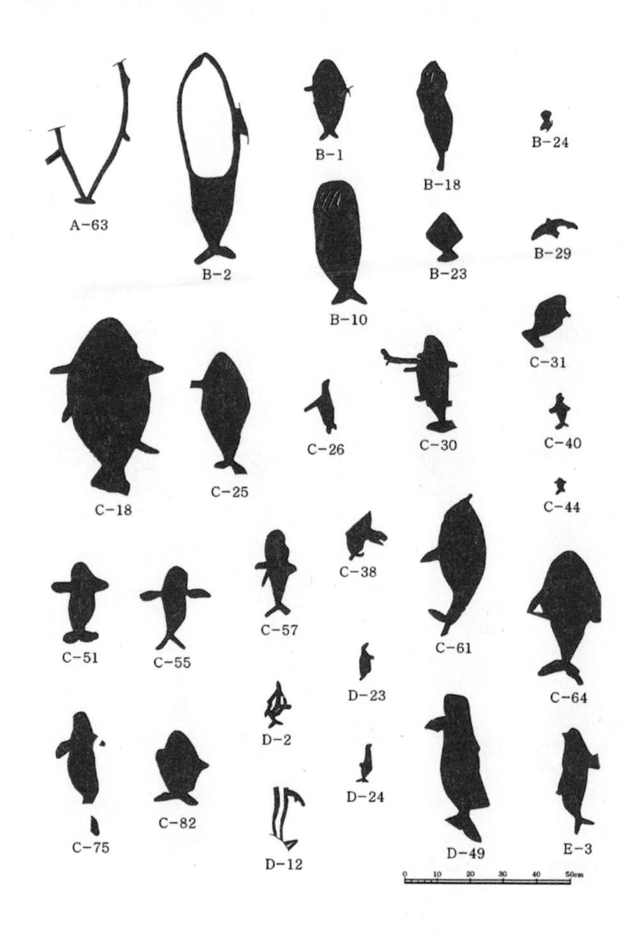

그림 17. 반구대암각화 동물상 실측도: 고래목 2

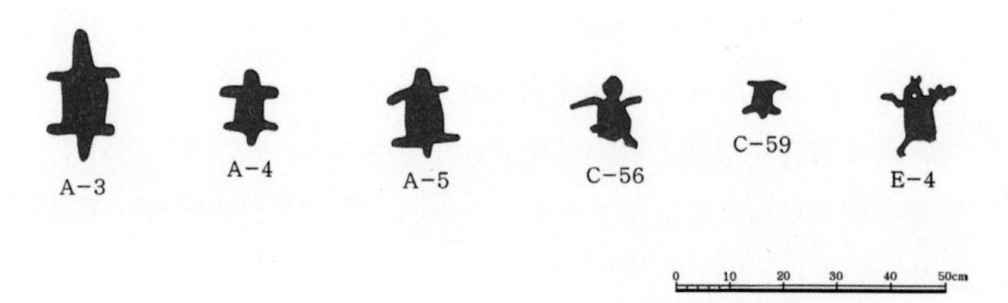

그림 19. 반구대암각화 동물상 실측도: 거북목 1

그림 20. 반구대암각화 동물상 실측도: 미상

로 처리된 41점의 경우, 앞으로 보다 전문적인 검토가 뒤따라야 할 것이다.

뭍짐승과 바다짐승이 무려 200점에 가까운 것과는 대조적으로 암면에서 상어를 포함한 어류로 식별 가능한 것은 2점에 불과하다.(그림 21) 암각화 제작 집단의 생활상 및 관념과 관련하여 주의되는 부분이다. 위와 같은 분류를 바탕으로 동물상 전체에서 차지하는 각 종별 비중을 알기 쉽게 정리하면 (표 4)와 같다.

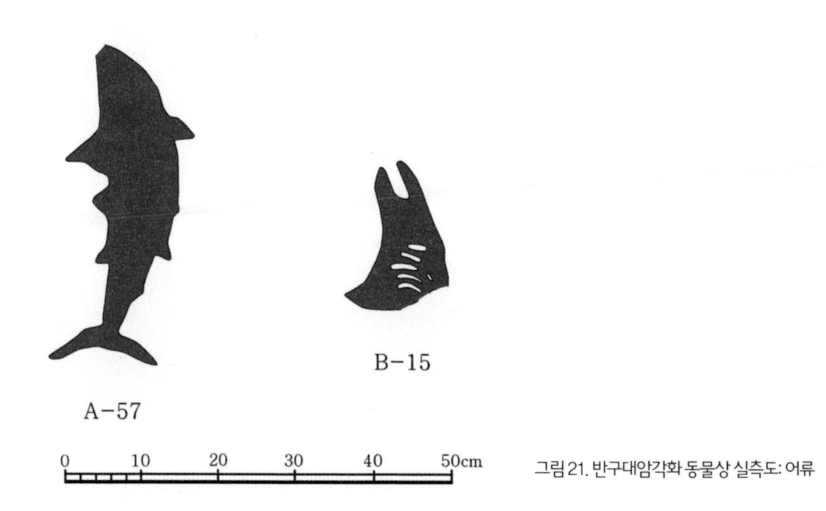

그림 21. 반구대암각화 동물상 실측도: 어류

표 4. 반구대암각화 동물상의 대 종별 비중

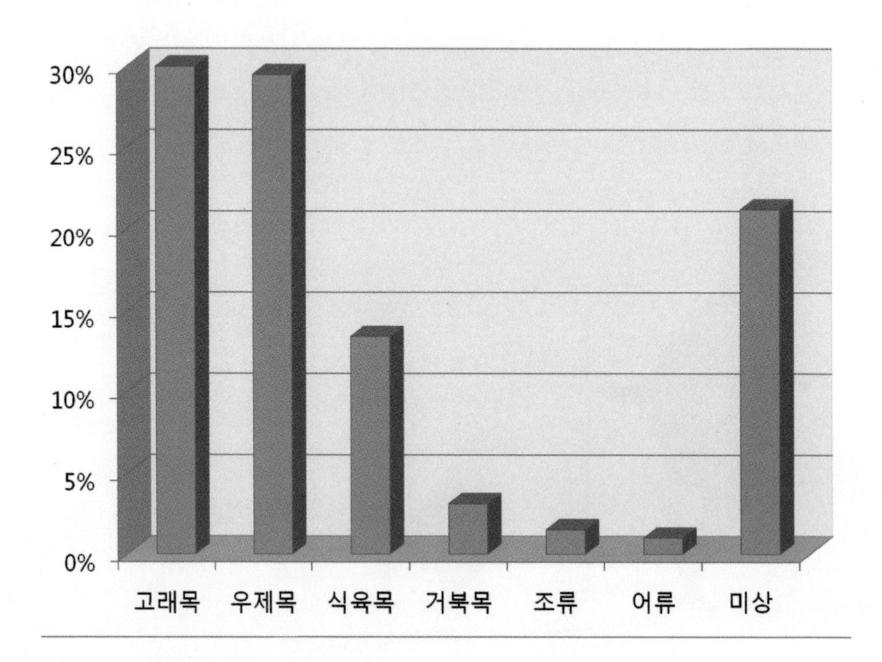

(표 4)에서 잘 드러나듯이 동물상 가운데 단일목으로 가장 높은 비중을 지니는 것은 고래목이며 전체의 30%를 차지한다. 사슴을 비롯한 우제목(Artiodactyla)이 29.5%로 고래목과 거의 비중 차이를 보이지 않는 점이 흥미롭다.

이외 식육목(Carnivora)이 13.4%, 거북목(Chelonia) 3.1%, 조류 1.5%, 상어를 포함한 어류 1.0 %의 차례이다. 종류를 판별하기 어려운 동물상이 전체 비중의 21.2%에 이르지만, 이 가운데 전문가의 검토를 거치면 분류 가능할 것으로 보이는 사례도 다수 있다.

동물상 가운데 눈길을 끄는 것으로는 먼저 A-6, A-7을 꼽을 수 있다.(그림 22) A-6을 새끼 밴 고래로 보는 견해가 처음 제시되어[44] 이후의 연구자에 의해 수용되다가[45] 새끼고래를 업고 있는 어미 고래로 보는 입장이 더해졌으며,[46] 최근에는 A-7을 고래에 기생하는 물고기로 해석하는 설도 나왔다.[47] 한 가지 확실한 것은 실측조사를 통해 A-7의 좌측 부분에서 규칙성을 보이는 새김 흔적이 확인되었다는 점이다. A-7의 꼬리가 수평으로 표현된 점을 이러한 사실과 함께 고려해 볼 때, A-7 자체는 일단 고래의 일종을 나타낸 것으로 이해해야 할 듯하다.

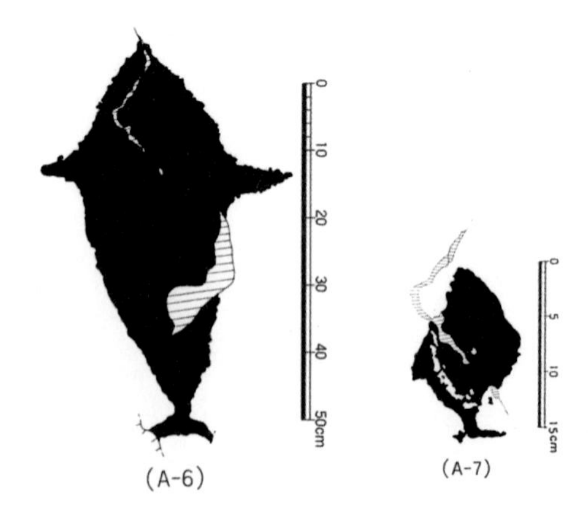

그림 22. 반구대 암각화 A-6, A-7

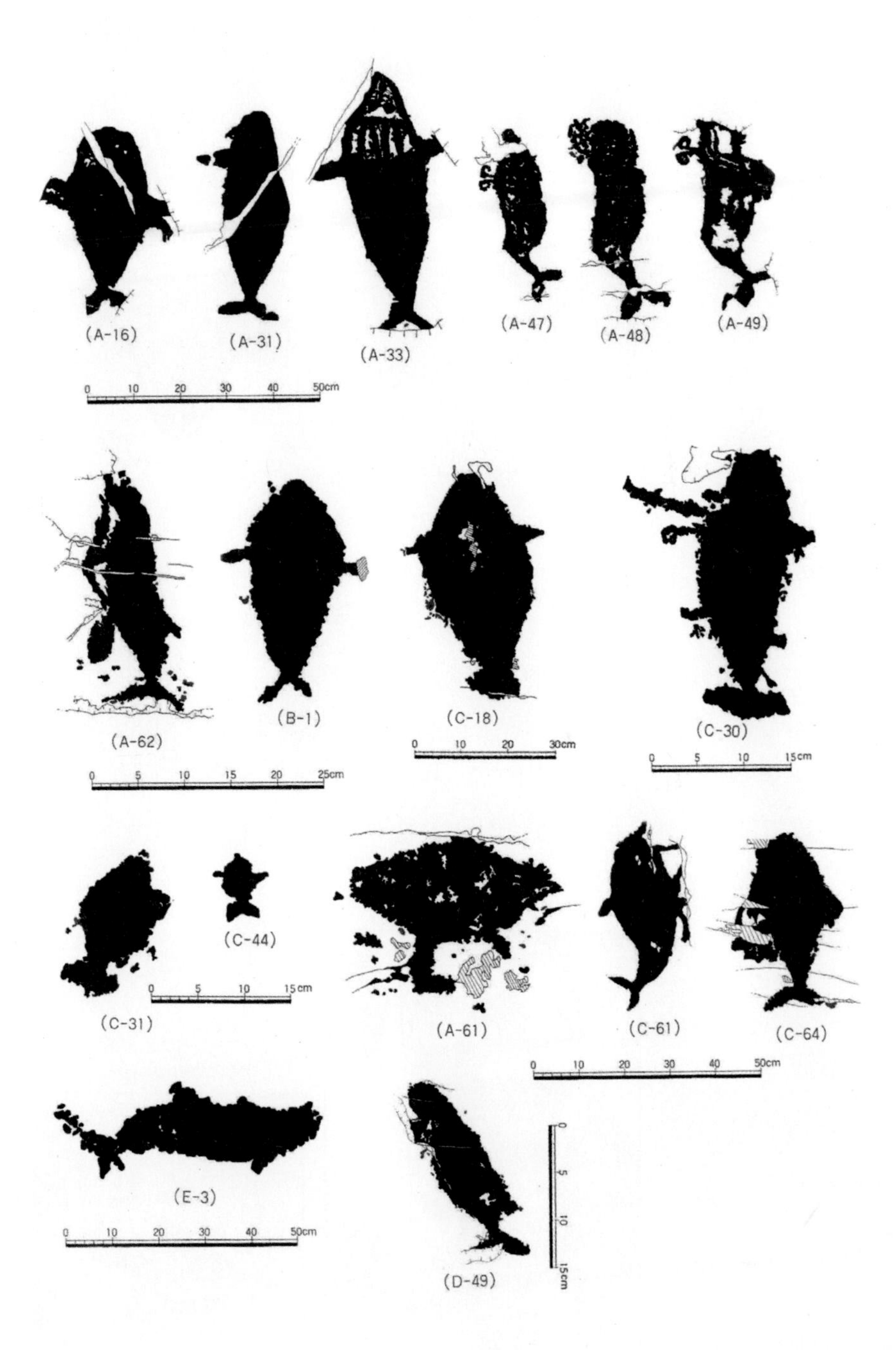

그림 23. 반구대암각화 A암면 고래

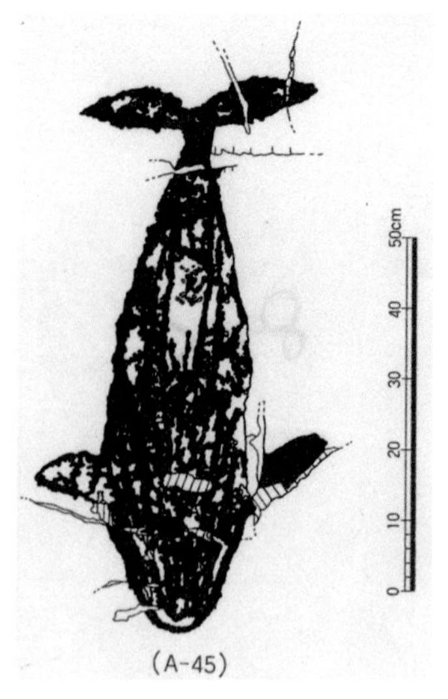

그림 24. 반구대암각화 A-45

동물상 가운데 다음으로 눈길을 끄는 것은 이미 많은 연구자들이 지적하였듯이 A면에 주로 나타나는 고래목 짐승들이다.(그림 23) 다른 형상에 비해 상대적으로 크게 표현된 고래들 가운데 특히 A-45는 전장이 80cm에 가깝다.(그림 24) 흰긴수염고래로 추정된 이러한 종류의 대형 고래는 암각화 제작 집단에게도 강한 외경심을 품게 했던 것으로 보인다.[48] 고래 사냥과 관련된 것으로 해석되고 있는 A-17, A-18과 A-29, A-30은 암각화의 제작 시기를 추정할 수 있는 실마리가 되는 것으로 오랫동안 연구자들의 관심이 집중되었던 부분이다.[49](그림 25,26) A-18은 A-36과 함께 대곡리 반구대암각화의 제작 시기를 청동기시대 이후로 내려보게 하는 중요한 근거로 제시되기도 하였다.[50] 실제 실측조사를 통해서도 A-18은 A-17의 몸에 꽂혔음을 드러내려한 듯 창 날 한 부분을 모두 쪼아내기로 나타냈으며, 창 끝 부분을 대단히 날카롭게 하여 재질이 금속임을 과시하려 한 듯하였다.(그림 27) 실측조사 결과 A-29, A-30이 고래 사냥의 한 장면일 것이라는 기존의 추정 자체는 일단

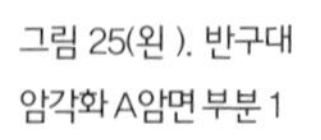

그림 25(왼). 반구대 암각화 A암면 부분 1

그림 26(오). 반구대 암각화 A암면 부분 2

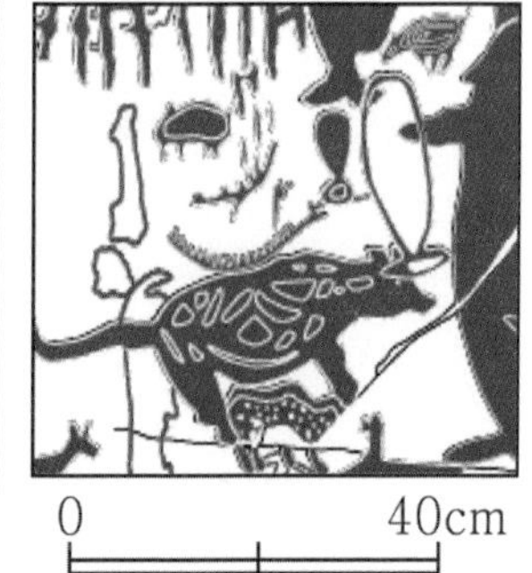

그림 27. 반구대암각화 A-17, A-18

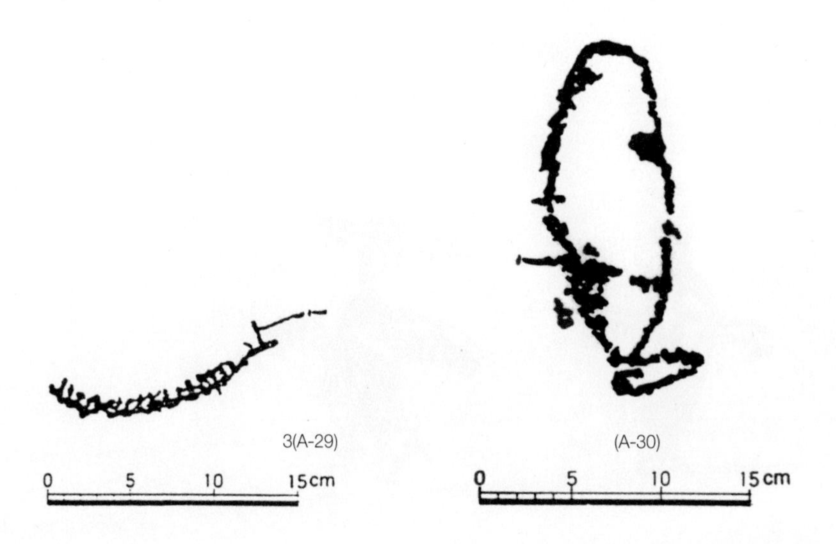

그림 28. 반구대암각화 A-29, A-30

큰 무리가 없는 듯하다.(그림 28)

조류로 분류된 C-16, C-19, D-46 가운데 C-16, C-19는 물개로 보다 많이 알려졌던 물상들이다.[51](그림 29) 그러나 최근의 조사와 연구에서 바다새로 보아야 한다는 견해가 제시되었다.[52] 두 물상의 머리 부분과 몸체 각 부분의 표현기법 등으로 볼 때 바다새의 한 종류로 보는 것이 보다 타당한 해석일 듯하다.

뭍짐승의 경우 자세한 종류까지 판단하기 어려운 경우가 많으나 뿔이나 귀, 다리, 꼬리 등의 특정 부위가 지닌 특징이 잘 표현되고 있어 분류에 크게 도움을 준다. 이것은 암각화의 제작자들이 특정 종류의 짐승이 지니는 특징을 정확히 인식하고 있었으며, 그림을 새겨 넣으면서 이러한 면을 드러내는 데에 주의를 기울였음을 뜻한다. 예를 들면, 다른 동물을 잡아먹고 사는 식육목(Carnivora)의 경우, 대체로 몸통을 길게 나타내면서 호랑이를 포함한 고양이과(Felidae)의 짐승은 여기에 더하여 머리를 짧고 둥글게 표현한다던가,(그림 30) 여우나 늑대 같은 개과(Canidae)의 짐승은 주둥이를 길게 나타내는 식의 처리방식이 그러하다.(그림 31) 우제목 가운데 가장 빈번히 발견되는 사슴류는 뿔을 나타내는 방법 외에 엉덩이 부분을 풍만하게 묘사하는 방식을 쓰고 있어 우제목에 속하는 것으로 보이는 다른

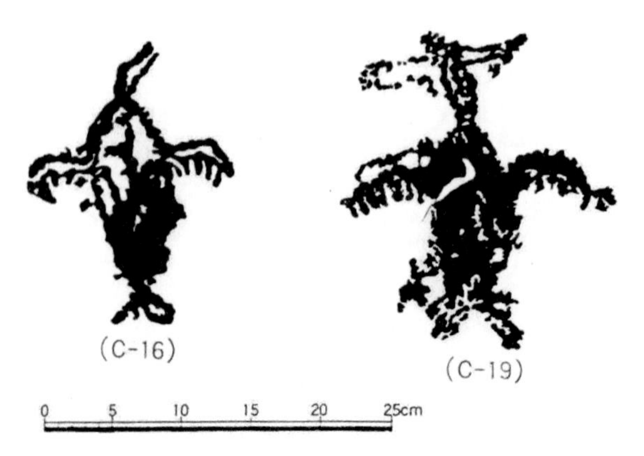

그림 29. 반구대암각화 C-16, C-19

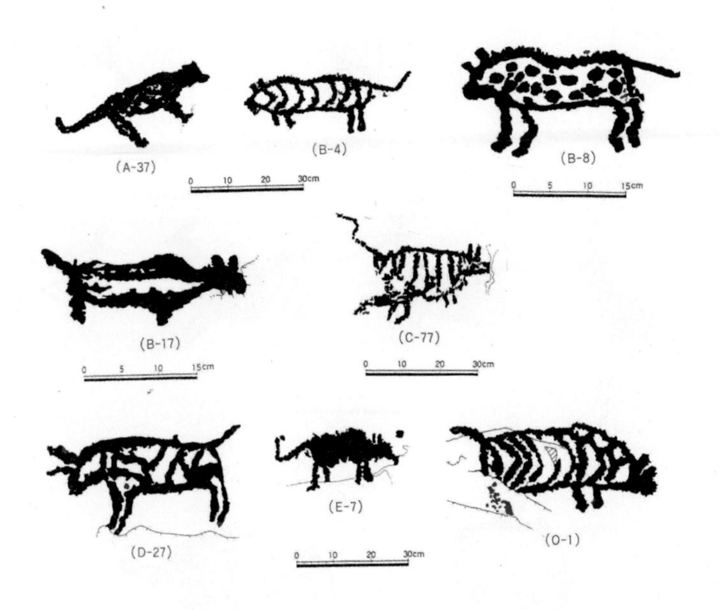

그림 30. 반구대암각화 동물상 식육목 고양이과 동물들

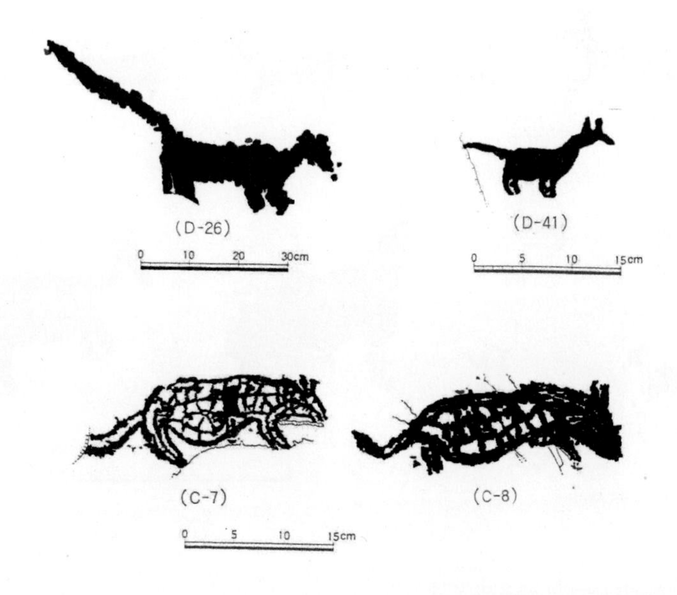

그림 31. 반구대암각화 동물상 식육목 개과 동물들

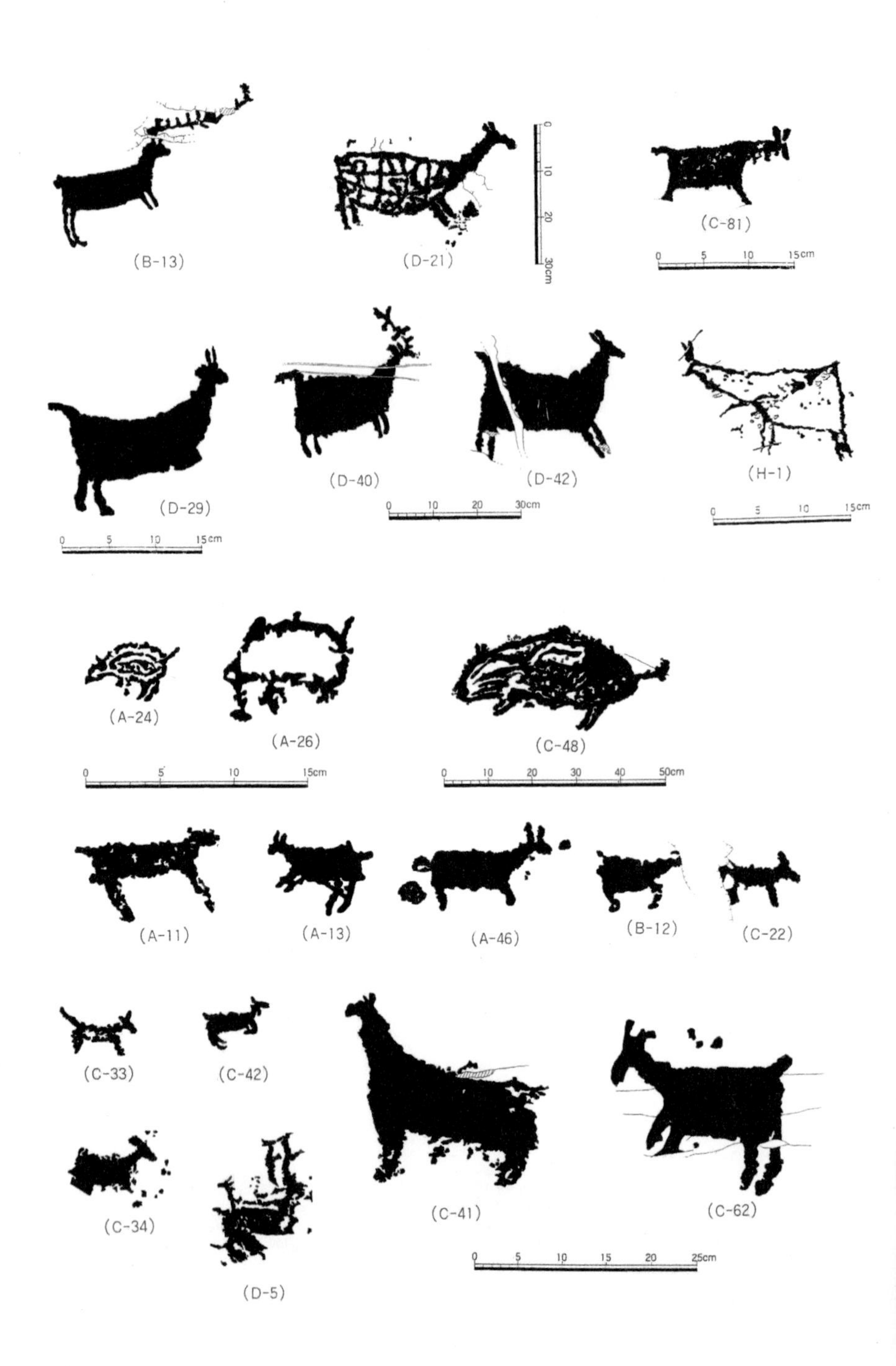

그림 32. 반구대암각화 동물상 우제목 사슴류

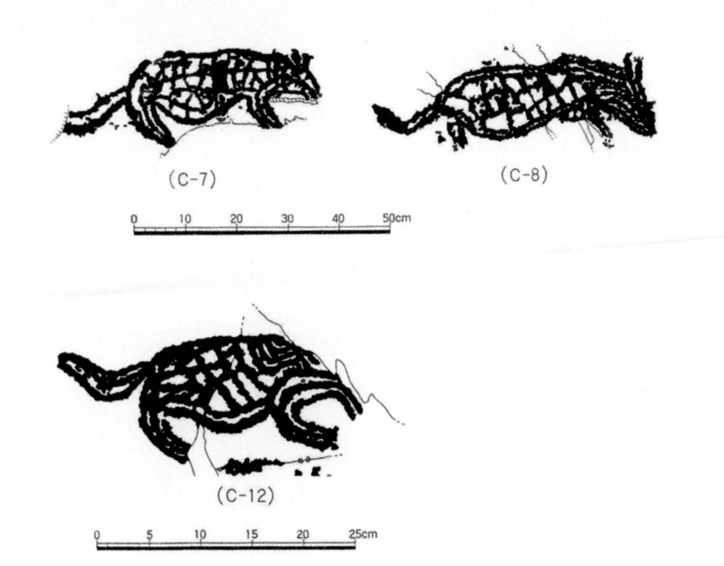

그림 33. 반구대암각화 C-7, C-8, C-12

짐승들과 뚜렷이 구별되는 점도 눈에 띤다.(그림 32)

물짐승의 실측과정에서 주의를 끌었던 것 가운데 하나는 지금까지 멧돼지로 분류되었던 C-7, C-8, C-12에 대한 조사결과이다.[53] 종합보고 이래 멧돼지로 분류되었던 C-7, C-8, C-12가 육안으로도 쉽게 확인할 수 있듯이 꼬리가 길면서 두툼하다는 사실이다.(그림 33) 실제의 멧돼지에게서 이러한 형태의 꼬리는 발견되지 않는다. 신체상의 제반 특징으로 볼 때, 이들 물상은 오히려 식육목의 한 종류로 분류하는 것이 타당할 듯하다.[54]

이밖에 동물상으로 보이나, 현재의 동물도감 등에서는 확인되지 않는 형상들도 다수 있다. 반구대암각화의 다른 물상들이 대단히 사실적으로 표현되었음을 고려하면, 특정한 종류의 짐승을 나타낸 결과물로 보아야 할 것이다. 그러나 암각화 제작 당시의 종교적 의식과 관념이 대상의 표현에 영향을 끼쳤을 수도 있음을 염두에 둔다면 이 물상들이 지금은 멸종된 짐승의 형체를 나타냈을 가능성 외에 실제의 형상과는 거리가 있게 묘사되었을 가능성도 배제해서는 안 될 것이다.

(3) 도구상

반구대암각화에서 발견되는 도구상 11점 가운데 배를 그린 것으로 판단되는 것은 모두 5점이다.(그림 34,35) 이 5점 가운데에는 A-29와 같이 고래잡이 장면으로 해석될 수 있는 그림이 있는가 하면, D-11과 같이 다른 형상들과 떨어져 표현되어 주변의 그림과 연결하여 해석하기 어려운 것도 있다. 때문에 D-11의 경우, 일부에서는 남해안의 띠배, 동남아의 '영혼의 배'와 관련한 민속조사 결과에 힌트를 얻어 죽은 고래의 영혼을 원초적 고향인 해신(海神)의 세계로 돌려보내는 혼선(魂船)으로 해석하기도 한다.[55] 그러나 주변의 그림들과 떨어져 표현되었을 뿐 고래잡이와 관련된 표현인

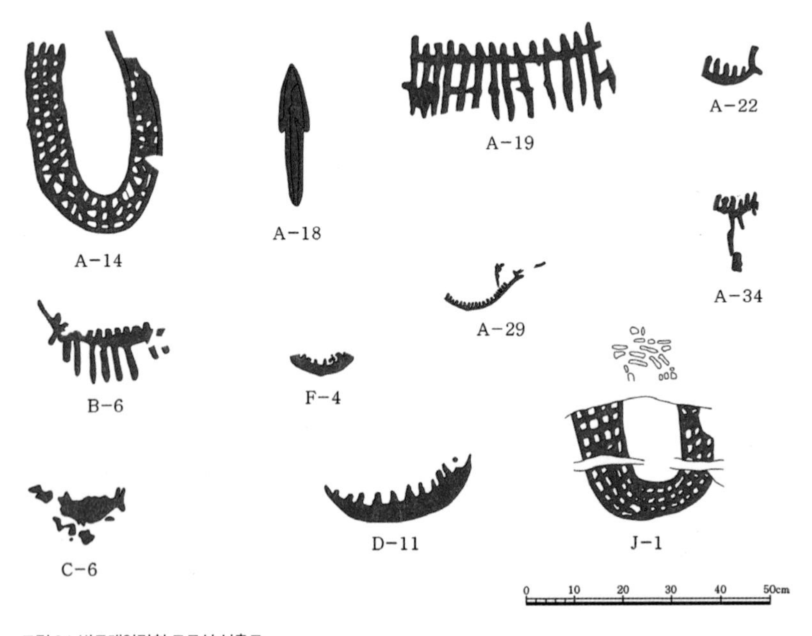

그림 34. 반구대암각화 도구상 실측도

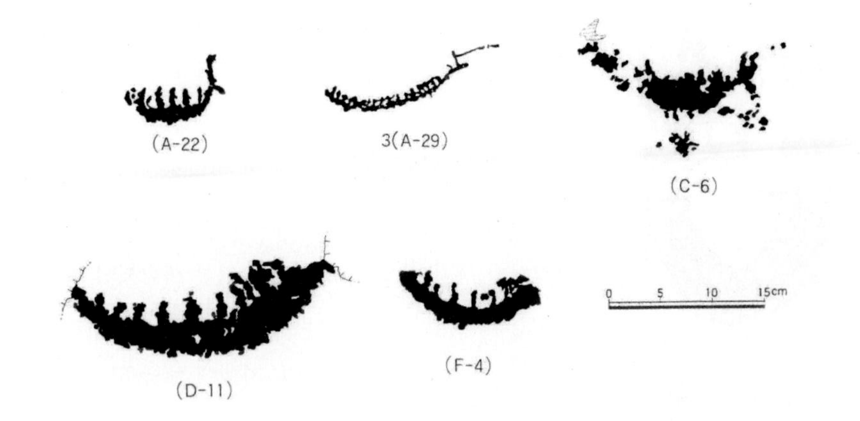

그림 35. 반구대암각화 도구상 중 배

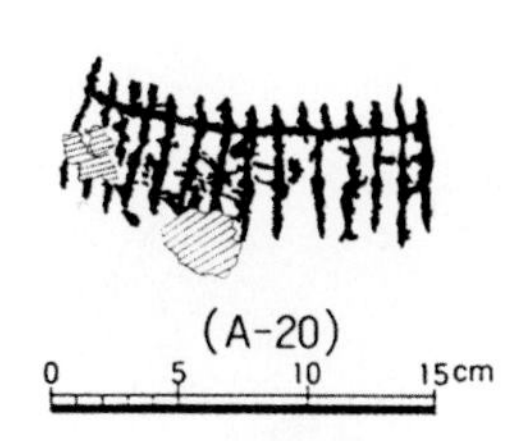

그림 36. 반구대암각화 A-20

지 조차도 알 수 없는 상태에서 D-11을 고래잡이 제의와 연관된 혼선으로 이해하는 데에는 무리가 따른다고 하겠다.

B-6은 지금까지 종류미상의 짐승 B-7과 관련된 울타리로 해석되었던 물상이다.[56](그림 36) 최근 이 물상을 배로 보려는 견해도 제시되었는데,[57] 실측조사 결과로 볼 때 B-6는 형태상 배보다는 울타리에 가깝다. 다만, 울타리로 해석하는 데에 이견이 없는 A-20과 비교해 볼 때,(그림 37) B-6을 B-7과 뭉뚱그려 한 물상으로 해석할 경우, B-6과 B-7는 특정한 형상으로 분류하기에는 과장과 변형이 심한 물상이다.

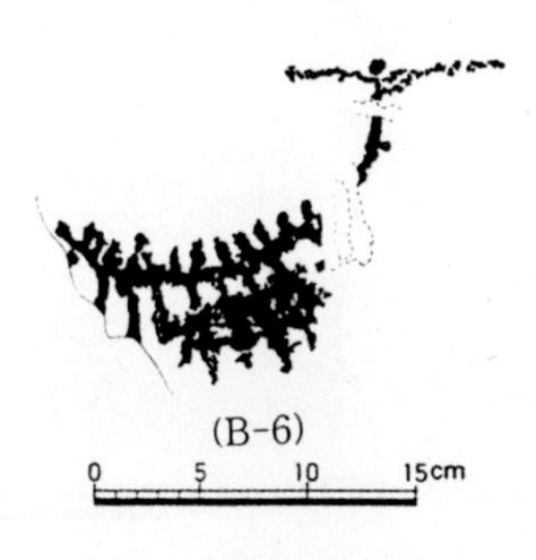

그림 37. 반구대암각화 B-6

그렇다면 기존의 해석에서 한 걸음 나아

그림 38. 반구대암각화 A-14

가 이 물상들을 암각화 제작기법상의 형상 변형(transforme)그림으로 해석하는 것도 가능하다. 먼저 새겨진 그림에 대해 이후 다른 제작자가 같은 형상을 의도적으로 덧 그려 넣어 이 그림의 의미를 과장하거나, 변화시킨 사례로 볼 수 있다는 것이다. 일반적으로 암각화의 특정 형상 안에서 서로 다른 새김새가 발견되는 경우, 형상 변형의 결과일 가능성이 높기 때문이다. B-6, B-7이 이러한 변형의 사례에 해당한다면, 이 그림에는 서로 다른 제작자에 의한 두 차례의 작업 결과, 두 가지 이상의 관념이 겹쳐진 것으로 보아야 할 것이다. A-14는 1984년의 보고 이후, 연구자들에 의해 거듭 추정되었듯이 식육목에 속하

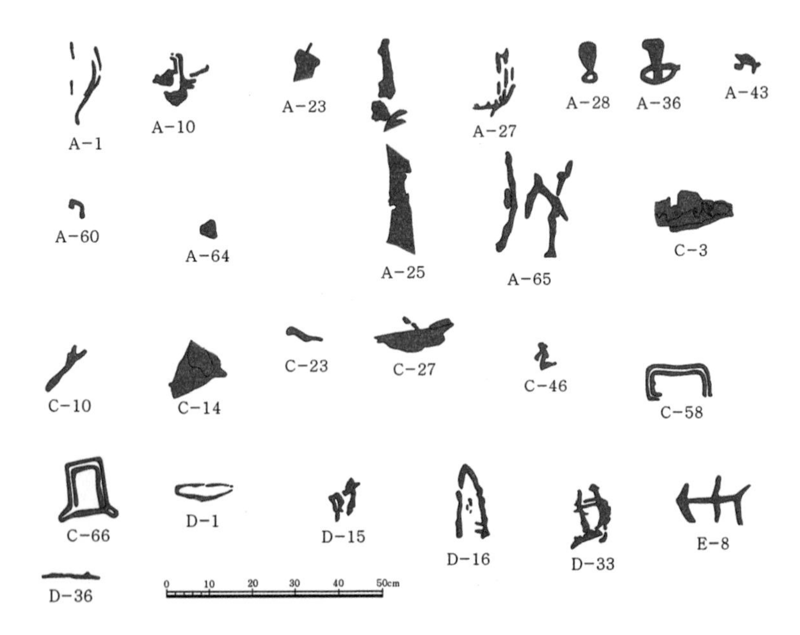

그림 39. 반구대암각화 미상 실측도: 종류불명

는 짐승 A-15가 함정식의 그물에 걸려 든 모습으로 해석하는 것이 타당할 듯하다.[58](그림 38)

(4) 미상(未象)

그림 상태는 양호하나 정체를 알기 어려운 사례, 그림의 마모 등으로 말미암아 형상 자체를 식별하기 어려운 경우 등은 미상으로 분류하였다. 일부 형상의 경우, 추상적인 개념을 나타낸 것으로 해석될 여지도 있으나 뚜렷한 근거를 제시할 수 없는 상태에서는 종류불명으로 분류하는 것이 타

그림 40. 반구대암각화 미상 실측도: 형태불명 1

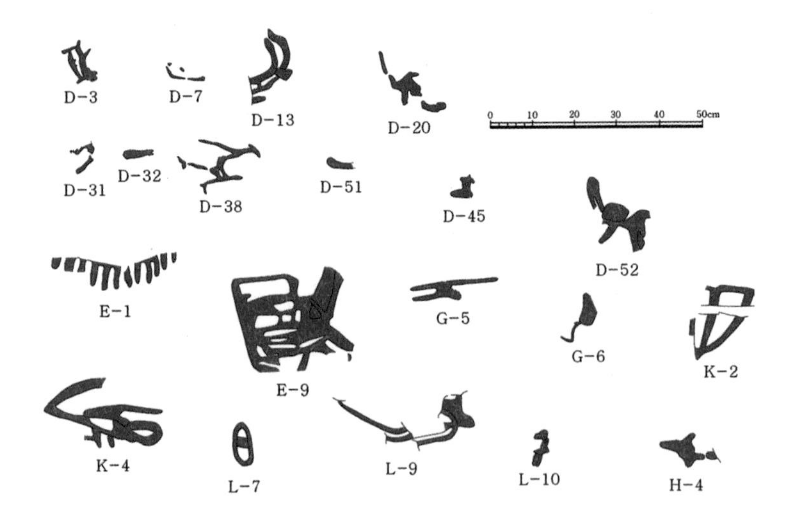

그림 41. 반구대암각화 미상 실측도: 형태불명 2

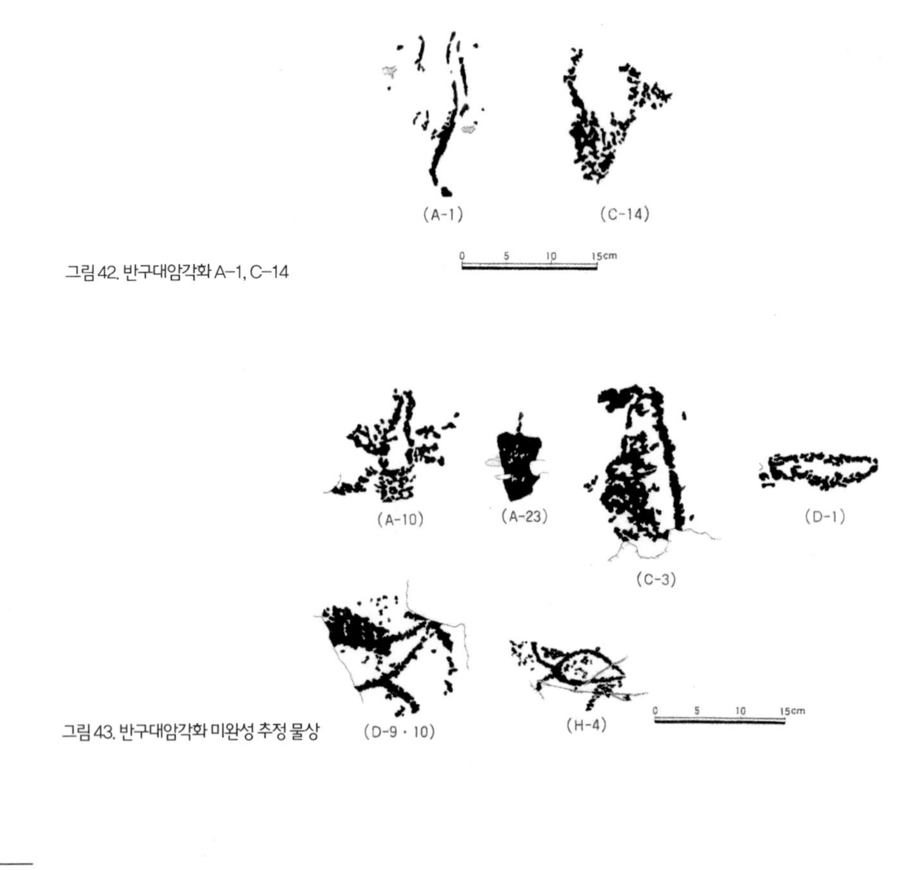

그림 42. 반구대암각화 A-1, C-14

그림 43. 반구대암각화 미완성 추정 물상

당할 것이다. 미상으로 처리된 78점 가운데 정체를 알기 어려운 사례가 24점으로 전체의 30.7%에 해당하고,(그림 39) 형태 불명인 것이 54점으로 69.3%에 달한다.(그림 40,41)

A-1, C-14는 전체적인 형상이 고래의 윤곽선을 연상시키며,(그림 42) A-10, A-23, C-3, D-1, D-9, D-10, H-4는 미완성 그림으로 여겨지나 단정하기는 어렵다.(그림 43) 그림A-28의 경우 포경에 쓰이는 부구(浮具)로 보는 견해도 있으나,[59] A-27과 새김새에 차이가 있어 한 장면을 이룬다고 보기는 어려우므로 재검토가 필요하다.(그림 44) A-65, C-58, E-8은 매우 추상적인 형태의 그림이어서 실제 특정한 형상을 묘사한 것인지, 기호(sign)를 나타냈는지 판단하기 어렵다.(그림 45) 정밀한 검토가 뒤따라야 할 부분이다.

나머지 미상으로 처리된 물상들 가운데에는 식별 여부, 미완성 여부 외에도 새김새에서 제작자에 의해 독자적 형상화가 의도되고 있었는지 여부가 명확히 드러나지 않는 점 등 다양한 문제를 지닌 경우가 많아 더 이상의 판단을 보류하였다.(그림 46) 이상과 같은 검토를 바탕으로 반구대암각화에 나타난 물상의 종류와 실측치를 알기 쉽게 정리하면 (표 5)와 같다.

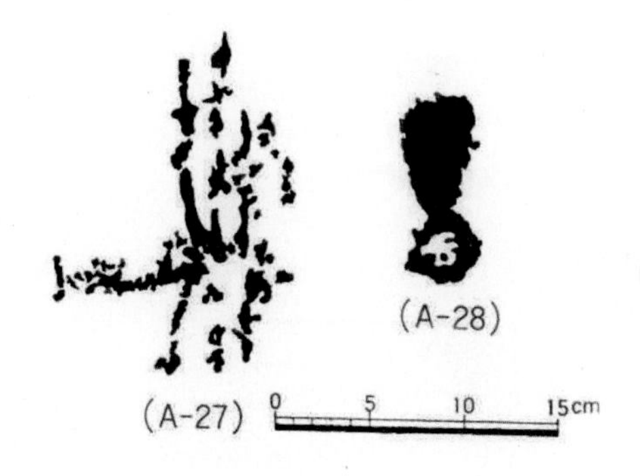

그림 44. 반구대암각화 A-27, A-28

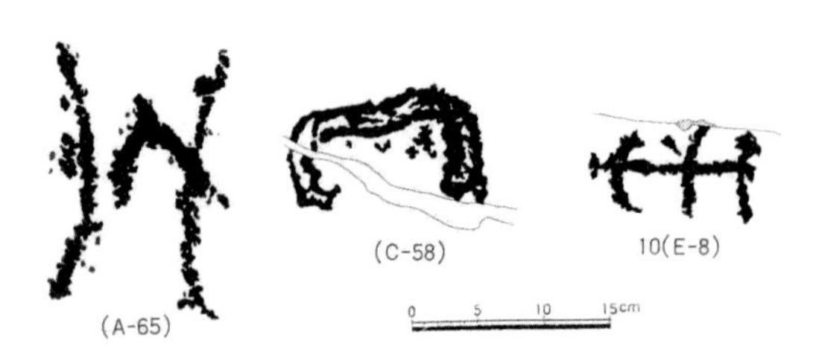

그림 45. 반구대암각화 A-65, C-58, E-8

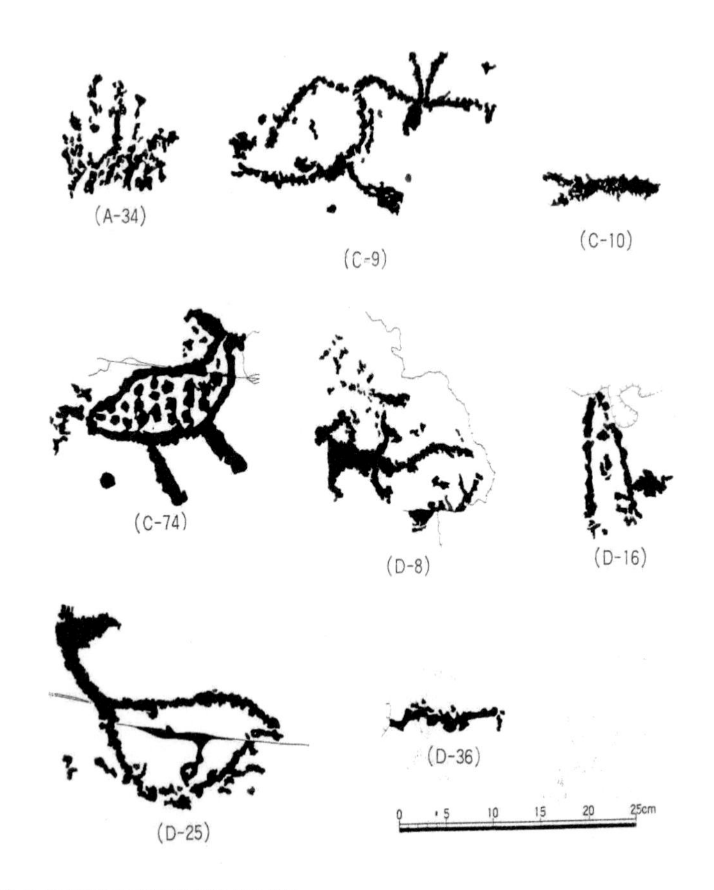

그림 46. 반구대암각화 미상 중 재검토 필요 물상

표 5. 반구대암각화 물상의 형상분류 및 실측 현황

번호	유형	세부유형	길이(mm)	높이(mm)
A-1	미 상	종류불명	78	182
A-2	인물상	전신상	72	210
A-3	동물상	거북目(Chelonia)	145	298
A-4	동물상	거북目(Chelonia)	120	140
A-5	동물상	거북目(Chelonia)	125	170
A-6	동물상	고래目(Cetacea)	428	605
A-7	동물상	고래目(Cetacea)	111	170
A-8	동물상	고래目(Cetacea)	220	300
A-9	미 상	형태불명	88	116
A-10	미 상	종류불명	132	128
A-11	동물상	우제目(Artiodactyla)	168	117
A-12	미 상	형태불명	56	84
A-13	동물상	우제目(Artiodactyla)	122	94
A-14	도구상	그물	270	386
A-15	동물상	식육目(Carnivora)	168	140
A-16	동물상	고래目(Cetacea)	270	440
A-17	동물상	고래目(Cetacea)	314	640
A-18	도구상	무기류	64	306
A-19	도구상	울타리	426	174
A-20	동물상	형태불명	158	62
A-21	동물상	고래目(Cetacea)	140	342
A-22	도구상	배	115	68
A-23	미 상	종류불명	55	80
A-24	동물상	우제目(Artiodactyla)	103	68
A-25	미 상	종류불명	40	140
A-26	동물상	우제目(Artiodactyla)	90	62
A-27	미 상	종류불명	123	183
A-28	미 상	종류불명	41	96
A-29	도구상	배	172	60
A-30	동물상	고래目(Cetacea)	69	200
A-31	동물상	고래目(Cetacea)	234	447
A-32	동물상	고래目(Cetacea)	94	257
A-33	동물상	고래目(Cetacea)	282	540
A-34	도구상	형태불명	100	123
A-35	동물상	고래目(Cetacea)	115	230
A-36	미 상	종류불명	96	105
A-37	동물상	식육目(Carnivora)	441	168
A-38	동물상	식육目(Carnivora)	138	94
A-39	미 상	형태불명	80	60
A-40	동물상	고래目(Cetacea)	163	72
A-41	동물상	고래目(Cetacea)	220	420
A-42	미 상	형태불명	20	70
A-43	미 상	종류불명	50	70
A-44	미 상	형태불명	20	58
A-45	동물상	고래目(Cetacea)	467	800
A-46	동물상	우제目(Artiodactyla)	164	110
A-47	동물상	고래目(Cetacea)	130	358
A-48	동물상	고래目(Cetacea)	185	420
A-49	동물상	고래目(Cetacea)	220	405
A-50	미 상	형태불명	110	110

번호	유형	세부유형	길이(mm)	높이(mm)
A-51	동물상	종류미상	178	100
A-52	동물상	고래目(Cetacea)	50	51
A-53	미 상	형태불명	44	98
A-54	동물상	고래目(Cetacea)	150	374
A-55	미 상	형태불명	140	62
A-56	동물상	고래目(Cetacea)	150	274
A-57	동물상	어류	164	412
A-58	미 상	형태불명	8	47
A-59	미 상	형태불명	11	40
A-60	미 상	종류불명	40	48
A-61	동물상	고래目(Cetacea)	210	237
A-62	동물상	고래目(Cetacea)	112	260
A-63	동물상	고래目(Cetacea)	250	425
A-64	미 상	종류불명	44	50
A-65	미 상	종류불명	160	225
A-66	인물상	전신상	240	205

번호	유형	세부유형	길이(mm)	높이(mm)
B-1	동물상	고래目(Cetacea)	140	241
B-2	동물상	고래目(Cetacea)	212	645
B-3	인물상	전신상	80	92
B-4	동물상	식육目(Carnivora)	420	130
B-5	동물상	식육目(Carnivora)	270	39
B-6	도구상	울타리	271	132
B-7	동물상	종류불명	150	53
B-8	동물상	식육目(Carnivora)	310	136
B-9	동물상	우제目(Artiodactyla)	221	150
B-10	동물상	고래目(Cetacea)	140	390
B-11	동물상	우제目(Artiodactyla)	230	229
B-12	동물상	우제目(Artiodactyla)	95	70
B-13	동물상	우제目(Artiodactyla)	495	235
B-14	동물상	종류불명	110	80
B-15	동물상	어류	126	190
B-16	동물상	종류불명	110	170
B-17	동물상	식육目(Carnivora)	280	119
B-18	동물상	고래目(Cetacea)	330	86
B-19	동물상	우제目(Artiodactyla)	220	170
B-20	미 상	형태불명	50	40
B-21	미 상	형태불명	225	50
B-22	동물상	종류불명	290	150
B-23	동물상	고래目(Cetacea)	110	150
B-24	동물상	고래目(Cetacea)	40	60
B-25	동물상	형태불명	336	104
B-26	미 상	형태불명	170	50
B-27	미 상	형태불명	60	50
B-28	미 상	형태불명	160	60
B-29	동물상	고래目(Cetacea)	150	68
B-30	미 상	형태불명	42	130
B-31	미 상	형태불명	50	120
B-32	미 상	형태불명	111	239
B-33	동물상	형태불명	40	70
B-34	동물상	식육目(Carnivora)	150	82

번호	유형	세부유형	길이(mm)	높이(mm)
C-1	동물상	종류불명	430	140
C-2	인물상	전신상	70	120
C-3	미 상	종류불명	90	180
C-4	동물상	우제目(Artiodactyla)	320	117
C-5	미 상	형태불명	34	50
C-6	도구상	배	210	110
C-7	동물상	식육目(Carnivora)	540	165
C-8	동물상	식육目(Carnivora)	580	190
C-9	동물상	종류불명	285	150
C-10	미 상	종류불명	128	21
C-11	인물상	안면상	51	52
C-12	동물상	식육目(Carnivora)	298	123
C-13	미 상	형태불명	113	55
C-14	미 상	종류불명	111	149
C-15	동물상	안면상	340	280
C-16	동물상	식육目(Carnivora)	146	201
C-17	동물상	형태불명	150	110
C-18	동물상	고래目(Cetacea)	340	520
C-19	동물상	조류	220	222
C-20	동물상	우제目(Artiodactyla)	164	70
C-21	동물상	형태불명	70	50
C-22	동물상	우제目(Artiodactyla)	92	71
C-23	미 상	종류불명	90	20
C-24	동물상	식육目(Carnivora)	215	140
C-25	동물상	고래目(Cetacea)	205	355
C-26	동물상	고래目(Cetacea)	110	150
C-27	미 상	종류불명	190	90
C-28	동물상	식육目(Carnivora)	240	130
C-29	동물상	형태불명	210	160
C-30	동물상	고래目(Cetacea)	294	240
C-31	동물상	고래目(Cetacea)	103	170
C-32	동물상	우제目(Artiodactyla)	327	170
C-33	동물상	우제目(Artiodactyla)	88	45
C-34	동물상	우제目(Artiodactyla)	100	87
C-35	미 상	형태불명	100	90
C-36	동물상	우제目(Artiodactyla)	361	235
C-37	미 상	형태불명	90	60
C-38	동물상	고래目(Cetacea)	50	120
C-39	인물상	전신상	78	160
C-40	동물상	고래目(Cetacea)	58	110
C-41	동물상	우제目(Artiodactyla)	232	240
C-42	동물상	우제目(Artiodactyla)	75	46
C-43	동물상	종류불명	100	50
C-44	동물상	고래目(Cetacea)	40	47
C-45	동물상	우제目(Artiodactyla)	140	80
C-46	미 상	종류불명	45	60
C-47	미 상	형태불명	175	180
C-48	동물상	우제目(Artiodactyla)	497	250
C-49	동물상	우제目(Artiodactyla)	220	105
C-50	인물상	전신상	340	300
C-51	동물상	고래目(Cetacea)	180	250
C-52	미 상	형태불명	70	55

번호	유형	세부유형	길이(mm)	높이(mm)
C-53	인물상	전신상	120	160
C-54	동물상	우제目(Artiodactyla)	95	87
C-55	동물상	고래目(Cetacea)	220	261
C-56	동물상	거북目(Chelonia)	130	135
C-57	동물상	고래目(Cetacea)	270	130
C-58	미 상	종류불명	162	89
C-59	동물상	거북目(Chelonia)	70	65
C-60	동물상	형태불명	70	150
C-61	동물상	고래目(Cetacea)	438	200
C-62	동물상	우제目(Artiodactyla)	208	195
C-63	동물상	종류불명	98	170
C-64	동물상	고래目(Cetacea)	235	378
C-65	동물상	식육目(Carnivora)	300	134
C-66	미 상	종류불명	140	150
C-67	동물상	미 상	30	48
C-68	동물상	우제目(Artiodactyla)	230	170
C-69	동물상	우제目(Artiodactyla)	70	50
C-70	인물상	안면상	136	180
C-71	동물상	우제目(Artiodactyla)	100	80
C-72	인물상	전신상	101	165
C-73	동물상	우제目(Artiodactyla)	176	116
C-74	동물상	종류불명	210	177
C-75	동물상	고래目(Cetacea)	284	160
C-76	미 상	형태불명	100	50
C-77	동물상	식육目(Carnivora)	450	270
C-78	인물상	전신상	85	160
C-79	미 상	형태불명	104	150
C-80	미 상	형태불명	80	50
C-81	동물상	우제目(Artiodactyla)	310	140
C-82	동물상	고래目(Cetacea)	140	220
C-83	미 상	형태불명	90	38
C-84	동물상	우제目(Artiodactyla)	230	220
C-85	미 상	형태불명	110	90
C-86	미 상	형태불명	20	130
C-87	미 상	형태불명	120	200
C-88	미 상	형태불명	112	77
C-89	미 상	형태불명	80	60
C-90	미 상	형태불명	120	115

번호	유형	세부유형	길이(mm)	높이(mm)
D-1	미 상	종류불명	130	39
D-2	동물상	고래目(Cetacea)	72	131
D-3	미 상	형태불명	60	90
D-4	동물상	우제目(Artiodactyla)	120	41
D-5	동물상	우제目(Artiodactyla)	120	76
D-6	동물상	종류불명	90	62
D-7	미 상	형태불명	91	32
D-8	동물상	종류불명	170	75
D-9	동물상	형태불명	160	48
D-10	동물상	형태미상	71	88
D-11	도구상	배	270	81
D-12	동물상	고래目(Cetacea)	76	152

번호	유형	세부유형	길이(mm)	높이(mm)
D-13	미 상	형태불명	80	140
D-14	동물상	종류불명	130	21
D-15	미 상	종류불명	65	80
D-16	미 상	종류불명	60	140
D-17	동물상	종류불명	165	89
D-18	동물상	종류불명	163	55
D-19	동물상	식육目(Carnivora)	435	140
D-20	미 상	형태불명	70	64
D-21	동물상	우제目(Artiodactyla)	411	232
D-22	동물상	우제目(Artiodactyla)	90	80
D-23	동물상	고래目(Cetacea)	48	120
D-24	동물상	고래目(Cetacea)	40	121
D-25	동물상	종류불명	241	173
D-26	동물상	식육目(Carnivora)	308	160
D-27	동물상	식육目(Carnivora)	265	135
D-28	동물상	우제目(Artiodactyla)	80	90
D-29	동물상	우제目(Artiodactyla)	220	190
D-30	동물상	우제目(Artiodactyla)	250	220
D-31	미 상	형태불명	55	10
D-32	미 상	형태불명	70	21
D-33	미 상	종류불명	100	148
D-34	동물상	우제目(Artiodactyla)	120	94
D-35	동물상	우제目(Artiodactyla)	110	79
D-36	미 상	종류불명	138	8
D-37	동물상	우제目(Artiodactyla)	130	120
D-38	미 상	형태불명	200	160
D-39	동물상	우제目(Artiodactyla)	120	90
D-40	동물상	우제目(Artiodactyla)	311	325
D-41	동물상	식육目(Carnivora)	368	185
D-42	동물상	우제目(Artiodactyla)	340	310
D-43	인물상	전신상	158	182
D-44	동물상	우제目(Artiodactyla)	287	163
D-45	미 상	형태불명	50	55
D-46	동물상	조류	215	250
D-47	동물상	종류불명	220	100
D-48	동물상	우제目(Artiodactyla)	180	140
D-49	동물상	고래目(Cetacea)	150	438
D-50	동물상	우제目(Artiodactyla)	120	90
D-51	미 상	형태불명	22	60
D-52	미 상	형태불명	30	90
D-53	동물상	식육目(Carnivora)	304	130
D-54	동물상	종류불명	120	160
D-55	인물상	전신상	110	190
D-56	동물상	우제目(Artiodactyla)	90	70
D-57	동물상	형태불명	170	190
D-58	동물상	형태불명	65	30
D-59	동물상	우제目(Artiodactyla)	70	60
D-27a	동물상	우제目(Artiodactyla)	70	84
D-39a	동물상	우제目(Artiodactyla)	40	60

번호	유형	세부유형	길이(mm)	높이(mm)
E-1	미 상	형태불명	240	65
E-2	동물상	우제目(Artiodactyla)	152	73
E-3	동물상	고래目(Cetacea)	260	100
E-4	동물상	거북目(Chelonia)	110	122
E-5	동물상	고래目(Cetacea)	165	490
E-6	동물상	우제目(Artiodactyla)	150	84
E-7	동물상	식육目(Carnivora)	170	74
E-8	미 상	종류불명	135	83
E-9	미 상	형태불명	240	190
F-1	동물상	식육目(Carnivora)	320	174
F-2	동물상	형태불명	110	45
F-3	동물상	고래目(Cetacea)	380	140
F-4	도구상	배	150	32
F-5	동물상	고래目(Cetacea)	92	104
G-1	동물상	우제目(Artiodactyla)	520	400
G-2	동물상	우제目(Artiodactyla)	490	362
G-3	동물상	우제目(Artiodactyla)	356	310
G-4	동물상	종류불명	210	106
G-5	미 상	형태불명	216	34
G-6	미 상	형태불명	40	70
G-7	동물상	고래目(Cetacea)	130	200
G-8	동물상	종류불명	40	88
H-1	동물상	종류불명	192	100
H-2	동물상	종류불명	176	84
H-3	동물상	우제目(Artiodactyla)	332	218
H-4	미 상	형태불명	114	80
I-1	인물상	전신상	256	200
J-1	도구상	그물	321	451
J-2	동물상	고래目(Cetacea)	185	570
K-1	동물상	고래目(Cetacea)	150	308
K-2	미 상	형태미상	104	170
K-3	미 상	형태미상	282	150
L-1	동물상	형태미상	260	148
L-2	동물상	형태미상	120	84
L-3	동물상	형태미상	330	80
L-4	동물상	식육目(Carnivora)	176	70
L-5	동물상	형태미상	76	74
L-6	동물상	형태미상	84	76
L-7	미 상	형태미상	48	100
L-8	동물상	고래目(Cetacea)	50	102
L-9	미 상	형태미상	264	74
L-10	미 상	형태미상	40	88
M-1	동물상	식육目(Carnivora)	152	64
N-1	동물상	우제目(Artiodactyla)	115	75
O-1	동물상	식육目(Carnivora)	285	120

(표 5)를 통해 확인할 수 있듯이 296점에 이르는 암각화 물상의 수치는 1984년의 종합보고 이후, 개별 연구자들의 노력에 힘입어 근래까지 확인된 217점 보다 79점이 많다. (표 5)의 개별 분류번호 부여로 말미암아 증가된 수치를 감안하더라도 확인된 물상의 수가 크게 늘어났음을 알 수 있다. 암각화 유적에 대한 실측조사의 필요성을 되짚게 하는 부분이라고 하겠다. 추가된 물상의 종류를 암면별로 알기 쉽게 정리하면 (표 6), (표 7)과 같다.

표 6. 반구대암각화 암면별 추가 확인 자료의 성격

암면	그림번호	합계	비고
A	12, 41, 42, 43, 44 52, 53, 58, 59, 60, 64	11	추가로 확인 된 것
B	20, 21, 22, 24, 25, 26, 27, 28, 29, 30, 31, 32, 33, 34	14	형상분류 세분으로 증가된 것
C	5, 10, 11, 13, 17, 21, 23, 25, 26, 27, 35, 37, 43, 46, 47, 52, 60, 69, 71, 76, 79, 80, 88, 89, 90	25	추가로 확인 된 것
D	14, 15, 31, 32, 36, 45, 47, 52, 50, 54, 56, 57, 58, 59	14	추가로 확인 된 것
F	2	1	누락된 부분
G	1~8	8	추가 보고
H	4	1	누락된 부분
K	1~3	3	추가 보고
M	1	1	추가 보고
N	1	1	추가 보고
합계		79	

표 7. 반구대암각화 암면별 추가 확인 자료의 종류

암면	그림번호(형상)	합계	비고
A	12(미상), 41(동물상,고래) 42(미상), 43(미상), 44(미상) 52(동물상 고래), 53(미상형), 58(미상), 59(미상), 60(미상), 64(미상)	11	미상9, 동물상2
B	20(미상), 21(미상), 22(동물상), 24(동물상 고래), 25(동물상), 26(미상), 27(미상), 28(미상), 29(동물상 고래), 30(미상), 31(미상), 32(미상), 33(동물상), 34(동물상 식육)	14	미상8, 동물상6
C	5(미상), 10(미상), 11(인물상), 13(미상), 17(동물상), 21(동물상), 23(미상), 25(동물상), 26(동물상), 35(미상), 37(미상), 43(동물상), 46(미상), 47(미상), 27(미상), 52(미상), 60(동물상), 79(미상), 80(미상), 69(동물상 우제), 71(동물상 우제), 76(미상), 88(미상), 89(미상), 90(미상)	25	미상16, 동물상8, 인물상1
D	14(동물상), 15(미상), 31(미상), 32(미상), 36(미상), 45(미상), 47(동물상), 52(미상), 50(동물상 우제), 54(동물상), 56(동물상 우제), 57(동물상), 58(동물상), 59(동물상 우제)	14	미상6, 동물상8
F	2(동물상)	1	동물상1
G	1(동물상 우제), 2(동물상 우제), 3(동물상 우제), 4(동물상) , 5(미상), 6(미상), 7(동물상 고래), 8(동물상)	8	미상2, 동물상6
H	4(미상)	1	미상1
K	1(동물상 고래) 2(미상) 3(미상)	3	미상2, 동물상1
M	1(동물상 식육)	1	동물상1
N	1(동물상 우제)	1	동물상1
합계		79	미상44, 동물상34, 인물상1

2. 새김새

지금까지 반구대암각화는 새김새를 바탕으로 크게 면 그림과 선 그림으로 분류되었다. 또한 덧그림 상황에 대한 판단을 바탕으로 면 그림이 선 그림보다 제작시기가 앞선 것으로 보았다.[60] 그러나 근래에는 이러한 분류를 바탕으로 한 상대 편년방식에 문제가 있다는 견해가 제기되고 있다.[61] 그렇다면 실제 상대 편년의 근거가 된 해당 개별 형상의 새김새에 대한 실측 조사 결과는 어떠할까.

그림 47. 반구대암각화 A-63

1984년의 보고에서 아래를 향한 고래로 파악된 A-63은 이후의 연구자들에 의해 선 그림으로 분류되었다.[62](그림 47) 그러나 실측조사 결과에 따르면 A-63의 꼬리에 해당하는 부분은 몸체의 아래쪽에서 발견되었으며 형상의 쪼아진 윤곽선 안에서 다수의 새김 흔적이 확인되었다. A-63을 선 그림으로 해석한 기존의 견해는 재고될 필요가 있다고 하겠다.

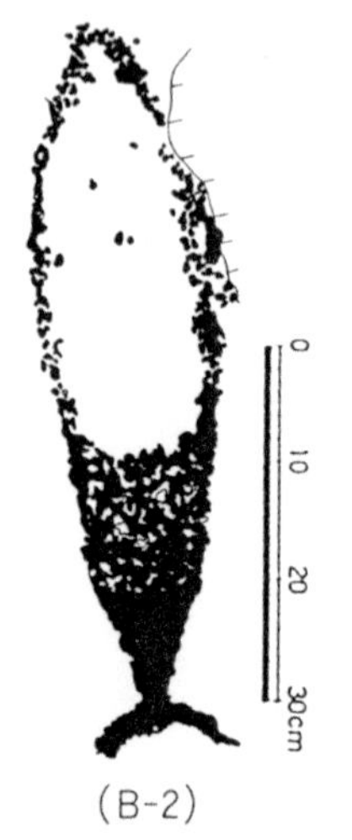

그림 48. 반구대암각화 B-2

B-2는 미완성품,[63] 뢴트겐식 속보기 수법이 적용된 사례,[64] 특정 종류의 고래를 표현한 것[65] 등으로 이해되었다.(그림 48) 그러나 실측도면에서 확인할 수 있듯이 B-2는 형상의 아래 부분과 중간 부분 새김 밀도의 차이가 두드러지며, 외형상 A-1과 매우 닮았다. 따라서 B-2의 경우를 바탕으로 암각화의 제작 단계를 미루어 짐작해 본다면, ① 윤곽

선을 쪼아 전체적인 형태를 먼저 새긴 다음, ② 내부의 특정 부위에서부터 차차 세밀하게 쪼아 형상의 특징을 드러내고 ③ 마지막으로 전체 형상을 마무리하는 방식이었을 것이다.

이러한 추정에 큰 무리가 없다면 이제까지 선 그림으로 분류되었던 형상들 가운데 다수는 면 그림의 미완성 상태이거나, 표현 기법상의 결과물일 수도 있다는 해석이 가능하다.[66] 더욱이 선 그림이나 면 그림으로 나뉜 개별 형상들 사이에도 제작 기법이나 새김의 깊이, 새김의 밀도 등에서 현저한 차이점이 발견된다.(그림 49) 이런 점을 고려할 때 기존의 선, 면 분류에 기초한 편년방식은 재고되어야 할 것이다.[67]

그림 49. 반구대암각화 물상 중 새김새 비교가 가능한 사례

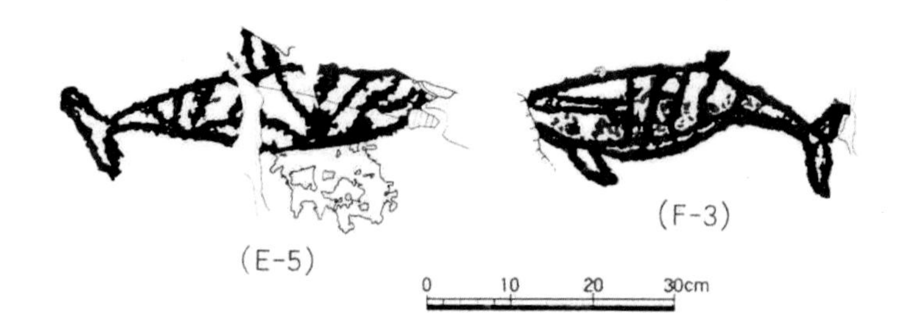

그림 50. 반구대암각화 E-5, F-3

사냥한 고래의 해체 장면으로 해석되는 E-5, F-3 역시 기존의 선, 면 분류와 관련하여 재검토가 요구되는 그림 가운데 일부라고 할 수 있다.[68](그림 50) 두 형상 모두 내부에서 새김 흔적 추가로 확인되고 있어 이것이 특정 고래의 특징을 나타내기 위한 것인지, 제작과정의 한 단계를 나타내는 것인지 판단하기 어렵게 만들고 있기 때문이다.

실측조사를 바탕으로 한 이와 같은 검토 결과를 고려할 때, 앞으로 행해질 국내의 암각화 유적 조사에서는 개별 형상에 적용된 '제작 기법'과 '표현 기법'의 차이, 다양한 새김법의 적용 가능성, 개별 새김법의 단계, 덧그림을 통한 형상 변형 여부 등이 함께 검토되면서 압흔 채록(壓痕採錄)을 비롯한 다양한 채록방법의 병행, 암각화 제작 도구를 추정하기 위한 모의실험 데이터 축적 등이 함께 이루어져야 할 것이다.

울산 대곡리 반구대암각화 유적에 대한 울산대학교박물관의 실측조사 보고는 몇 가지 매우 주요한 학문적 정보를 제공함으로써 학계의 암각화 연구에 큰 도움이 되고 있다. 이미 살펴보았듯이 추가로 확인 보고된 80점 가까운 물상을 포함하여 암면에 새겨진 각각의 물상 모두에 고유 번호를 부여함으로써 개별 물상에 대한 기존 연구와 보고 뿐 아니라 앞으로 계속될 객관적 연구와 분석의 결과를 학계가 공유할 수 있게 하였다. 개별 물상의 실측 도면과 실측치 자체는 국제 암각화학계로 하여금 국내 암각화 유적에 대한 학문적 접근을 가능하게 한다는 점에서 연구사적 의미를 지녔음이 확인되고 있다. 또한 울산대학교박물관이 암각화 유적을 실측하는 데에 사용되는 여러 가지 방법이 지닌 장점과 단점이 상호 보완될 수 있도록 사진 촬영, 실측, 탁본, 무색 비닐을 이용한 형 뜨기(일명 셀룰로법) 등의 방법을 적용하여 유적에 대한 입체적 접근을 시도한 점은 국내 암각화 유적 실측조사 작업에 좋은 선례를 남긴 것으로 평가받고 있다.

울산대학교박물관에 의한 실측조사보고를 바탕으로 대곡리 반구대 암각화 유적에 새겨진 각종 형상에 대한 재분류 결과 가장 눈길을 끈 것은 지금까지 알려졌던 것과 달리 방향에 대한 수정, 정체에 대한 재검토가 필요한 사례들이 확인되었다는 점이다. 또한 새김새에 대한 재검토 과정에서 미완성, 혹은 형상 변형 등 개별 형상의 제작과정 및 제작기법에 대한 세부적인 분석이 뒤따라야 한다는 사실도 알게 되었다.

제 3 장

편년론

1. 반구대 주변의 유적

(1) 구석기 및 신석기시대 유적

30곳에 가까운 한국의 암각화 유적 가운데 발견 이래 울산 대곡리 반구대 암각화 유적만큼 지속적인 논란과 관심의 대상이 된 경우도 드물다. 대부분의 암각화 유적들은 발견과 보고 이후, 관련 논문 1~2편이 발표되는 것을 끝으로 세인의 관심에서 멀어지고, 전문가의 연구대상으로만 남는다. 이와는 대조적으로 반구대암각화 유적은 발견 뒤 지속적으로 일반인 외에도 다양한 분야 전문가들의 관심과 접근의 대상이 되고 있다.

반구대암각화 유적이 이처럼 지속적인 관심과 연구의 대상으로 남아 있는 이유는 무엇일까. 유적의 입지, 규모, 내용 등을 주요 요인으로 꼽을 수 있을 것이다. 특히 한 유적에 사람에서 각종 도구에 이르는 다양한 종류의 물상이 무려 300점 가깝게 표현된 다른 사례를 국내에서는 찾을 수 없음을 고려하면,[69] 암각화 유적으로서 '반구대'가 지닌 독특한 자리는 두말을 필요로 하지 않는다.

그러나 발견 뒤, 흐른 시간과 유적에 쏟아진 관심에도 불구하고 반구대암각화 유적이 담고 있는 역사적, 문화적 의문들은 상당수 풀리지 않은 채 남아 있다.[70] 누가, 언제부터, 무엇 때문에, 어떻게 이 유적을 만들었는지에 대해 관련 연구자 누구도 자신 있게 답하지 못한다. 유적에 던져지는 의문에 답할 수 있을 만큼 관련 정보가 제대로 축적되지 못하였기 때문이다. 유적이 바위그림으로 직접 언급하는 부분도 현재로서는 충분히 읽어낼 수 없을 뿐 아니라 유적 주변에 흩어져 있을 역사, 문화, 환경 정보들도 충분히 조사, 수집, 정리되지 못한 상태가 계속되고 있는 까닭이다. 이 장에서는 반구대로부터 일정한 반경 안에서 발견된 문화유적의 시기와 성격을 반구대암각화 제작집단, 제작시기를 가늠하는 간접자료로 활용할 수 있는지를 유적 편년과 관련하여 검토하고자 한다.

민족지적 연구에 따르면 채집, 사냥 위주의 생활집단이 자원을 얻기 위해 움직이는 범위는 주거공간에서 반경 10km, 걸어서 2시간 거리 이내라고 한다. 그러나 이 정도의 거리도 일상적인 생활반경으로 보기에는 먼 거리라고 보는 견해도 있다.[71] 실제 거주지역이 고저(高低)와 굴곡이 심하고 환경구성이 복잡한 자연지형에 둘러싸인 곳이라는 점 등등 가변적인 요인들을 함께 고려해야 하는 장소라면, 반경 10km조차도 실제의 생활영역을 산출하기 위한 상징적인 기준선 이상의 의미를 지니기는 어려울 것이다.

그렇다면 반구대암각화 유적과 암각화 제작 집단 주거지역과의 거리를 산정하는 기준선은 어느 정도로 잡아야 할까. 이 역시 일일생활권을 기준으로 지형조건 등을 고려하여 거리를 산정해야 할까. 반드시 그렇지만은 않은 듯하다. 반구대암각화 유적이 당대인에게 어떤 의미를 지니고 있었는지에 따라 이 유적을 '생활권' 안에 포함시킬지 여부가 결정되는 까닭이다. 이 유적이 관련 집단 성원의 일상적인 학습, 훈련을 위한 장소였다면 몰라도 특수한 목적을 위한 장소, 예를 들면 종교적 제의의 대상으로 여겨졌다면 굳이 제작 집단의 생활권 안에서 살펴볼 이유가 없기 때문이다.

암각화 학계의 일반적인 이해에 따른다면 반구대암각화는 '종교적' 활동의 산물이자 대상이므로 '생활권'에 포함하여 묶기는 어려운 곳이다. 따라서 반구대암각화 제작 집단의 흔적은 지형조건에 관계없이 반구대로부터 반경 10km, 심지어 20km 이상의 지역에서 찾아도 무리가 아니라는 잠정적 결론이 가능하다. 그럴 경우, 반구대에 암각화를 새긴 집단의 거주 가능 범위는 반구대로부터 직선거리로 반경 20km 내외에 해당하는 전 지역이 되므로 현재의 울산광역시와 경주시 대부분이 여기에 포함된다.

1장의 〈표 1〉에서도 확인되듯이 반구대 암각화가 제작된 시기에 대해서는 연구자에 따라 상한선을 신석기시대로 보는 견해부터 기원 전후부터 3세기 사이의 특정 시기를 하한선으로 보는 입장까지 편년상의 이견이 매우 크다.[72] 현재의 울산과 경주 일원에서는 발견 빈도수에서는 차이를 보이나 이 시기에 속하는 유적들이 다수 확인되고 있다. 그렇다면 반구대 암각화가 제작된 시기 및 이 유적을 남긴 집단을 추정하기 위해서는 울산 및 경주 일원의 해당 시기 유적 전반을 개관할 필요가 있는 셈이다.

그러나 여기에서 유의할 것은 반구대암각화의 주요제재 가운데 하나가 고래와 같은 바다짐승인 점에서도 확인되듯이 암각화 제작 집단의 주거지 및 생활권은 대곡천의 본류인 태화강과 뗄 수 없는 관계를 맺고 있을 것이라는 사실이다. 바다짐승 그림의 제작 집단과 뭍짐승 그림의 제작 집단이 다르다고 하더라도 암각화의 입지와 대곡천, 태화강의 관계를 고려하면, 대곡천이 시작되는 산간계곡 깊숙한 곳에서보다는 대곡천 중 · 하류 및 태화강 줄기를 따라 해안으로 이어지는 강변지대로부터 일정한 거리 안에서 암각화 제작 집단의 흔적을 찾는 것이 보다 합리적인 접근태도일 듯하다. 그렇다면 반구대암각화 제작 집단과 관련한 시기별 유적 검토 대상 지역은 현재의 울산 일대를 크게 벗어나기는 어렵다고 할 수 있다. 이와 같은 전제를 바탕으로 울산과 그 인근에서 확인된 구석기시대 이래 삼한시대까지의 유적 가운데 반구대암각화 제작집단과 연계될 수 있는 것으로 어떤 것이 있는지 살펴보기로 하자.

현재까지 울산지역에서 조사된 문화유적 가운데 구석기사회의 흔적이 확인된 곳은 울주 언양 대곡리유적 및 삼남 신화리유적, 남구 무거동 옥현유적 등 3곳이다.[73] 이 3곳의 구석기유적에서 찍개 등 구석기시대 유물이 수습된 것은 이미 구석기시대부터 이 일대가 인간생활의 한 영역이었음을 시사한다는 점에서 주요한 의미를 지닌다. 대곡리유적은 반구대암각화유적 인근이며, 신화리유적과 옥현유적은 반구대로부터도 직선거리 10km 이내에 속한 곳이다. 반구대로부터 직선거리 25km 이상 떨어진 밀양 고례리 구석기유적은 거리상의 문제 외에 언양생활권과 밀양생활권을 나누는 해발 1,240m의 가지산이라는 지형적 장애요인 때문에 반구대암각화와 연결 지어 고려하기는 어려운 사례에 속한다.

지금까지 울산지역에서 확인된 신석기시대의 유적은 대부분 현재의 해안선을 따라 분포한다.[74] 지표조사 및 발굴조사를 통해 확인된 울산지역의 신석기시대 유적으로는 울주 서생 신암리유적, 울주 서생 황성동유적, 울주 서생 황성동 세죽유적, 울주 서생 신암리 당재골유적, 울주 온양 구봉리유적, 울주 온산 우봉리유적, 울주 온산 처용리유적, 울주 웅촌 상대유적, 동구 주전동유적, 동구 일산동유적, 동구 방어동 동진유적, 동구 방어동 화암추유적, 동구 화정동 찬물락유적, 북구 신형동 장등유적, 북구 정자동유적, 북구 산하동유적과 화암유적, 북구 중산동유적, 남구 성암동유적, 남구 부곡동유적, 중구 약사동유적 등을 들 수 있다.[75] 이들 가운데 울주 웅촌 상대유적, 상북 궁근정리유적을 제외한 다른 유적들은 모두 해안선에 잇대어 자리 잡았거나 해안선에서 멀지 않은 지역의 강변에 자리 잡은 것이다. 울산지역 역시 신석기 문화와 내륙지역과의 관계는 그리 밀접하지 않음을 드러내는 부분이다. 일부 유적이 태화강을 비롯하여 외황강, 동천 등 울산지역의 크고 작은 하천 연변에서도 발견되었지만 해안에서 그리 멀지 않은 곳이다. 이처럼 울산지역 신석기시대의 주거공간들이 주로 해안에서 가까운 곳에서 확인된다는 것은 그만큼 이 시기의 경제활동이 바다에 치우쳐 있었음을 뜻한다고 하겠다.

그러나 울주 서생 신암리유적이나 황성동 신석기유적, 황성동 세죽유적의 예에서 알 수 있듯이 신석기시대의 패총에서는 바다짐승 및 어류 뿐 아니라 사슴, 멧돼지 등 반구대암각화에 묘사된 뭍짐승의 뼈도 다량 확인된다. 특히 사슴은 반구대암각화에 표현된 뭍짐승 가운데 출현 빈도가 가장 높은 종류 가운데 하나이다.[76] 이들 뭍짐승의 뼈는 비록 신석기시대에 해안지역에 거주한 이들이 바다를 주된 생업무대로 삼았다 하더라도 내륙지대도 경제활동의 범위에 포함시키고 있었음을 의미한다. 그렇다면 신석기시대 해안지역의 거주자들이 반구대암각화와 관련 있을 가능성도 배제하기는 어렵다고 해야 할 것이다.

반구대암각화와 관련하여 한 가지 더 눈길을 끄는 것은 울주 서생 신암리유적 및 황성동 세죽유적에서 수습된 흑요석제 유물들이다. 이러한 유물은 두 유적의 주인공들이 넓게는 일본열도와도 관련 있을 가능성을 시사한다. 이는 신석기 주민들의 해양활동 방식과 범위에 대한 적극적인 해석과도 결부될 수 있다. 조심스러운 일이지만 이들 신석기 유적에서 출토된 고래뼈와 반구대 암각화의 고래잡이 장면, 흑요석제 도구를 하나의 매듭으로 묶어볼 수도 있다. 일부 연구자들이 지적하듯이 해안에 밀려와 죽은 고래가 신석기시대 주민들에 의해 식용으로 쓰였을 수도 있지만, 해안에 접근하였다가 얕은 물에 갇혀 버린 고래가 사냥되거나, 좁고 긴 해안 지형을 이용한 몰이사냥이라는 보다 적극적인 방식을 통해 고래가 사냥되었을 가능성도 고려될 필요가 있기 때문이다.[77] 울산 황성동 신석기유적층에서 골촉이 박힌 고래 견갑골 부분이 발견된 사실이나 부산 동삼동패총에서 완형을 포함한 6개의 고래 귀 뼈가 출토된 점, 창녕 비봉리유적에서 4~5인승 통나무배 2척 분량의 유물이 수습된 점 등을 아울러 고려하면 해안지역에 거주하던 신석기시대 주민들이 원시적인 방식에 의존해서나마 근해 고래잡이에 나섰을 가능성도 굳이 배제할 필요는 없을 것이다.[78] 이러한 면에서 반구대암각화의 주요 내용과 울산지역 신석기시대 문화양상 사이의 관련성은 보다 적극적으로 검토될 필요가 있다고 하겠다.

(2) 청동기시대 유적

청동기시대 유적은 울산의 전 지역에 걸쳐서 확인되고 있다. 조사 및 발굴을 통하여 확인된 청동기시대 유적도 많을 뿐 아니라 울산지역의 무문토기 산포 면적이 대단히 넓다는 지표조사 결과까지 함께 고려하면 청동기시대부터 울산은 비교적 높은 인구밀도를 유지하였던 곳이라고까지 할 수 있을 것이다.[79] 울주 웅촌 검단리유적, 울주 삼남 방기리유적, 울주 삼남 신화리유적, 울주 범서 천상리유적, 울주 범서 구영리유적, 울주 온양 외광리유적, 북구 매곡동유적, 북구 천곡동유적, 북구 신천동 냉천유적, 북구 정자동유적, 중구 장현동유적, 남구 야음동유적, 남구 무거동 옥현유적 등이 청동기시대의 대규모 마을유적임이 확인되었다.[80] 이외에 울주 두동 봉계리유적을 비롯하여 143곳 이상에서 다수의 청동기시대 집터가 조사되었다. 현재까지 조사 보고된 159곳의 울산지역 청동기시대 주거유적 발굴 현황을 알기 쉽게 정리하면 (표8)과 같다.[81]

청동기시대 유적 가운데에는 울주 웅촌 검단리 마을유적처럼 주거지와 환호, 환구가 함께 발견된 것도 다수 있다. 울주 웅촌 검단리유적, 울주 삼남 방기리유적, 울주 범서 천상리유적, 울주 서생 명산리유적, 북구 신천동유적, 중구 약사동유적, 남구 무거동 옥현유적이 여기에 해당한다.[82] 청동기시대 주민들의 종교 · 신앙생활을 읽게 하는 솟대유구, 함정이나 논 등 생계활동과 관련된 유구가 주거지와 함께 확인되는 경우도 적지 않다. 울주 온산 덕신리유적에서는 청동기시대 주거지와 지석묘, 솟대유구가 함께 발견되었으며, 남구 옥동 양궁경기장 부지내유적, 북구 상연암유적, 울주 범서 입암리유적, 울주 삼남 신화리유적에서는 주거지와 함정이 같이 조사되었으며, 울주 언양 구수리 대암유적 및 울주 삼남 신화리유적, 북구 산하동유적에서는 주거지와 석관묘가 같이 조사되었다. 울주 언양 서부리유적, 울주 범서 천전리 진현압골유적, 동구 화정동유적, 북구 신천동 냉천유적, 남구 무거동 옥현유적, 남구 야음동유적에서는 주거지와 논이 같이 발견되었고, 울주 범서 굴화리 백천유적, 울주 온양 발리유적에서는 청동기시대의 논이 확인되었다.[83] 이외에 청동기시대의 묘제인 석관묘 외에도 지석묘가 무리를 이룬 경우도 다수 확인된다.[84]

표 8. 울산지역 청동기시대 마을유적 조사현황

일련번호	유적명	조사연도	유구현황		조사기관	보고자료
			청동기시대	기타		
1	울주검단리유적	1990	환호1기,주거지92동,구2기,수혈유구3기,고인돌3기	삼국시대탄요2기	부산대학교 박물관	울주검단리마을유적(부산대박물관1995)
2	울주방기리유적	1996	환호1기, 주거지50동		창원대학교 박물관	울산방기리청동기시대취락지 -발굴조사성과를중심으로- (김형곤,유병일,1996,영남고고학보19)
3	남구무거동 옥현유적	1998~1999	환구, 주거지 71동, 논	조선시대주거지2동	경남대학교 박물관 밀양대학교 박물관	울산무거동옥현유적현장설명회자료 1,2(1998,1999); 울산무거동옥현유적에대하여 (이현석,2000,울산연구2); 울산무거동옥현유적(경남대박물관,1998)
4	울주천상리유적	1999~2000	환호, 주거지43동, 구상유구2기		영남문화재 연구원	울산천상리취락유적 (영남문화재연구원,2002)
5	남구야음동유적	2000	주거지44동, 논		밀양대학교 박물관	울산야음동유적현장설명회자료 (밀양대박물관,동의대박물관) 울산야음동2지구(밀양대박물관,2004)
6	울주신화리유적	2002~2003	주거지99동	조선시대민묘,논	동아대학교 박물관	경부고속철도언양보수기지 문화유적발굴조사개요(동아대박물관); 울산신화리유적 (동아대박물관,2010,2011)
7	언양신화리유적	2007~2009	주거지103동,수혈13기	삼한시대목곽묘2기, 통일신라시대석실1기	한국문물 연구원	언양신화리유적(한국문물연구원,2011); 언양신화리유적2(한국문물연구원,2012)
8	울주신화리유적	2009~2011	주거지81동, 석관묘1기,구13기,함정2기	구석기시대문화층, 삼한시대주거지4동, 삼국시대주거지5동, 삼국시대묘9기, 조선시대분묘76기	울산발전 연구원	울주신화리유적1(울산발전연구원,2012); 울주신화리유적2 (울산발전연구원,2013); 울주신화리유적3(울산발전연구원,2013)
9	북구매곡동 지방산업단지내 유적	2003	주거지56동, 수혈	삼국시대탄요, 주거지,수혈유구, 석실묘, 조선시대수혈,가마	울산문화재 연구원	울산북구매곡동지방산업단지내 유적현장설명회자료; 울산매곡동유적1지구 (울산문화재연구원,2005) 울산매곡동유적2지구 (울산문화재연구원,2005) 울산매곡동유적3지구 (울산문화재연구원,2006) 울산매곡동유적4지구 (울산문화재연구원,2006); 울산매곡동유적3-2지구4-2지구5지구 (울산문화재연구원,2007)
10	울산매곡동 508유적	2005	주거지43동, 구상유구15기,주구2기		울산발전 연구원	울산매곡동508번지유적 (울산발전연구원,2007)
11	울산구영리유적	2004~2005	주거지78동	조선시대토광묘91기		울산구영리유적 (중앙문화재연구원,2005)
12	울산구영리유적	2004~2005	주거지87동	통일신라시대 석실2기	울산발전 연구원	울산구영리유적(울산발전연구원,2007)
13	울산천곡동 가재골유적	2004~2005	주거지99동, 수혈13기, 구3기,묘3기	삼한시대목관묘1기, 통일신라가마1기	울산문화재 연구원	울산천곡동가재골유적1 (울산문화재연구원,2007); 울산천곡동가재골유적2 (울산문화재연구원,2008): 울산천곡동가재골유적3 (울산문화재연구원,2009); 울산천곡동가재골유적4 (울산문화재연구원,2010)

일련번호	유적명	조사연도	유구현황		조사기관	보고자료
			청동기시대	기타		
14	울산신천동 냉천유적	2005~2006, 2007	주거지85동, 구5기,논11	삼국시대 건물지2기, 조선시대 묘14기	울산발전 연구원	울산신천동냉천유적 (울산발전연구원,2008) 울산신천동냉천유적2 (울산발전연구원,2009)
15	울산정자동유적	2007	주거지48동, 적색유구1기		울산발전 연구원	울산정자동유적 (울산발전연구원,2009)
16	울산장현동 41-5유적	2007~2008	주거지56동, 수혈4기		울산문화재 연구원	울산장현동41-5유적 (울산문화재연구원,2010)
17	울산외광리 귀지유적	2007~2008	주거지57동, 수혈1기		울산문화재 연구원	울산외광리귀지유적 (울산문화재연구원, 2010)
18	울주양동유적	1984	주거지5동	삼국시대고분	부산대학교 박물관	울주양동유적조사개보 (부산대박물관,1985)
19	중구다운동유적	1995	주거지13동	삼한.삼국시대고분		울산다운동유적(유병일,1996,제39회 전국역사학대회발표요지) 울산다운동유적의청동기시대주거지양상 (유병일,2000,울산연구2,울산대박물관) 울산다운동유적1 (창원대학교박물관,2004)
20	중구다운동 운곡유적	1995	주거지6동	삼국시대고분	창원대학교 박물관	울산다운동운곡유적(창원대박물관,1998)
21	북구호계동유적	1995	주거지13동		경남대학교 박물관	울산호계리주거지(경남대박물관,1995, 김해덕산리유적부록)
22	울주구영리유적	1996	주거지13동	삼국시대고분2기, 삼국시대가마1기	경남대학교 박물관	울산구영리유적 (한국대학박물관협회,1996, 대학과발굴1); 울산구영리유적(경남대박물관,2004)
23	울주천상리 생활유적	1996	주거지1동	삼국시대 수혈유구7동	동아대학교 박물관	울산천상리유적보고(동아대박물관,1997, 거제거림리유적부록)
24	울주교동리유적	1997~1998	주거지2동	삼국시대고분	동아대학교 박물관	울산교동리유적발굴조사 (동아대박물관,1997,영남고고학보21) 언양교동리유적(동아대박물관,2000)
25	울주방기리 하방유적	1998	주거지5동	조선시대주거지9동, 목관묘1기, 근세분묘6기	부산대학교 박물관	울산방기리(하방)유적발굴조사약보고서 (부산대박물관,1998) 울산방기리유적(부산대박물관,2002)
26	북구연암동유적	1998	주거지6동, 부정형구다수	삼국시대구1기, 근대석열2기	울산대학교 박물관	울산연암동유적(울산대박물관,2001)
27	북구연암동북구 청사신축부지유적	1998	주거지1동, 주구7기, 수혈4기		부경대학교 박물관	울산광역시북구청사신축부지연암동유적 발굴조사(약)보고서 (부경대박물관,2000); 울산북구연암동유적 (부경대박물관,2000)
28	동구화정동유적	1999	주거지7동, 수혈유구2기	삼국시대논	울산대학교 박물관	울산화정동유적(울산대박물관,2001, 울산연암동유적 부록)
29	울주봉계리유적	1999	주거지19동, 구상유구3기		영남대학교 박물관	울산봉계리유적 (영남대학교박물관,2000)
30	울주구수리유적	1999	주거지6동, 구상유구1기		울산대학교 박물관	울산구수리유적(울산대박물관,2002, 울산대안리유적 부록)
31	동구서부동유적	1999	주거지4동		울산대학교 박물관	울산서부동유적발굴조사보고(울산대박물관,2001,김해능동유적1-목곽묘 부록)
32	남구부곡동유적	1999	주거지3동	조선시대수혈		울산시부곡동252-5번지일대 한국카프로락탐㈜공장부지발굴조사보고서(한국문화재보호재단,2000)

일련번호	유적명	조사연도	유구현황		조사기관	보고자료
			청동기시대	기타		
33	울주대안리유적	2000	주거지6동	삼한시대목관묘, 옹관묘, 삼국시대석곽묘	울산대학교 박물관	울산대안리유적(울산대박물관,2002)
34	북구창평동유적	2000	주거지15동	통일신라 목책유구1기	울산문화재 연구원	울산창평동유적 (영남문화재연구원,2003)
35	남구신정동유적	2001	주거지15동, 수혈1기,구1기	조선시대주거지11동,대상유구1기, 수혈6기, 야외아궁이2기	울산문화재 연구원	울산신정동유적 (울산문화재연구원,2003)
36	북구신현동유적	2001	주거지1동, 환호	삼국시대수혈,토광묘,조선시대탄요	중앙문화재 연구원	울산신현동유적발굴조사현장설명회자료 울산신현동유적 (중앙문화재연구원,2003)
37	북구신현동 황토전유적	2001	주거지34동, 구2열	삼한시대석관묘2기, 삼국시대수혈,논, 조선시대주거지, 수혈,탄요,묘	울산문화재 연구원	울산신현동황토전유적 (울산문화재연구원,2003)
38	울주사연리 늠네유적	2001	주거지4동	삼한시대주거지,오오간묘,삼국시대구, 대형수혈,배수시설, 논,고려시대굴립주건물지,조선시대주거지,묘,우물	울산문화재 연구원	울산사연리늠네유적 (울산문화재연구원,2003)
39	동구화정동유적	2001	주거지4동, 수혈1기, 구1기,논	조선시대수혈5기, 구1기,주혈군	울산문화재 연구원	울산화정동유적 (울산문화재연구원,2004)
40	중구다운동 '마','바'구역유적	2001, 2003	주거지7동, 수혈유구2기	삼한시대목관묘, 삼국시대석곽묘	울산발전 연구원	울산다운동아파트진입도로개설부지 울산다운동'마구역'발굴조사지도위원회자료및'바'구역발굴조사지도위원회자료; 울산다운동마구역유적 (울산발전연구원,2003); 울산다운동바구역유적 (울산발전연구원,2005)
41	북구산업로 배면도로유적	2002	주거지23동	삼국시대구,굴립주건물지,우물,수혈유구, 조선시대구, 수혈유구,고분	울산문화재 연구원	울산산업로배면도로유적(율동~화봉택지) 개설구간내1,2구간발굴조사지도위원회자료및3,4구간지도위원회자료; 울산연암동산성유적 (울산문화재연구원,2004)
42	울주교동리 자동차정비소부지유적	2002	주거지13동, 구3기		울산문화재 연구원	울주교동리자동차정비소부지내 유적발굴조사현장설명회자료; 울산교동리456유적 (울산문화재연구원,2004)
43	울주교동리 주택건립부지 유적	2002	주거지1동	삼국시대옹관묘1기, 고려시대건물지2동	울산발전 연구원	울주삼남면교동리주택건립부지 문화유적발굴조사현장설명회자료; 울산교동리유적(울산발전연구원,2004)
44	북구중산동유적	2002	주거지1동	삼국시대주거지, 주혈,구상유구, 수혈유구	울산발전 연구원	울산이화중학교건립부지시굴 조사위원회자료; 울산중산리이화유적 (울산발전연구원,2004)
45	울주구수리 언양하수종말처리장부지유적	2002	주거지28동	삼국시대탄요, 시기미상요, 구상유구,수혈유구	울산발전 연구원	울주언양하수종말처리장건립부지 유적발굴조사1,2차지도위원회자료; 울산구수리유적(울산발전연구원,2004)
46	울주서부리 남천유적	2002~2003	주거지8동,구상유구5기,논	삼국시대논	울산발전 연구원	울주남천초등학교신축부지발굴조사 지도위원회자료; 울주서부리남천유적(이현석,2003,제46회전국역사학대회발표요지); 울산서부리남천유적 (울산발전연구원,2005)

일련번호	유적명	조사연도	유구현황		조사기관	보고자료
			청동기시대	기타		
47	울주삼정리 하삼정고분군1	2003	주거지2동	삼국시대목곽묘, 석곽묘,석실부, 조선시대도로유구, 수혈유구 등	한국문화재 보호재단	울산권광역상수도(대곡댐)사업편입부지내 3차발굴조사1차지도위원회자료; 울산하삼정고분군1 (한국문화재보호재단,2009)
48	울주삼정리 하삼정유적	2003	주거지1동	삼국시대목관묘, 목곽묘,토기가마, 통일신라시대건물지,조선시대탄요	한국문화재 보호재단	울산권광역상수도(대곡댐)사업편입부지내 3차발굴조사2차지도위원회자료;
49	울주하삼정 고분군2	2003	주거지1동	삼국시대각종고분, 수혈,조선시대건물지	한국문화재 보호재단	울산권광역상수도(대곡댐)사업편입부지내 4차발굴조사1차지도위원회자료; 울산하삼정고분군2 (한국문화재보호재단,2004)
50	울주인보리 서하유적	2003	주거지2동, 주혈군	삼국시대 소성유구1기, 수혈4기, 굴립주건물3동	울산발전 연구원	국도35호선확포장공사1,2구간 문화유적발굴조사지도위원회자료; 울산서하리서하유적 (울산발전연구원,2006)
51	울주반천리 천소유적	2003	주거지9동	삼국시대석곽묘3기	울산대학교 박물관	울산문화재연구원신축부지(천소유적) 문화재발굴조사지도위원회자료; 울산천소유적(울산대학교박물관,2005)
52	중구약사동 공동주택부지내 유적	2003	주거지5동	삼국시대 수혈유구32기, 조선시대수혈	울산문화재 연구원	울산중구약사동공동주택부지내유적발굴 조사현장설명회자료; 울산약사동861유적 (울산문화재연구원,2009)
53	남구옥동 양궁경기장부지 내유적	2003	주거지3동, 수렵함정6기		울산문화재 연구원	남구옥동양궁경기장부지내 유적현장설명회자료; 울산옥동유적(울산문화재연구원,2005)
54	북구산하동 산음유적	2003	주거지15동, 구1기	조선시대유구2기	울산문화재 연구원	울산-강동간도로확장구간내 산음유적지도위원회및현장설명회자료 울산산하동산음유적 (울산문화재연구원,2005)
55	울주천상리 평천유적	2003	주거지4동	삼국시대주거지, 수혈유구	울산문화재 연구원	천상초,중학교건립부지내울산평천유적발굴조사현장설형회자료; 울산천상리평천유적 (울산문화재연구원,2005)
56	울산백천유적	2001	수전	조선시대수전,구	울산문화재 연구원	울산백천유적(울산문화재연구원,2002)
57	울산발리유적	2000	수전8기	삼국시대수전20기	울산문화재 연구원	울산발리유적(울산문화재연구원,2003)
58	두왕-무거간 도로유적	2003	주거지6기	삼국시대석곽7기, 고려시대 구상유구11기	울산문화재 연구원	울산두왕-무거간도로확장구간내유적 (중앙문화재연구원, 2004)
59	울산척과유적	2001	주거지4기			울산척과유적(동국대학교박물관,2004)
60	울산효문유적	2002	주거지4기		울산문화재 연구원	울산효문동유적(울산문화재연구원,2004,울산효문동죽전곡유적부록)
61	울산덕신리유적	2002	묘3기	조선시대건물지2동	울산발전 연구원	울산교동리유적 (울산발전연구원,2004)
62	울산병영성	2003	주거지2동	삼한시대주거지7동, 조선시대체성,해자, 조선시대주거지2동, 수혈12기	울산문화재 연구원	울산병영성(울산문화재연구원,2005)
63	울산천전리 진협압골유적	2002~2003	주거지2동,논	삼국시대토기가마, 고려시대자기가마	울산문화재 연구원	울산천전리진현압골유적 (울산문화재연구원,2005)

일련번호	유적명	조사연도	유구현황		조사기관	보고자료
			청동기시대	기타		
64	울산천곡동유적	2003	주거지23동		울산발전연구원	울산천곡동유적가지구 (울산발전연구원,2005); 울산천곡동유적나지구 (울산발전연구원,2006)
65	울산방기리 286유적	2003	주거지1동	삼국~통일신라 묘1기,논	울산발전연구원	울산방기리286유적 (울산발전연구원2005)
66	울산북구 연암동유적	2003	주거지9동, 구상유구6기		울산발전연구원	울산북구연암동유적 (울산발전연구원,2005)
67	울산향산리 청룡유적	2003	지석묘1기	삼한시대목관묘1기	울산문화재연구원	울산향산리청룡유적 (울산문화재연구원,2005)
68	울산조일리유적	2003	주거지2동	삼국시대건물지7동, 삼국시대주혈7기	중원문화재연구원	울산조일리유적 (중원문화재연구원,2005)
69	울산굴화리 백천구수리유적	2001	주거지6동	삼국시대논13기	울산대학교 박물관	울산굴화리백천구수리유적 (울산대학교박물관,2005)
70	울산천곡동 굼마을유적	2004	주거지4동	조선시대분묘3기, 아궁이6기	울산문화재연구원	울산천곡동굼마을유적 (울산문화재연구원,2006)
71	울산남창유적	2005	주거지22동	조선시대묘2기	울산발전연구원	울산남창합수유적 (울산발전연구원,2006)
72	울산합수유적	2005	주거지6동	조선시대석열2기	울산발전연구원	울산남창합수유적 (울산발전연구원,2006)
73	울산효문동 율동유적	2003~2004	주거지25동, 수혈1기	삼국시대 목곽묘93기, 석곽묘47기	울산문화재연구원	울산효문동율동유적1-주거지 (울산문화재연구원,2005); 울산효문동율동유적2-목곽묘 (울산문화재연구원,2006); 울산효문동율동유적2-석곽묘외 (울산문화재연구원,2006)
74	울산대대리 중대유적	2004	주거지3동	삼국시대목곽묘1기, 석곽묘35기, 조선시대건물지3동	울산문화재연구원	울산대대리중대유적 (울산문화재연구원,2006)
75	울산천곡동유적	2005	주거지29동, 주혈2기, 구2기		울산발전연구원	울산천곡동유적2 (울산발전연구원,2004)
76	울산굴화리 장검유적	2004	주거지30동, 수혈5기	삼국시대논, 조선시대분묘34기	울산문화재연구원	울산굴화리장검유적2 (울산문화재연구원,2006)
77	울산연암동 환호유적	2003	환호,수혈2기	조선시대토광묘1기	경남문화재연구원	울산연암동환호유적 (경남문화재연구원,2006)
78	울산굴화리 율리유적	2003	주거지2동		중원문화재연구원	울산굴화리율리유적 (중앙문화재연구원,2006)
79	울산동천리유적	2004	주거지13동, 수혈9기	삼국시대수혈1기, 조선시대분묘3기	울산문화재연구원	울산동천리유적 (울산문화재연구원,2006)
80	울산외광리 취락유적	2004~2005	주거지37동	삼국시대석실1기	울산발전연구원	울산외광리취락유적 (울산발전연구원,2007)
81	울산교동리 수남유적	2005	지석묘1기	통인신라~고려시대 수혈유구1,조선시대 수혈유구3기	울산문화재연구원	울산교동리수남유적 (울산문화재연구원,2007)
82	울산하삼 정방리옹기유지	2005	주거지2동	삼한시대목관묘5기, 목곽묘24기, 조선시대주혈5기	한국문화재보호재단	울산하삼정방리옹기요지 (한국문화재보호재단,2007)
83	울산다운동 대골유적	2006	주거지5동	조선시대 기와가마2기, 폐기장3기, 수혈주거지5동	울산발전연구원	울산다운동대골유적 (울산발전연구원,2007)
84	울산중산동 1178유적	2004	주거지2동	근세묘2기	울산문화재연구원	울산중산동1178유적(울산문화재연구원, 2007,울산중산동약수유적1 부록)

일련번호	유적명	조사연도	유구현황		조사기관	보고자료
			청동기시대	기타		
85	울산중산동 약수유적	2005	주거지10동, 구상유구	삼국시대 측구부탄요2기	울산문화재 연구원	울산중산동약수유적1 (울산문화재연구원,2009); 울산중산동약수유적2 (울산문화재연구원,2007)
86	울산삼정리유적	2005	주거지1동	삼국시대수혈2기,통일신라시대수혈6기, 고려시대 주거지1동	울산문화재 연구원	울산삼정리유적 (울산문화재연구원,2007)
87	울산매곡동 신기유적	2004~2005	주거지12동	조선시대삼가마3기, 집수시설1기	울산문화재 연구원	울산매곡동신기유적3 (울산문화재연구원,2007)
88	울산연암동 705유적	2006	주거지5동, 수혈1기	조선시대수혈3기, 주혈3기	울산문화재 연구원	울산연암동705유적(울산문화재연구원, 2008,울산태화동유적부록)
89	울산태화동유적	2006	주거지11동, 구2기		울산문화재 연구원	울산태화동유적 (울산문화재연구원,2008)
90	울산달천유적	2006, 2007, 2008	주거지7동, 수혈7기	삼한시대주거지9동, 삼한시대석관묘1기, 수혈36기	울산문화재 연구원	울산달천유적1차발굴조사 (울산문화재연구원,2008); 울산달천유적2차발굴조사 (울산문화재연구원,2008, 울산달천유적1차발굴조사부록); 울산달천유적3차발굴조사 (울산문화재연구원,2010)
91	울산인보리 번답들유적	2005~2006	주거지30동	삼국시대석실묘2기, 통일신라화장묘1기, 조선시대묘27기	울산문화재 연구원	울산인보리번답들유적 (울산문화재연구원,2008)
92	울산서사리 278유적	2006	주거지2동	조선시대건물지1동	울산문화재 연구원	울산서사리278유적 (울산문화재연구원,2008)
93	울산다운동 436-5유적	2006	주거지8동	조선시대주거지 11동,가마1기	울산문화재 연구원	울산다운동436-5유적 (울산문화재연구원,2008)
94	울산굴화리 생기들유적	2006	주거지2동	조선시대구	울산문화재 연구원	울산굴화리생기들유적 (울산문화재연구원,2008)
95	울주전읍리 315-1유적	2008	주거지5동	조선시대묘7기	울산발전 연구원	울주전읍리315-1유적 (울산발전연구원,2008)
96	울주전읍리 292-3유적	2008	주거지3동	삼국시대주거지3동	울산발전 연구원	울주전읍리292-3번지유적 (울산발전연구원,2008)
97	울주이전리 272유적	2006	주거지1동		울산발전 연구원	울주이전리272번지유적 (울산발전연구원,2008)
98	울산고연리 귀천유적	2006	주거지6동		울산문화재 연구원	울산고연리귀천유적(울산문화재연구원, 2008,울산교동리104유적 부록)
99	울산조일리 27번지유적	2006	주거지2동		울산문화재 연구원	울산조일리27번지유적(울산문화재연구원,2008,울산교동리104유적 부록)
100	울산대밀양 수정상삼정 삼정리유적	2004	주거지3동	조선시대탄요	한국문화재 보호재단	울산대밀양수정상삼정삼정리유적 (한국문화재보호재단,2008)
101	울산활천서하 천전리유적	2005	주거지9동	삼국시대묘1기	한국문화재 보호재단	울산활천서하천전리유적 (한국문화재보호재단,2008)
102	울산화봉동유적	2009~2010	주거지20동	삼국시대묘35기, 조선시대묘4기	울산발전 연구원	울산화봉동유적 (울산발전연구원,2008)
103	울산유곡동 238유적	2007	주거지1동	통일신라 구상유구11기	울산발전 연구원	울산유곡동238유적 (울산발전연구원,2008)
104	울산다운동 대골2유적	2006	주거지2동	조선시대 주거지7동,분묘2기	울산발전 연구원	울산다운동대골2유적 (울산발전연구원,2008)
105	울산북구상안동 358-47유적	2007	주거지1동		울산발전 연구원	울산북구상안동358-47번지유적 (울산발전연구원,2008,울산천상리대동유적부록)
106	울산천상리 대동유적	2006	주거지5동		울산발전 연구원	울산천상리대동유적 (울산발전연구원,2008)

일련번호	유적명	조사연도	유구현황		조사기관	보고자료
			청동기시대	기타		
107	울산이전리유적	2007	주거지1동		울산발전연구원	울산이전리272번지유적(울산발전연구원,2008,울산천상리대동유적 부록)
108	울산주전동중마을고분군	2007	주거지1동	삼국시대 수혈석곽묘4기, 횡구식석실묘10기	울산문화재연구원	울산주전동중마을고분군(울산문화재연구원,2007)
109	울산신천동585-6유적	2009	주거지15동, 주구3기	삼한시대목관묘1기	울산발전연구원	울산신천동585-6유적(울산발전연구원,2009)
110	울산방기리339유적	2007	주거지1동	조선시대가마3기	울산발전연구원	울산방기리339유적(울산발전연구원,2009)
111	울산반송리유적	2007	주거지9동	고려~조선시대 묘4기	울산문화재연구원	울산반송리유적(울산문화재연구원,2009)
112	울산대안리237유적	2007	구1기		울산문화재연구원	울산대안리237유적(울산문화재연구원,2009,울산중산동약수유적2부록)
113	울산대안리유적	2007	주거지7동	통일신라 화장묘13기, 조선시대주거지1동	울산문화재연구원	울산대안리유적2(울산문화재연구원,2009)
114	울산평리425-20유적	2008	주거지1동	조선시대주거지1동	울산문화재연구원	울산평리425-20유적(울산문화재연구원,2009,울산평리425-9유적부록)
115	울산평리425-12유적	2008	주거지2동		울산문화재연구원	울산평리425-12유적(울산문화재연구원,2009,울산평리425-9유적부록)
116	울산평리425-9유적	2008	주거지1동	조선시대주거지1동	울산문화재연구원	울산평리425-9유적(울산문화재연구원,2009)
117	울산교동리19유적	2007	주거지8동	삼한시대주거지8동, 조선시대묘7기	울산문화재연구원	울산교동리19유적(울산문화재연구원,2009,울산교동리92-37유적부록)
118	울산교동리192-37유적	2006~2007	주거지8동	삼한시대수혈8기	울산문화재연구원	울산교동리192-37유적(울산문화재연구원,2009)
119	울산서부동비석골유적	2006~2007	주거지3동, 수혈3기		울산발전연구원	울산서부동비석골유적(울산발전연구원,2009)
120	울산명촌리유적	2006~2007	거석1		울산문화재연구원	울산명촌리유적(울산문화재연구원,2009)
121	울산신화리유적	2007	건물지25동, 수혈유구5기	조선시대묘19기	경남문화재연구원	울산신화리유적(경남문화재연구원,2009)
122	울산다운동구루미유적	2007	주거지3동, 수혈2기		울산문화재연구원	울산다운동구루미유적(울산문화재연구원,2009)
123	울산장검유적	2009	주거지8동	조선시대주거지1동	울산발전연구원	울산장검유적(울산발전연구원,2010)
124	울산상연암유적	2007~2008	주거지30동, 주구2기, 함정19기	통일신라석실묘2기	울산문화재연구원	울산상연암유적(울산문화재연구원,2010)
125	울주원산리유적		주거지2동	삼한시대주거지6동, 조선시대주거지3동	울산발전연구원	울주원산리산102-2번지유적(울산발전연구원,2010)
126	울산효문동죽전곡유적	2008	주거지2동	조선시대주거지3동, 건물지2동	울산문화재연구원	울산효문동죽전곡유적(울산문화재연구원,2010)
127	울산산하동유적	2008	주거지19동, 석관4기	신석기시대 유물포함층	울산발전연구원	울산산하동유적(울산발전연구원,2010)
128	울산반연리유적	2007~2008	주거지3동	조선시대주거지36동,수혈28기	울산발전연구원	울산반연리유적(울산발전연구원,2010)
129	울산입암리유적	2007	함정27기, 주거지32동, 주혈94기	통일신라시대수혈90기	울산문화재연구원	울산입암리유적(울산문화재연구원,2010)
130	울산상안동유적	2007~2008	주거지30동	통일신라시대주혈84기	울산문화재연구원	울산상안동유적(울산문화재연구원,2010)
131	울산반연리가막못유적	2007~2008	주거지22동	조선시대구16기, 수혈57기	울산문화재연구원	울산반연리가막못유적(울산문화재연구원,2010)

일련번호	유적명	조사연도	유구현황		조사기관	보고자료
			청동기시대	기타		
132	울산고산리유적	2009	주거지1동		울산문화재연구원	울산고산리438-5유적(울산문화재연구원,2010,울산중산동798-2유적부록)
133	울산사연리곡연유적	2008	주거지1동	조선시대소성유구11기,건물지5동	동아세아문화재연구원	울산사연리곡연유적(동아세아문화재연구원,2010)
134	울산산화동화암유적	2007~2010	주거지15동,수혈유구2기	신석기시대수혈유구1기,삼한시대목곽묘13기,삼국~통일신라석곽묘6기,건물지5동,고려시대주거지1동,조선시대주거지3동,삼가마1기	울산문화재연구원	울산산화동화암유적(울산문화재연구원,2011)
135	울산산화동화암고분군	2007~2010	주거지3동,수혈유구2기	삼국시대석곽묘38기,매납유구10기,조선시대탄요2기	울산발전연구원	울산산화동화암유적(울산발전연구원,2011)
136	울주삼평리유적	2011	주거지4동	조선시대주거지3동,건물지2동	울산발전연구원	울주삼평리1078유적(울산발전연구원,2011)
137	울산덕신리572-6유적	2010	주거지8동,지석묘1기,솟대유구3기	삼국시대석실묘3기,통일신라시대화장묘1기,조선시대주거지1동	울산발전연구원	울주덕신리572-6유적(울산발전연구원,2011)
138	울주조일리1409-1유적	2011	주거지4동		울산발전연구원	울주조일리1409-1유적(울산발전연구원,2011)
139	울주입암리진목유적	2011	주거지3동		울산발전연구원	울주입암리진목유적(울산발전연구원,2011)
140	울산산하동37유적	2007~2009	주거지12동,건물지25동	삼국시대건물지1기,수혈163기,조선시대 도로	우리문화재연구원	울산산하동37번지유적(우리문화재연구원,2011)
141	울산천곡동유적	2009	주거지1동,구2기		한겨레문화재연구원	울산천곡동502번지유적(한겨레문화재연구원,2009)
142	울산효문동유적	2007~2009	주거지29동,주혈2기,구2기	통일신라시대화장묘14기,고려시대이후분묘111기	대동문화재연구원	울산효문동산68-1유적(대동문화재연구원,2011)
143	울산선암동유적	2011	주거지19동	조선시대묘1기	울산문화재연구원	울산선암동유적(울산문화재연구원,2011)
144	울산명산리유적	2008~2009	주거지17기,환호1기	삼국시대묘44기,통일신라건물지4동,통일신라수혈11기	울산문화재연구원	울산명산리유적(울산문화재연구원,2011)
145	울산중산동542유적	2009	주거지22동	삼국시대석실1기	울산문화재연구원	울산중산동542유적(울산문화재연구원,2011)
146	울산연암동유적	2008~2009	주거지15동	조선시대건물지4동,수혈6기,가마2기,토광묘8기	한국문화재보호재단	울산연암동유적(한국문화재보호재단,2011)
147	울산다운동새각단유적	2008~2009	주거지38동	삼국시대22기,고려시대주거지8기	울산문화재연구원	울산다운동새각단유적(울산문화재연구원,2011)
148	울산처용리21유적	2010	주거지1동	신석기생활유적9기,삼국시대주거지1동,수혈11기	우리문화재연구원	울산처용리21번지유적(우리문화재연구원,2012)
149	울산연암화봉동유적	2009	주거지13동,수혈9기	삼국시대석곽묘29기,조선시대묘1기	우리문화재연구원	울산연암동화봉동유적(우리문화재연구원,2012)
150	울주굴화리백천들유적	2009~2010	주거지35동,수혈유구13기,구상유구29기		울산발전연구원	울주굴화리백천들유적(울산발전연구원,2012)

일련번호	유적명	조사연도	유구현황		조사기관	보고자료
			청동기시대	기타		
151	울산범서산성	2009	주거지1동			울산범서산성(중앙문화재연구원,2012)
152	울산신천동유적	2012	주거지3동, 환구2기		울산발전연구원	울산신천동202-1유적(울산발전연구원,2012)
153	울산창평동유적	2010	주거지12기, 주구4기	삼한~삼국 주거지2기, 삼한목관묘10기, 조선건물지 1동	우리문화재연구원	울산창평동810유적(우리문화재연구원,2012)
154	울산조일리 1071-2유적	2010	주거지11동, 수혈유구4기	조선시대토광묘1기	울산문화재연구원	울산조일리1071-2유적(울산문화재연구원,2012)
155	울산약사동유적	2009~2010	주거지22동	고려시대건물지5동, 조선시대토광묘33기,주거지 12동	중앙문화재연구원	울산약사동유적(중앙문화재연구원,2012)
156	울산유곡동 우정동유적	2009~2010	주거지15동	삼한시대토광묘2기, 삼국시대묘80기	중앙문화재연구원	울산유곡동약사동유적(중앙문화재연구원,2012)
157	울산약사동유적	2009~2010	주거지 22동, 환호3기	삼국~통일신라 제방 1기, 고려시대 건물지 5동, 조선시대 건물지 12동	우리문화재연구원	울산약사동유적(우리문화재연구원,2013)
158	울주발리 455-1유적	2012	주거지1동, 경작유구1, 경작층1,구2	삼국시대경작층1, 논1,구1,통일신라시대구1,조선시대경작층1,구1	가교문화재연구원	울주발리455-1유적(가교문화재연구원,2013)
159	울산발리 456-1유적	2012	주거지1동	원삼국시대목관묘10기,옹관묘2기, 통일신라시대굴립주건물지1,수혈유구1, 구 1,주혈 8	가교문화재연구원	울주발리456-1유적(가교문화재연구원,2013)

위의 (표8)에서도 확인되듯이 울산지역의 청동기시대 유적은 상당수가 하천 변의 얕은 구릉지를 따라 분포하여 신석기시대 유적과 대비를 이룬다. 이와 같은 유적 분포상은 청동기시대의 경제가 앞의 신석기시대와 달리 농경에 주로 의존하였음을 시사한다. 실제 울산지역 청동기시대 유적 가운데에는 농경의 중요한 증거라고 할 수 있는 '논'의 흔적이 확인되는 예가 많다.[85]

주의할 것은 청동기시대 경제활동의 초점이 농경에 두어졌음은 일반적으로 인정되고 있지만 지역별 생활환경의 차이에 따라 어로 및 수렵활동의 비중이 농경에 비해 높은 경우도 있었을 것이며, 심지어는 여전히 어로 및 수렵에 의존한 경제활동이 이루어졌을 경우도 있었을 것이라는 사실이다.[86] 하천변 구릉지 거주 청동기시대 주민의 경우, 농경과 함께 어로활동도 했다면 무대는 내륙의 하천이었을 것이다. 청동기시대에 이르러 주민들의 주거공간이 내륙 하천지대로 바뀌면서 바다를 대상으로 한 어로는 경제활동으로서의 의미와 가치를 잃고 빠른 속도로 위축되어 갔을 가능성이 높다.

현재까지 반구대암각화 유적과의 관련 가능성을 고려할 때, 입지, 거리, 내용에서 우선순위에 올릴 수 있는 대곡천 하류 및 태화강 중 · 상류 지역 청동기시대 유적으로는 울주 범서 천상리유적을 비롯하여 10여 곳 정도가 있다. 대부분 근래의 고고학적 발굴을 통해 확인된 유적들로 위에서 지적하였듯이 이 가운데에는 주거지와 농경지가 함께 발견된 사례도 여럿 있다.[87]

눈길을 끄는 것은 이들 청동기시대 유적들에 대한 발굴 결과와 반구대 암각화를 통해 확인되는 문화상 사이에 별다른 연관성이 보이지 않는다는 사실이다. 태화강변의 울주 범서 천천리 진현압골유적, 굴화리 백천유적, 무거천변의 남구 무거동 옥현유적 등이 하나 같이 크고 작은 차이는 있으나 농경과 관련된 일정한 흔적을 남기고 있다. 이에 비해, 반구대 암각화에는 농경과 직결된 활동상이 제대로 나타나지 않는다. 반구대 암각화에 보이는 가축을 위한 울타리, 혹은 맹수를 잡기 위한 울타리가 농경과 관련될 수도 있으나, 수렵사회 생활모습의 일부로 해석될 여지가 오히려 더 큰 것으로 보이는 것도 이 때문이다. 이런 사실들을 감안할 때 반구대 암각화 제작집단이 청동기시대의 주민이라고 할지라도 생업경제의 초점이 농경에 가 있을 가능성은 상대적으로 낮다고 하겠다.

(3) 삼한시대의 유적

삼한시대에 들어서면 생활공간으로 구릉 뿐 아니라 평지가 선택되는 경우도 많아 이 시기의 생활유적은 이후부터 현재에 이르기까지의 거주공간과 중복되는 경우가 많다. 이런 까닭에 울산에서도 삼한시대의 생활유적은 발견 사례가 그리 많지 않다. 울산지역에서 발견된 삼한시대 유적의 발굴조사 사례를 알기 쉽게 정리하면 (표9)와 같다.

표 9. 울산지역 삼한시대 마을유적 조사현황

일련번호	유적명	조사연도	유구현황		조사기관	보고자료
			삼한시대	기타		
1	울산하대유적	1991,1992	목곽묘55여기		부산대학교 박물관	울산하대유적고분1 (부산대학교박물관,1997) 울산하대유적고분2 (부산대학교박물관,1998)
2	울산대안리유적	2000	목관묘65기, 옹관묘9기	청동기시대주거지 6동, 삼국시대 석곽묘1기	울산대학교 박물관	울산대안리유적 (울산대학교박물관,2002)
3	울산사연리 늠네유적	2001	주거지1동	청동기시대 주거지4동, 고려시대건물지1동	울산문화재 연구원	울산사연리늠네유적 (울산문화재연구원, 2003)
4	울산신현동 황토전유적	2001	석관묘2기	청동기시대주거지 34동,구2기, 삼국시대수혈	울산문화재 연구원	울산신현동황토전유적 (울산문화재연구원,2003)
5	울산다운동 마구역유적	2001	삼한~삼국묘 20기	청동기시대 주거지4동	울산발전연 구원	울산다운동마구역유적 (울산발전연구원,2003)
6	울산약사동 861유적	2002~2003	삼한~삼국 수혈5기	신석기시대포함층, 청동기시대 주거지5동	울산문화재 연구원	울산약사동861유적 (울산문화재연구원,2009)
7	울산신화리유적	2002~2004	목관묘8기	삼국시대석곽묘3기, 조선시대 옹관묘10기, 조선시대주거지3동	동아대학교 박물관	울산신화리유적2 (동아대학교박물관,2011)
8	울산병영성	2003	주거지7동	청동기시대 주거지2동,조선시대 체성,해자, 주거지1동, 수혈 12기	울산문화재 연구원	울산병영성 (울산문화재연구원,2005)
9	울산다운동 바구역유적	2002~2003	삼한~삼국 목곽17기, 옹관1기	청동기시대 주거지7동,삼국시대 석관.석곽 24기	울산발전 연구원	울산다운동바구역유적 (울산발전연구원,2005)
10	울산향산리 청룡유적	2003	목관묘1기	청동기시대 지석묘1기	울산문화재 연구원	울산향산리청룡유적 (울산문화재연구원,2005)
11	울산하삼정고분군	2003~2004	목곽묘43기		한국문화재 보호재단	울산하삼정고분군2 (한국문화재보호재단,2010)
12	울산하삼정방리 옹기유지	2005	목관5기, 목곽24기	청동기시대주거지2동,조선시대주혈5기	한국문화재 보호재단	울산하삼정방리옹기요지 (한국문화재보호재단,2007)
13	울산천곡동 가재골유적	2004~2005	목관묘1기	청동기시대주거지 23동,수혈4기	울산문화재 연구원	울산천곡동가재골유적1 (울산문화재연구원,2007)

일련번호	유적명	조사연도	유구현황		조사기관	보고자료
			삼한시대	기타		
14	울산운화리고분군	2005~2006	목곽묘14기, 석곽묘 54기	삼국시대 횡구식석실묘1기	울산문화재연구원	울산운화리고분군 (울산문화재연구원,2008)
15	울산위양리유적	2006	삼한~삼국시대수혈4기, 소형수혈78기	조선시대구1기	울산문화재연구원	울산위양리유적 (울산문화재연구원,2008)
16	울산달천유적	2006,2007	주거지2동, 석관묘1기, 수혈11기	청동기시대 주거지1동	울산문화재연구원	울산달천유적1차발굴조사 (울산문화재연구원,2008) 울산달천유적2차발굴조사(울산문화재연구원,2008,울산달천유적1차발굴조사부록)
17	울산대대리 144-4유적	2006	삼한~삼국 저습지1, 적석 1기		울산문화재연구원	울산대대리144-4유적 (울산문화재연구원,2008, 울산서사리278유적 부록)
18	울산교동리104유적	2006	주거지1동	삼국시대주혈104기	울산문화재연구원	울산교동리104유적 (울산문화재연구원,2008)
19	울산중산동 547-1유적	2006	목관묘1기	삼국시대목곽3기	울산문화재연구원	울산중산동547-1유적 (울산문화재연구원,2008)
20	울산중산동 약수유적	2006~2007	주거지4동	청동기시대주거지 35동,수혈2기, 주구12기	울산문화재연구원	울산중산동약수유적2 (울산문화재연구원,2009)
21	울산교동리 192-37유적	2006~2007	수혈8기	청동기시대 주거지8동	울산문화재연구원	울산교동리192-37유적 (울산문화재연구원,2009)
22	울산망양리덕신리오산유적	2006~2007	수혈10기	조선시대 주거지34동	울산문화재연구원	울산망양리덕신리오산유적 (울산문화재연구원,2009)
23	울산교동리 19유적	2007	주거지8동	청동기시대주거지8동,조선시대묘7기	울산문화재연구원	울산교동리19유적(울산문화재연구원, 2009,울산교동리192-3유적부록)
24	울산명산리 314-1유적	2007	주거지22동, 수혈2기		울산발전연구원	울산명산리314-1유적 (울산발전연구원,2009)
25	언양신화리유적	2007~2009	목곽묘2기	청동기시대주거지 103동,수혈13기, 통일신라시대 석실1기	한국문물연구원	언양신화리유적(한국문물연구원,2011) 울주언양신화리유적2 (한국문물연구원,2012)
26	울산산화동 화암유적	2007~2010	목곽묘13기	신석기시대수혈유구1기,청동기시대주거지 15동,수혈유구2기,삼국~통일신라 석곽묘6기, 건물지5동, 고려시대주거지1동, 조선시대주거지3동, 삼가마	울산발전연구원	울산산화동화암유적 (울산발전연구원,2011)
27	울산달천유적3차	2008	주거지7동, 수혈25기	청동기시대 주거지6동,수혈7기	울산문화재연구원	울산달천유적3차발굴조사 (울산문화재연구원,2010)
28	울산신천동 585-6유적	2009	목관묘1기	청동기시대주거지 15동,주구3기	울산발전연구원	울산신천동585-6유적 (울산발전연구원,2009)
29	울주신화리유적	2009~2012	주거지5동, 건물지2동	구석기시대3개문화층,청동기시대주거지 81동,석관묘1기, 구13기함정2기,삼국시대묘9기,주거지1동, 조선시대분묘 76기	울산발전연구원	울주신화리유적1(울산발전연구원,2012) 울주신화리유적2(울산발전연구원,2013) 울주신화리유적3(울산발전연구원,2013)
30	울산원산리유적	2010	주거지6동	청동기시대 주거지2동, 조선시대주거지3동	울산발전연구원	울산원산리산102-2유적 (울산발전연구원,2010)
31	울산창평동유적	2010	삼한~삼국 주거지2동, 목관묘10기	청동기시대주거지 12동,주구4기, 조선시대건물지1동	울산문화재연구원	울산창평동810번지유적 (우리문화재연구원,2012)

(표9)에서도 확인할 수 있듯이 울산지역 삼한시대 유적 가운데 상당수는 청동기시대 마을이나 무덤과 중복되거나 청동기시대 및 삼국시대 유적과 문화적 연속성을 보인다. 특히 삼한시대 주거지가 확인된 유적의 경우 청동기시대 주거지와 중첩되는 것이 일반적이다. 이는 울산지역에서는 청동기시대에 형성된 마을이 삼한시대에도 존재했으며 청동기시대 이래 삼한시대까지 울산지역에서는 주요한 생활공간을 중심으로 사회의 확대와 정치적 조직화가 지속적으로 이루어졌음을 뜻한다는 점에서 주목될 필요가 있다.

울주 삼남 신화리유적처럼 구석기시대 문화층 외에 청동기시대의 대규모 마을유적, 삼한시대와 삼국시대 주거지와 무덤들이 잇달아 확인되고, 북구 산화동 화암유적과 같이 신석기시대 이래 조선시대에 이르기까지 전 시기의 수혈유구나 주거지가 모두 발견되는 사례, 중구 약사동유적처럼 신석시대 문화층부터 청동기시대 주거지, 삼한시대 수혈유구가 차례차례 발굴 보고된 경우, 북구 창평동유적에서와 같이 청동기시대, 삼한시대, 삼국시대 주거지가 모두 확인된 경우는 이들 유적을 남긴 주민들에게 울산지역이 어떤 의미와 가치를 지닌 생활공간이었는지를 미루어 짐작하게 한다는 점에서 눈여겨 볼 부분이다.[89] 반구대암각화 유적과의 관련성을 고려할 때 울주 삼남 신화리유적 및 울주 범서 사연리 늠네유적은 진지하게 검토할 필요가 있는 유적이라고 하겠다.[90]

2. 반구대암각화의 제작시기

울산지역에서 조사된 유적과 관련하여 반구대암각화의 제작시기를 유추하기는 아직은 시기상조라고 할 수 있다. 지금까지 반구대암각화에 대한 연구는 고고학, 역사학, 지질학, 선사미술, 인류학 등 다양한 연구 분야에서 여러 각도로 진행되었다. 그 결과 반구대암각화의 제작 시기는 넓게는 신석기시대 중 · 후기에서 삼한시대 초기까지, 좁게는 신석기시대 말기부터 청동기시대에 걸친 것으로 추정되었다.[91]

반구대 암각화의 뭍짐승 그림 제작시기를 구석기시대 후기까지 올려 보려는 견해가 제기될 수도 있겠으나, 설득력 있는 정황적 증거나, 국내외 연구 성과에 근거한 입론이 뒷받침되지 않는 상태라면 학계에 받아들여지기 어려울 것이다. 울주 언양 대곡리유적과 남구 무거동 옥현유적 조사과정에서 구석기 유물이 수습되었으나 해당 시기 문화층에서 출토된 것은 아니다. 또한 울주 삼남 신화리유적에서 구석기시대 문화층이 확인되었지만 신화리는 언양 대곡리와는 생활권이 나누어지는 곳이어서 반구대암각화와 관련 짓기는 어렵다.

울산지역의 해안선을 따라 발견되고 있는 신석기시대 유적과 반구대암각화 유적과 관련하여 눈길을 끄는 것은 울산지역의 고지형과 생태를 추정한 연구 성과이다.[92] 연구에 따르면 6,000B.P에서 5,000B.P경 울산에서는 현재의 울주 범서 굴화리 앞 태화강 중류지역 일대가 고(古)울산만의 내륙지대에 형성된 고(古)굴화만이었을 것이며, 보다 상류의 구영리에서 사연리에 이르는 지역도 바닷물의 영향권 안에 있었을 것이라고 한다. 이는 신석기인들의 주거공간이 반구대로부터 직선거리 5~10km내외까지 접근할 수 있음을 의미한다. 5,000B.P경 굴화리에서 사연리에 이르는 해안지대의 일정한 공간을 주거지역으로 선택한 신석기인들이 큰 어려움 없이 배를 이용하여 강을 거슬러 올라가 반구대에 이를 수 있다는 점에서 흥미로운 사실이라고 하겠다. 그러나 아직까지 고굴화만 지역에서 신석기시대 유적은 확인되지 않고 있다.

근래 조사된 울주 서생 황성동 신석기유적 출토 동물유존체 가운데 반구대암각화에 묘사된 다양한 뭍짐승의 뼈가 포함되어 있음이 확인되었다.[93] 이런 점을 적극적으로 해석하고자 할 경우, 서생 황성동 세죽마을 근처에서 배를 이용한 반구대까지의 접근 가능성도 굳이 배제할 필요는 없다고 할 수 있다. 고울산만 연안을 따라 배로 반구대에 이르려고 할 때, 20km를 상회하는 이동거리라고 할지라도 공동체의 안녕과 관련한 '특별한 장소'를 찾는 이들에게는 큰 부담으로 다가오지는 않을 것이기 때문이다. 따라서 반구대암각화 제작의 상한연대를 신석기시대까지 올릴 수 있는 가능성은 여전히 남아 있다고 하겠다.

앞의 (표 8)에서 잘 드러나듯이 울산에서는 10동 미만으로 이루어진 청동기시대의 소규모 마을유적부터 마을 전체를 둘러싼 환호를 지닌 대규모 주거유적까지 다양한 구성과 규모의 유적들이 전 지역에 걸쳐 골고루 확인된다. 이러한 현상은 청동기시대의 주민들이 주로 해안지대를 주거공간으로 선택하면서 채집 및 사냥을 통한 식량 확보에 전적으로 의존하던 신석기시대 주민들과는 달리 농경생산에 보다 깊이 의존하는 새로운 생활방식에 익숙해진 것과 관련이 깊다. 상대적으로 안정된 농경 위주의 생활방식이 주거공간을 주로 강안지대에서 거슬러 올라가는 형태로 내륙지대로 확대할 수 있게 한 것이다.

이러한 점을 염두에 두면서 울산지역에서 발견된 청동기시대 주거유적들의 분포상을 살펴볼 때, 흥미로운 것은 청동기시대에 이르면 반구대

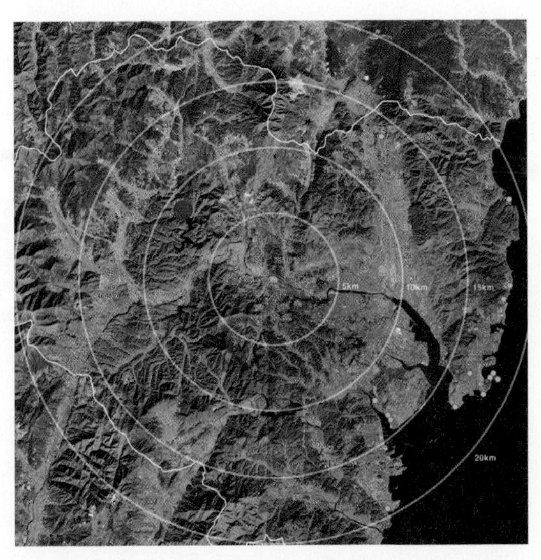

지도 3. 울산 범서읍 구영리 일대를 중심으로 본 울상지역 신석기시대, 청동기시대 유적 분포도
(빨간색 원: 반구대암각화, 노란색 원: 신석기시대 유적, 번호: 청동기시대 유적)

암각화로부터 직선거리 5~1km 내외에 형성되는 생활유적들이 크게 늘어난다는 사실이다.(지도 3) 반구대암각화로부터 반경 5km 내외에서 발견, 조사된 청동기시대 마을유적 가운데 주거지들이 환호로 둘러싸인 마을유적인 울주 범서 천상리유적, 178곳 이상의 집터가 발견된 울주 범서 구영리유적은 대곡천이 태화강으로 합류하는 지점에서 그리 떨어지지 않은 곳에 자리 잡은 대규모 마을유적으로 반구대암각화와의 관련성이 고려될 수 있는 사례에 해당한다.[94] 울주 언양 반연리 가막못유적, 울주 범서 입암리유적, 울주 범서 구영리유적, 울주 범서 천상리유적, 울주 범서 굴화리 장검유적, 중구 다운동유적, 중구 다운동 새각단유적, 남구 무거동 옥현유적은 반구대암각화로부터 반경 10km 내외에서 발견된 청동기시대 마을유적으로 모두 태화강으로의 접근이 용이한 곳에 자리 잡은 경우이다.[95] 이들 유적은 입지조건상 반구대암각화로의 접근에 어려움이 없는 곳이다.

문제는 청동기시대의 논층이 마을과 함께 확인된 남구 무거동 옥현 유적의 예에서 잘 드러나듯이 청동기시대의 주된 식량생산 방식인 농경과 반구대암각화와의 관련성이다. 반구대에의 높은 접근성에도 불구하고 현재 남아 있는 반구대암각화에 묘사된 내용들은 농경생산이라는 청동기시대 주민들의 중심적인 생업활동 양상과 상당한 거리를 보이기 때문이다. 물론 청동기시대에도 주민들의 어로, 수렵, 채집활동은 계속되었을 것이다. 그러나 이 시대의 사회경제 및 종교문화가 농경과 관련이 깊음을 고려할 때, 반구대암각화에 농경과 관련한 직접적 표현이 보이지 않는다는 사실이 어떤 의미를 지니는지에 대해서는 여러 각도에서 살펴볼 필요가 있다.

먼저 반구대암각화의 제작 집단이 청동기시대와 관련이 있다 하더라도 농경생활에 익숙하지 않거나, 경제활동에서 농경생산물이 지니는 비중이 극히 낮았을 가능성, 식량생산을 어로 및 수렵에 의존할 수밖에 없는 특수한 여건에 처해 있었을 가능성 등에 대해 검토해 보아야 한다. 이와 같은 요인들이 해당 집단에 개별적으로, 혹은 복합적으로 작용했을 수도 있기 때문이다.

이와 관련하여 고려되는 것은 사실상 한 사회가 청동기시대에 진입하였다 하더라도 일정한 지역, 혹은 사회를 구성하는 대소 규모의 집단 전체가 농경을 주된 식량생산 방식으로 선택할 수 있을지는 의문이라는 사실이다. 지역 내의 집단 사이에, 혹은 지역 사이에 광범위하게 지속적으로 이루어지고 유지되는 물물교환체계가 빠르면 신석기 후기부터, 적어도 청동기시대에 이르면 울산지역에서도 성립되었을 수 있기 때문이다. 청동기시대의 울산에서도 어로 및 수렵 위주 생활 집단이 농경 중심의 생활 집단과 공존하면서 반구대암각화와 같은 특수한 유적을 남겼을 가능성은 상존하는 것이다.[96]

울산에서 발견된 삼한시대의 유적 가운데 반구대암각화 제작집단과 관련하여 관심을 둘 만한 것으로는 위에서 언급한 울주 삼남 신화리유적과 울주 범서 사연리 늠네유적을 들 수 있다. 반구대암각화와의 거리 및 교통조건을 고려할 경우, 이 두 유적 가운데 대곡천-태화강 수로를 활용하기에 상대적으로 유리한 곳은 사연리 늠네지역이다. 그러나 조사 보고된 삼한시대 주거지는 1동에 불과하며 청동기시대 주거지도 4동 뿐이어서 늠네유적을 남긴 청동기시대 및 삼한시대 주민의 생활양식에 대한 더 이상의 역사문화 정보는 알아내기 어렵다. 때문에 늠네유적의 주인공들과 반구대암각화를 연결시킬 수 있는 문화적 고리는 현재까지는 존재하지 않는다고 하겠다.

한편, 반구대암각화의 제작에 사용된 도구가 끝이 뾰족한 철기일 것이라는 주장은 암각화의 제작수단과 관련하여 시사하는 점이 크다고 하겠다.[97] 제작도구의 문제는 암각화가 새겨진 암벽의 재질과 직접적으로 연결된다. 반구대 암각화가 새겨진 암석은 세일인데, 세일은 퇴적암계통으로 수성쇄설암이며, 그 가운데에서도 점토질암에 속한다.[98] 일반적으로 퇴적암은 화성암에 비해 강도가 약한 것으로 알려져 있다. 때문에 화성암 중에서 비교적 강도가 높은 암석을 도구로 사용한다면 퇴적암의 표면에 흠집을 내기는 그다지 어렵지 않다. 그렇다면 철기가 아닌 강도가 높은 화성암계 석재를 사용하여도 암각화 제작은 가능하다는 결론이 나온다. 화성암계 석재, 청동기, 철기를 이용한 실험고고학적 차원의 조사 필요성을 절감하게 하는 부분이다. 이외에 반구대암각화에 보이는 노(弩)로 보이는 물상 등과 이웃 일본의 야요이시대 유적 출토 유물과의 유사성의 문제 등은 앞으로도 세밀한 검토가 필요한 연구과제의 하나라고 하겠다.

이상의 검토에서 드러나듯이 반구대암각화의 제작시기를 추정하기에는 아직 자료상의 한계가 크다. 특히 암각화에 제작 당시의 생활도구나 생활방식에 대한 직접적인 묘사가 거의 없어 제작시기를 추정하기 더욱 어렵게 한다. 암각화에 주로 바다짐승과 뭍짐승이 묘사되고, 이런 짐승들이 사냥되는 장면들이 표현되었음을 들어 반구대 암각화가 아직 농경이 시작되기 전의 단순한 채집, 사냥단계 사회의 산물로 이해하는 것도 불가능한 것은 아니다.

그러나 반구대암각화의 제작목적이나 성격들이 충분히 검토되지 않은 상태에서 이러한 결론을 내리는 것은 성급한 판단일 수 있다. 동일 시기나 시대에도 지역이나 생태환경, 문화단계, 집단의 구성방식에 따라 생활흔적이나 도구의 생산방식은 천차만별일 수 있기 때문이다. 따라서 반구대 암각화의 제작시기를 알기 위해서는 지금까지와 같은 개별 학문의 연구 자료나 방법론에 따른 성과물을 단순 대비하는 방식은 지양될 수밖에 없다. 학제간 종합연구가 적용될 필요가 있는 것이다. 관련성이 있는 모든 학문분야의 방법론과 연구력이 더해지면서 조사가 이루어진다면 반구대 암각화의 실체 규명도 요원한 일은 아닐 것이다.

제 4 장

보존론

1. 반구대 주변 환경의 변화

반구대암각화는 사행성 하천인 대곡천 곁을 따라 수백m에 걸쳐 펼쳐진 수십m 높이의 암벽 가운데 한 곳의 아래쪽에 새겨졌다. 2000년 4월부터 12월에 걸쳐 유적에 대한 실측조사를 시행한 울산대학교박물관의 실측보고에 따르면 반구대암각화 유적은 보존을 위한 긴급조치가 필요한 상황에 처해 있다.[99] 유적이 발견된 1970년과 비교하면 보존상태의 악화는 더욱 뚜렷이 드러난다.[100] 바위에 새겨진 그림 자체가 얇아졌을 뿐 아니라 그림이 새겨진 바위의 일부 표면조차 떨어져 나가기 시작했기 때문이다. 이 장에서는 울산대학교박물관의 보고를 기초로 반구대암각화 유적의 현황을 보다 구체적으로 살펴보고, 여러 가지 보존방안에 대해 검토해 보고자 한다. 반구대를 포함하여 이미 30곳 가깝게 확인된 국내 암각화 유적 대부분이 사실상 발견 상태 그대로 방치되어 있거나, 심지어 보다 열악한 환경에 노출되기까지 하는 현 상황에 대한 연구자 및 관계기관의 관심과 조치가 뒤따르기를 기대한다.

사연댐은 유역면적이 124.50㎢, 총 저수용량이 2천5백만㎥로, 여름 우기에는 댐의 최대높이 66.4m에 육박하는 63.2m까지 물이 차오르게 된다. 이때에는 반구대암각화의 가장 위 부분(해발 55.2m)까지 물에 잠기게 된다. 물론 사연댐의 상시적인 담수로 말미암은 수위도 60.0m에 이르므로 반구대암각화의 거의 대부분은 겨울 가뭄이 계속되지 않는 한 연중 6~8개월 가량 물속에 잠긴 상태이다. 때문에 짧게는 5~6년, 길게는 10년에 한 번 정도 오는 심한 겨울 가뭄으로 암각화가 새겨진 바위 면을 포함한 암벽 전체가 연중 6개월 이상 노출될 때도 있으나, 암각화의 80% 이상이 해마다 3~6개월 동안의 노출과 6~8개월 가량의 수몰을 반복해서 겪고 있다. 이와 같은 극단적인 환경 변화가 암각화 유적의 보존상태에 어떠한 영향을 끼치는 지에 대해서는 특별히 유의하여 살펴 볼 필요가 있다.

울산지역의 지질은 경상계 신라통의 퇴적암류(대구층)과 이를 관입, 또는 분출한 화강암류, 상기 신라통의 여러 암층을 관입하여 형성된 불국사통의 화성암류로 구성되어 있다.[101] 최하부층을 이루는 대구층은 언양을 지나는 언양단층의 동부 일원에 널리 분포하며 하부와 상부가 암상을 달리한다. 하부는 암록색, 녹회색 및 암회색의 사암, 실트스톤, 사질 실트스톤, 사질 세일 및 세일이 우세하다. 대곡천변 암석층을 통해서도 확인할 수 있듯이 이 일대 지층은 자색의 사질 실트스톤, 실트스톤, 사질 세일, 세일 등이 우세하며 이들 지층이 녹회색 내지 암회색 및 암녹회색의 사암, 사질 실트스톤, 실트스톤, 사질 세일 및 세일 등과 호층을 이룬다. 또한 이러한 지층 사이에는 담회색의 이암이 박층으로 끼어들어 있다. 언양단층 서부를 점하고 있는 화성암류는 경상계 신라통의 안산암질암, 석영안산암류 및 반암류 등이 대부분이며, 상기의 퇴적암류와 화산암류를 관입한 불국사통의 화성암류로 구성된다. 불국사통의 화성암류는 주로 화강암(언양 화강암, 흑운모 화강암)이며 화강섬록암, 반암류 및 맥암 등으로 이루어져 있다. 이 지역의 기반암을 부정합으로 덮고 있는 제4기의 충적층은 자갈, 모래, 점토 등으로 구성되며, 울산지역을 흐르는 하천 지류들의 연변부를 따라 분포한다.

이처럼 사암, 사질 실트스톤, 실트스톤, 사질 세일, 세일 등 함수성이 높아 암질의 내구성이 떨어지는 퇴적암계 암석을 기본 지층으로 삼고 있는 반구대암각화 유적이 침수와 노출을 반복하여 겪을 때, 암벽 표면이 침식되고 떨어져 나갈 것은 불을 보듯 뻔 한 일이다. 잘 알려졌듯이 사암계 암석의 주 구성성분은 석영과 장석이며, 여기에 방해석이 더해진다. 방해석은 성분상 약한 산성을 띄는 물과는 쉽게 반응을 하여 용해되는 성질이 있는데, 문제는 대곡리 일대 암석의 구성광물 가운데 방해석이 주요 성분의 하나라는 사실이다. 앨바이트, 석영, 녹니석, 정장석, 방해석, 일라이트, 흑운모 등을 구성성분으로 하는 암갈색 실트스톤 암벽을 화면으로 삼은 반구대암각화 유적의 침수 자체가 '유적 훼손'이라는 심각한 문제의 소지를 안고 있는 것이다. 실제 물 속에 잠겨 있던 부분이 물 바깥으로 노출되었을 때 나타나는 표백 효과는 물과 암석 상호 화학반응의 결과라고 한다.[102] 즉, 암석의 공극을 채우고 있던 물이 암석이 노출되자 바깥으로 빠져나오면서 암석의 Ca성분 등과 반응하여 발생시킨 용해물이 암석의 표면을 하얗게 덮으면서 나타나는 현상인 것이다. 울산대학교박물관의 반구대암각화 실측조사 과정에서도 암벽 곳곳에서 이러한 현상이 확인되었다. 이러한 화학적 용해로 말미암은 풍화현상 외에 침수와 노출의 반복과정에서 일어나는 물리적, 화학적, 생물학적 풍화 및 침식이 대단히 다양하게 진행되어 그 영향으로 말미암은 유적 보존상태의 악화도 눈여겨볼 필요가 있다. 먼저 물리적 작용에 대해 살펴보자.

대곡리일대의 암석층은 반구대 주변에서 쉽게 확인할 수 있듯이 소단층과 절리가 잘 발달되어 있다. 유적의 계속된 침수는 절리 면을 보다 뚜렷하게 하고 틈을 벌려 궁극적으로 절리 면이나 틈 사이로 바위 조각이 떨어져 나가게 만든다. 또한 공극이 많은 퇴적암계 암석을 주 구성성분으로 하는 암벽의 특성상 상시적으로 다량의 수분을 머금게 되어 암질의 약화 및 암석 표면의 계속적인 박리가 일어나게 된다. 여기에 더하여 여름철 우기의 대량 강우로 급류가 형성되면 크고 작은 돌들이 물길에 쓸려 내려가면서 암벽을 치기 마련이다. 이 과정에서 암벽의 그림 부분이 상처를 입거나 그림의 새김이 얕아지고, 나아가 절리나 틈 근처의 암질이 약화된 부분이 깨어져 나갈 것은 충분히 미루어 짐작할 수 있다. 실제 2000년의 조사에서 틈이 새로 생기거나 절리가 크게 확장된 곳, 새김 부분이 희미해지거나 심지어 그림의 일부가 파손된 곳이 여러 군데 확인되었다.[103]

생물학적 작용이 화학적 풍화를 심화시키는 경우도 주의가 요구된다. 유적의 침수 상태에서 암석에 붙어 번식하던 이끼류 등이 수위가 낮아져 암석이 대기 중에 노출되면 그대로 말라 죽게 된다. 이들 죽은 이끼류가 덩어리째 떨어져 나가면서 암석의 표면도 함께 부스러져 나가면 암각화도 훼손될 수밖에 없는 것이다. 이끼류나 기타 식물류의 번식 과정에서 뿌리 등을 통해 이루어지는 화학적 풍화의 영향과 암벽의 틈이나 절리 사이로 끼어들거나, 암벽 바닥에 쌓이는 유기퇴적물의 분해과정으로 말미암는 암벽에의 화학적 영향 또한 무시할 수 없다. 이외에 그림이 새겨진 암벽 상부에서 뻗어 내려오는 식물의 뿌리가 암질이 약한 부분, 혹은 암벽의 절리나 틈 근처의 균열을 초래하거나 촉진시킬 수 있음도 유의할 필요가 있다.

이러한 점들에 더하여 산성화된 빗물이 암벽 상부를 타고 흘러내리면서 일으키는 풍화, 낚시 및 취사활동을 통해 발생하는 오염물의 유입으로 수질이 악화되면서 암벽이 받는 부정적인 영향 등도 반구대 암벽의 연중 침수 상황을 고려할 때, 유적의 훼손과 관련하여 심각하게 고려하여야 할 요소이다. 울산대학교박물관조사단이 유적 실측에 앞서 가장 먼저 했던 일도 암벽에 붙어 있는 이끼류와 진흙을 제거하고, 틈이나 절리에 끼어든 나무 가지, 자갈돌, 부서진 바위조각 및 갖가지 쓰레기, 암벽 주변에 쌓인 퇴적물들을 치우는 일이었다. 물에 잠겼을 때 유적이 어떤 환경 아래에 있는지를 알게 하는 것들이다. 이상과 같은 제반 요인으로 말미암은 유적 부분의 풍화 및 침식 사례로 주의를 기울일 만한 것으로는 다음과 같은 것들이 있다.

가장 심각한 변화는 A면의 남쪽 부분에서 확인되었는데, 풍화작용으로 말미암은 암벽 틈의 갈라진 정도가 심해 앞으로의 침수, 노출과정에서 이 부분이 조각조각 떨어져 나갈 가능성이 높다. (그림 51) 실제 앞에서 제시한 (그림 5)의 C-88 주변과 암면L의 경우, 암벽 표면 탈락이 계속되어 새겨진 그림의 일부가 없어지거나 암각 부분이 극히 얇아졌음이 확인된

그림 51. 반구대암각화 암면 A 부분

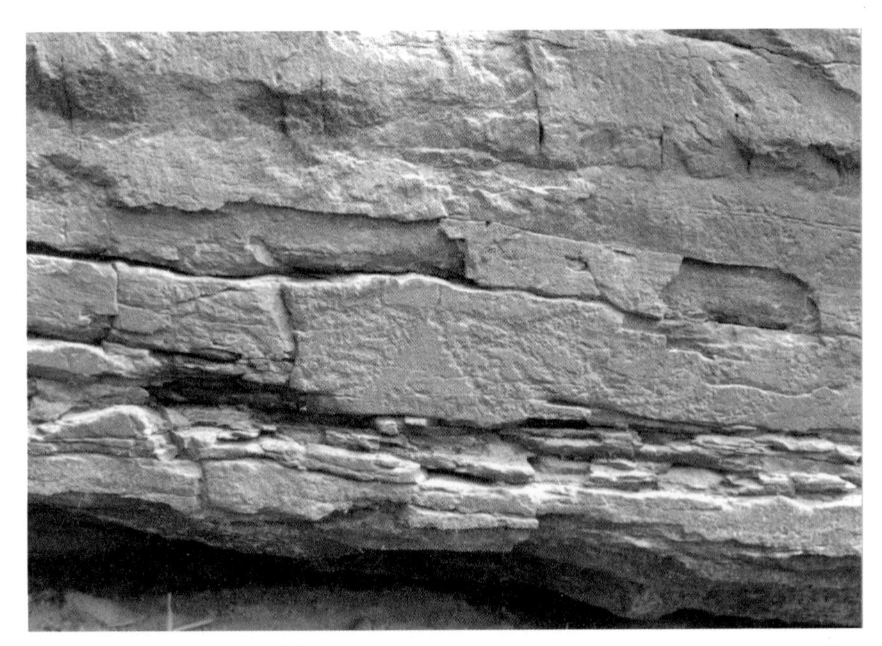

그림 52. 반구대암각화 C-88 주변

그림 53. 반구대암각화 암면 I 전체

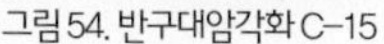

그림 54. 반구대암각화 C-15

그림 55. 반구대암각화 C-18

다.(그림 52,53)

침수로 말미암은 풍화의 진행 외에도 노출 상태에서의 인위적 훼손 역시 유적의 보존 상태를 악화시키는 주요한 요인으로 작용하고 있다. 반구대 암각화의 주형을 뜨는 과정에서 입혀진 합성수지류의 찌꺼기가 암벽에 그대로 남아 해당 부분이 암벽의 침수와 노출과정에서 수지류가 제거된 다른 부분과 구별되는 환경 아래 있게 함으로써 침식과 풍화에 차별성이 있게 한 점도 유의된다. 비정상적인 방법에 의한 탁본이 일부 암각화의 외형을 심각하게 훼손한 사례도 있으며, 유적에 대한 손쉬운 접근이 암벽 낙서로 이어지면서 암벽에 심한 상처를 남긴 경우도 있다.[104]

C-15의 경우, 발견 당시 보다 쪼기 한 외곽선이 뭉그러진 상태이다. 반복된 탁본 및 탁본에 앞서 행한 암면 세척으로 발생한 암각 면 마모의 결과라고 하겠다.(그림 54) C-18은 표면의 마모로 형상이 불분명해진 경우로 내부의 덧 쪼은 부분이 거의 뭉그러져 사진 촬영으로도 윤곽선 확인이

쉽지 않은 상태이다.(그림 55) C-55와 그 주변의 그림은 표면 마모가 심해 형상의 분류가 불가능해진 경우로 탁본 및 수지를 이용한 형 뜨기 등의 인위적 훼손 때문에 나타난 현상으로 판단된다.(그림 56) C-70과 주변 그림의 마모는 비정상적 방법에 의한 탁본의 반복이 가져온 결과이다.(그림 57) C-70의 훼손에 대해서는 필자가 다른 글에서도 언급한 바 있으나,[105] 이후에도 훼손의 손길이 더해진 것으로 보인다. D-41, 42, 43 역시 표면의 마모로 형상이 불분명해진 경우이다. D-42는 형상의 윤곽선이 육안으로도 확인하기 어려운 지경에 이르고 있다.(그림 58)

그림 56. 반구대암각화 C-55

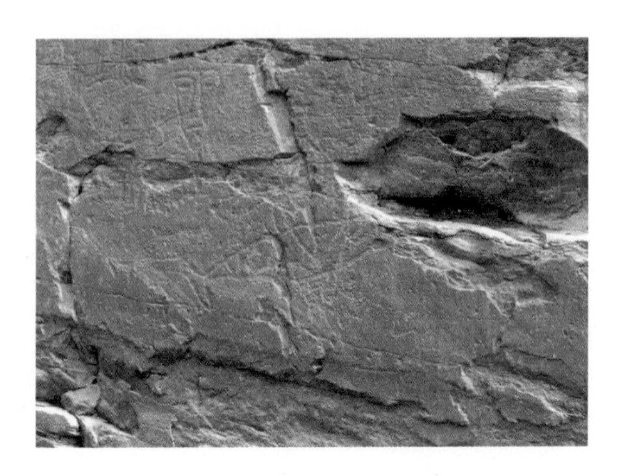

그림 57. 반구대암각화 C-70

그림 58. 반구대암각화 D-41, 42, 43 주변

이외에 수지류를 이용한 형 뜨기로 암면의 표면이 떨어져 나오거나, 암각화의 외형이 손상된 경우도 보인다. B-19, B-30, D-27 및 그 주변 그림에서 이런 현상이 잘 나타난다. B-19는 조사 당시에도 그 이전에 행해진 형 뜨기 후에 남은 수지로 덮여 있었다. B-30은 수지 형 뜨기의 영향으로 암각 면이 극히 얇아진 상태였고 주변에 수지의 흔적이 남아 있었다.(그림 59) D-27도 외곽선 및 줄무늬의 새김 부분에 수지가 그대로 남아 있었다.(그림 60) F-1의 경우, 과도한 탁본으로 말미암은 먹의 찌꺼기와 형 뜨기에 이용한 수지가 새김 부분에 그대로 남아 있었고, 표면 일부의 마모도 발생한 상태였다.(그림 61)

30여 년 동안 계속된 이와 같은 풍화, 침식, 인위적 훼손 등으로 말미암아 2000년 울산대학교박물관에 의한 유적의 실측조사 결과는 1971년의 발견 및 조사를 바탕으로 작성된 1984년의 보고와 현격한 차이를 보이게 되었다.[106] 그러면 이러한 상황에 처해 있는 반구대암각화 유적의 합리적인 보존방안에는 어떠한 것이 있을까.

그림 59.
반구대암각화 B-19 및 B-30 주변

그림 60. 반구대암각화 D-27

그림 61. 반구대암각화 F-1

2. 암각화유적의 보존방안

잘 알려졌듯이 가장 안전하고 확실한 유적, 유물 보존방법은 이들이 발견, 조사, 수습되기 이전의 환경 아래 있도록 하는 것이다. 반구대암각화 유적 역시 암각화가 제작되던 시기의 환경 조건 아래 있게 하거나, 유적이 장기간 보존되던 환경 조건을 되찾게 하는 것이 유적 보존을 위한 최선의 방안이라고 할 수 있다. 그러나 암각화 제작 당시의 환경에 대한 정보를 거의 축적하기 어려울 뿐 아니라, 공업용수 및 상수원 확보용 댐인 사연댐의 해체 역시 현실적으로 가능하지 않은 점을 함께 고려한다면 현 상황에서 반구대암각화 유적을 보존하기 위한 최적의 환경 조건을 구비하기는 어렵다고 해야 할 것이다.

그렇다면 유적 보존을 위한 차선의 방안은 무엇일까. 유적에 악영향을 끼치는 조건을 제거하거나 완화시키는 등의 방법으로 유적을 둘러싼 환경을 개선하는 일일 것이다. 위에서 보았듯이 반구대암각화 유적의 보존에 치명적인 영향을 끼치는 첫 번째 요인은 반복되는 침수와 노출이다. 특히 침수 상태에서 일어나는 풍화와 침식은 유적의 존립 자체를 위협하는 요인이 되고 있다. 따라서 유적의 침수기간을 최소화하거나, 침수 자체를 막는 방안이 마련될 필요가 있다고 하겠다.

사연댐의 유지를 전제로 하면서 유적의 침수를 억제하기 위한 방안으로는 댐의 수위를 조절하여 담수량을 적절히 조절하는 안, 유적 앞을 흐르는 대곡천의 유로를 일부 변경하는 안, 상류지역에 건설될 예정인 대곡댐의 저수량을 조절하는 안 등을 고려할 수 있을 것이다. 위의 세 가지 안은 독립적으로 검토되기보다 상호 연계시켜 살펴볼 필요가 있다. 가령 사연댐과 대곡댐 저수량을 총량 개념으로 파악하여 상류와 하류의 수량을 조절하여 암각화 유적 앞으로 연중 일정한 양의 물이 흐를 수 있게 한다면 암각화 유적의 침수를 막는 동시에 일반인의 접근을 일정한 범위에서 통제하는 효과도 발휘할 수 있을 것이다.

이외에 유적 주변의 환경 변화를 최소화하는 것을 전제로 유적을 둘러싼 방수벽(차수벽형 제방)을 설치하여 암각화 부분의 침수를 막는 방안이 고려될 수 있다.[107] 그러나 방수벽 설치안은 암각화 유적과 주변 환경을 하나로 보는 근래의 유적 인식방법과 대치된다. 도시의 스카이라인도 주거 및 문화 환경의 한 요소로 파악하는 일반적인 시각은 논외로 하더라도 문화유적의 경우 보호 범위에 주변 환경의 일정 부분을 포함시키는 최근의 흐름은 암각화 유적의 보호 범위와 관련하여 눈여겨보아야 한다. 암각화 유적은 성립과정에서 다른 어느 유적보다도 '주변 환경'이 고려된 흔적이 강하기 때문이다.

반구대암각화 유적은 이 일대가 지닌 특별한 자연 조건, 곧 깊은 계곡 속에 자리 잡은 기암절벽 중의 특정한 장소가 의도적으로 선택된 결과라고 할 수 있으므로 유적과 주변 환경의 원형 유지가 우선적으로 요구되는 경우이다. 특히 암벽이 지닌 지형적, 기후적 조건, 예를 들면 암벽의 암질, 기울기, 암벽을 감도는 바람의 세기와 일조량, 암벽 앞을 흐르는 대곡천과 관련된 온습도의 변화 등 주변 환경 전반이 수천 년 동안 유적이 보존될 수 있던 조건이라고 한다면 유적 침수를 막기 위한 방수벽 설치가 가져올 수 있는 또 다른 환경조건이 유적에 어떠한 영향을 미칠 지에 대한 사전 검토는 필수적이라고 할 수 있다. 방수벽 설치안은 이러한 제반 문제점에 대한 고려가 충분하지 않은 상태에서 제시된 것으로 보아야 하겠다. 다만 사연댐과 대곡댐의 담수량 조절만으로 암각화 유적의 침수를 막는 데에 한계가 있다면, 이에 대한 보완책, 혹은 차선책으로 위의 문제점들에 대한 해소책 마련을 전제로 유적 환경과 조화가 가능한 형태의 방수벽 설치가 긍정적으로 검토될 수도 있을 것이다.

한편, 암각화 자체를 직접 보존 처리하는 방안의 하나로 암벽의 경화·접합처리 및 암벽 전체의 방수처리도 제시되고 있다.[108] 역시 처리결과의 안정성이 먼저 확인된 뒤 검토할 수 있는 안이라고 할 수 있다. 암벽 전체를 수지 계통의 화학물질로 경화·접합 처리했을 때, 그 시효성이 어느 정도인지도 사전 확인되어야 하지만, 처리된 부분과 그렇지 않은 부분 사이에 작용할 수 있는 물리, 화학적 제반 변수도 사전 검증되어야 하기 때문이다. 사례마다 차이가 있어 비교하기가 쉽지 않으나 유적, 유물에 대한 경화처리 방식의 화학적 보존처리가 유적, 유물의 수명을 단축시키거나, 유적, 유물에 치명적인 손상을 가져온 사례들이 다수 보고되고 있기 때문이다.[109] 암각화 유적의 경우에도 그림이 새겨진 부분과 그렇지 않은 부분, 풍화, 침식을 심하게 받은 부분과 그렇지 못한 부분, 물에 잠겼던 부분과 그렇지 않은 부분, 절리 및 틈이 발달한 부분과 그렇지 않은 부분 사이에 어떠한 차이가 있으며, 이런 부분들에 대한 분석 결과와 경화 및 방수처리를 비롯한 관련 보존 처리 방식 사이에 어떠한 함수 관계가 설정될 수 있는지 등이 먼저 충분히 검토되어야 할 것이다.

반구대암각화 유적은 위에서 언급한 직접적인 방안을 통해서 뿐 아니라 간접적인 방안을 여기에 더함으로써 보존 효과를 높일 필요가 있다. 유적에 대한 충분한 정보 전달체계를 마련함으로써 연구자와 일반인들이 직접적인 접근을 가능한 한 자제할 수 있게 유도해야 하는 것이다. 이를 위해서는 반구대암각화 유적과 천전리 각석이 자리 잡고 있는 대곡천 일원의 종합적인 학술조사를 시행하고, 그 결과를 바탕으로 먼저 유적 및 주변 환경을 발견 당시의 자연 상태에 가깝게 되돌리는 작업을 시행하여야 한다. 유적과 주변 환경의 원 상태로의 복원과 유지를 위해서는 두 암각화 유적과 주변의 일정한 지역을 사적 공원 형태의 보호구역으로 지정하여 이 일대가 법적 보호를 받을 수 있도록 조치할 필요가 있다. 이는 반구대 암각화 유적 발견 이래 30여 년 사이에 추가로 들어선 유적 주변의 인공시설물들을 철수시키고, 대기 및 수질 오염이 최소화될 수 있는 제반 조치를 효율적으로 시행하는 데에 필요한 선결 요건이기도 하다.

다음으로 종합적인 학술조사 보고를 바탕으로 문화유산보호 및 복제와 관련한 국제기준에 부합하는 안전하고 과학적인 기술을 활용하여 반구대암각화의 실물 주형을 제작하여야 한다. 유적 자체에 1m이내로 접근하지 않는 한 암각화의 확인이 어려운 점을 감안할 때 유적을 상세히 보고자 하는 연구자 및 일반인의 필요와 욕구에 적절히 응할 필요가 있기 때문이다. 따라서 복제된 실물 주형은 적절한 장소 혹은 시설에 설치, 공개하여야 한다.

이를 위해서는 암각화 전시관 겸 연구센터의 설립과 운영이 필요하다. 이러한 기관은 반구대 주변이 아닌 외곽지대, 예를 들면 국도37호선 인근과 같이 외부에서의 접근이 용이하고, 관련 부대시설 설치공간이 쉽게 확보될 수 있는 곳에 세워지는 것이 좋다. 반구대로 들어가는 2.6Km 가량의 협곡지대도 넓은 의미에서 암각화 유적의 성립요건, 이른바 유적 환경에 해당하므로 인공시설물의 설치공간이나 도로 확 · 포장 구간에는 포함시키지 않아야 할 것이다.[110]

실물 주형의 제작과 전시에 더하여 고려되어야 할 것은 암각화 유적이 어떠한 환경조건 속에 자리 잡고 있는지를 확인하고자 하는 연구자와 일반인의 관심과 요구에 적절히 받아들이는 장치 마련이다. 이를 위해서는 유적과 일정한 거리를 유지한 채 암각화를 볼 수 있는 여건을 구비하여야 한다.

예를 들면 반구대암각화 유적 앞을 흐르는 대곡천 반대편 언덕 위에 적절한 형태와 구체적 내용을 담은 안내판을 설치하고, 망원경이 설치된 소규모 전망대를 설치하여 편의를 도모하는 방안 등이 고려될 수 있을 것이다. 물론 이들 인공시설물의 규모는 가능한 한 최소화하여야 할 것이다.[111]

울주군 언양읍 대곡리 반구대암각화 유적은 울주군 두동면 천전리 각석과 함께 발견과 보고과정을 거치면서 한국 암각화 연구의 기폭제 역할을 하였다. 뿐만 아니라 유적 자체도 거의 대부분의 관련연구에서 언급될 정도로 연구적 가치를 인정받았다. 그러나 국보로까지 지정 받았음에도 불구하고 적절한 관리 아래 있거나, 제대로 된 보존조치를 받은 일은 거의 없다. 발견 이래 지난 40여 년 사이의 현상 변경, 특히 보존상태 악화는 어떻게 보면 당연한 결과라고 할 수 있다. 유적 자체의 훼손 및 주변 환경의 악화 정도가 대단히 심각한 상태라면 하루빨리 적절한 관리 및 보존방안이 뒤따라야 할 것이다. 학계와 관련자들의 관심과 대응으로 해마다 침수와 노출을 반복하며, 풍화와 침식에 시달리고 있는 유적이 처한 현 상황이 조속히 개선되기를 기대한다.

1. 한국 선사 및 고대예술의 동향

울산 대곡리 반구대암각화는 한국 선사예술의 걸작으로 평가받는다. 그러나 발견 이래 많은 연구자들의 관심의 대상이었음에도 불구하고 제작 의도와 시기, 방법, 제작 집단에 대한 의문은 여전히 풀리지 않는 수수께끼로 남아 있다. 유적의 입지 조건도 독특하고 규모와 내용 또한 여타의 선사예술품과 비교할 수 없을 정도로 크고 풍부하지만 지금까지 반구대암각화가 어떻게 출현했는지를 알려줄 학술적 정보를 유적 주변에서 찾아내지 못한 때문일 것이다.

최근 대곡댐 수몰지구 문화유적 조사과정에서 선사 및 역사시대의 유적이 다수 확인되었다.[112] 그러나 이들 유적 중 일부가 반구대암각화 제작 집단과 관련 있는지 여부를 판별하기는 쉽지 않다. 반구대암각화가 제작된 시기와 암각화를 제작한 집단의 생업환경, 생활양식에 대한 논의가 무성한 상태에서 이 유적을 대곡리에서 발굴 조사된 특정시기의 문화유적과 직접 연계시키는 것은 무리이기 때문이다.

이런 측면들을 감안할 때 이 유적의 문화사적, 회화사적 자리 매김을 위해서도 반구대암각화의 제작 시기와 제작 집단에 대한 연구는 우선적으로 이루어질 필요가 있다. 지금까지 이와 관련한 연구는 주로 반구대암각화의 제작기법, 내용구성에서 실마리를 찾아내는 방식으로 이루어져왔다. 유적 자체에 대한 분석이 유적의 정체를 밝혀내는 데에 큰 도움이 되리라 보았던 까닭이다. 그러나 이런 방식의 접근이 서로 다른 학문적 기반 위에서 진행되거나 연구방법론에서 뚜렷한 차이가 있는 상태에서 이루어질 때에는 전혀 상반된 결론에 이를 수도 있다.[113] 이런 사태가 발생할 경우, 그 과정과 성과는 암각화학 연구자들 사이에서는 오히려 유적 제작 시기에 대한 논란이 더욱 커지게 하는 계기로 작용하기도 한다.

이 장에서는 먼저 한국 선사예술품 전반에 보이는 조형의지와 그 결과물, 그로 말미암아 추정해낼 수 있는 양식적 흐름을 살펴보고자 한다. 이어 반구대암각화의 제작 기법과 내용의 상관관계를 조형의지와 회화적 구성이라는 측면에서 검토하려 한다. 마지막으로 앞의 두 갈래 접근을 통해 확인된 결과를 상호 대비시키면서 반구대암각화가 지니고 있던 시공간적 기능과 역할이 어떤 것이었는지를 짚어보고자 한다. 이런 접근은 하나의 문화권을 단위로 진행된 역사 · 문화적 흐름 안에서 특정 유적에 대한 이해와 자리 매김을 시도하는 것으로 반구대암각화와 같이 역사의 한 장에 '갑자기 튀어나온 듯한 유적' 의 분석에 가장 적합한 방식일 수 있다.

연천 전곡리나 공주 석장리유적으로 대표되던 한국의 구석기유적은 근래의 활발해진 고고학적 발굴조사를 통해 그 사례가 크게 증가하였다.[114] 그러나 이미 1,000여 곳에 이름에도 불구하고 한국의 구석기유적지에서

'예술품'으로 취급할 만한 유물은 수습되지 않고 있다. 프랑스, 스페인의 구석기 동굴유적에서 확인되는 것과 같은 고도로 세련된 동굴그림들이 발견되지 않고 있음도 물론이다.

현재까지의 발굴조사 정황으로 보아 한국에서 선사예술품으로 평가할 만한 유물이나 유적은 신석기시대부터 만들어진다고 해야 할 것이다. 그나마 신석기유적에서도 사람이 몸에 지니고 다닐 수 있을 정도의 소형 신상이나 장식물들이 간간이 발견되는 정도이다. 다행이 최근 들어 보다 과학화 되고 정교해진 발굴조사 작업을 통해 비교적 온전한 형태로 신석기시대의 조소작품들이 수습되는 것은 한국 선사예술 연구의 진전을 위해서도 큰 의미가 있다고 하겠다.

한국 신석기유적에서 발견, 수습되고 있는 선사예술품은 대다수가 소형 신상으로 분류할 수 있는 것들이다.[115] 양양 오산리유적 출토 토제 인면상, 부산 동삼동패총 출토 인면형 조가비장식, 울산 신암리유적 출토 토제 여성 동체, 웅기 서포항유적 3기층 출토 사람 얼굴을 위에 새기고 긴 동체 아래 가운데에 중심점과 둘레 점들을 새겨 넣은 사슴뼈 조각, 사람 얼굴 형태로 갈아 그 안에 형상을 새긴 뼈조각, 서포항유적 4기층과 시기가 같은 농포동유적 출토 토제 여성 동체는 생김으로 보아 각각 조상신상, 지모신상으로 추정된다.[116](그림62,63) 이외에 웅기 서포항유적 출토 말머리 혹은 곰머리 새김 사슴뿔조각, 뱀을 새긴 멧돼지 이빨, 농포동유적 출토 개머리를 형상화 한 뼈조각, 곱돌제 새 머리, 통영 연대도유적 출토 토제 멧돼지 역시 단순한 장식물이나 노리개로 보기는 어렵다.[117] 이런 종류의 조소품은 보통 수렵주술에 사용되었거나 호신부로 쓰였던 것으로 이해되고 있다.[118] 신앙행위의 산물이자 신앙대상, 주술적 도구로 제작, 사용된 경우에 해당한다고 하겠다.

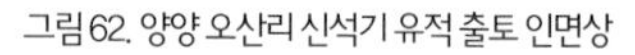

그림62. 양양 오산리 신석기 유적 출토 인면상

그림63. 웅기 농포동 신석기 유적 출토 신상

위에서 언급한 선사예술품들은 하나같이 대상의 특징을 간결하게 짚어 드러내는 방식으로 작품을 완성하였다. 비록 뼈나 소조라는 표현재료상의 제한은 있지만 역사시대의 예술품에서 흔히 발견되는 세부적인 묘사가 더해지지는 않았다. '간결한 표현'은 놀랍도록 정밀한 표현과 채색, 화면 구성력을 보여주는 유럽의 구석기 동굴미술과도 구별된다. 유럽과 중근동의 신석기 미술품들도 과장된 표현 속에 구체적인 묘사를 담고 있는 점에서 한국 신석기유적 출토 조소품들과 구별된다.(그림64,65) 때문에 한국 신석기유적에서 발견된 예술품들은 소박하고 간결한 표현을 특징으로 삼고 있다는 점에서 오히려 주목 받을 필요가 있을지 모른다.

한국의 청동기 및 초기철기시대, 삼국시대 초기의 유적에서는 이전 시기보다 다양한 방식으로 생산된 예술품들이 발견된다. 이 시기의 예술 활동 및 그 결과물과 관련하여 우선 주목되는 것은 청동으로 만들어진 각종 도구의 형태와 내부 장식 모두에 예술적 감각과 조형 의지가 개입되고

그림 64, 65.
시리아 신석기 유적 출토 여신상

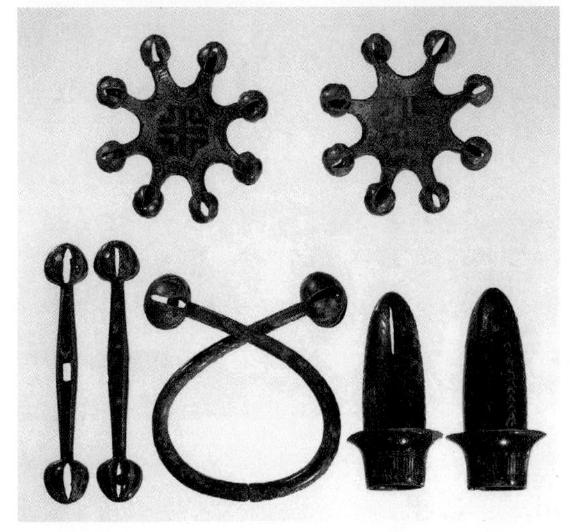

그림 66.
덕산, 예산 출토 청동방울

있다는 사실이다. 청동기시대 후기에서 삼국시대 초기의 유물인 여러 종류의 청동방울은 그 자체가 예술품이라고 할 수 있으며 다양한 이형청동기들 역시 일정 수준의 예술 감각을 바탕으로 조형되어 주조되었다고 해야 할 것이다.(그림 66) 발견 사례가 계속 증가하고 있는 동물 모양의 허리띠고리 장식들도 작품의 외형에 예술 감각이 그대로 적용된 경우에 해당한다.

그림 67. 전 논산 출토 잔줄무늬 청동거울

그림 68. 한대 청동거울

각종 청동기에 가해진 장식무늬에도 강한 조형 의지가 개입되어 있기는 마찬가지이다. 특히 청동제 의기로서의 성격을 강하게 지닌 제품일수록 세련된 예술 감각과 어우러진 고도의 장식기술이 적용되었는데, 그 대표적 사례로 들 수 있는 것이 잔줄무늬청동거울이다.[119](그림 67)

그런데 여기서 주의되는 것은 청동제 의기류(儀器類)에 가해진 세련되고 정교한 장식은 대개의 경우 상징무늬라는 사실이다. 동심원이나 사선무늬, 번개무늬 등이 장식무늬로 더해진 것이지 사람이나 동물, 자연에서 관찰되는 구체적인 물상 등이 구상적으로 세밀하게 표현되지는 않았다는 것이다. 청동기시대 이래 단계적 발전을 보인 중국의 청동거울이 신화전설에 기반을 둔 신인(神人) 및 상금서수(祥禽瑞獸)로 장식된 것과 대비되는 현상이다.(그림 68)

그렇다고 해서 한국의 청동기에 물상이 장식으로 더해지지 않은 것은 아니다. 잘 알려진 청동제 기물 가운데에는 상징무늬와 함께 사물의 구체적인 형상들이 장식으로 더해진 경우도 적지 않다. 사람의 손이나 사슴이 새겨진 검파형 청동기나 화려하고 장식적인 긴 뿔을 자랑하는 사슴이 화살을 맞은 모습, 꼬리를 길게 늘어뜨린 표범무늬의 맹수가 새겨진 견갑형(肩胛形) 청동기는 비교적 널리 알려진 장식무늬 청동유물 가운데 하나이다.(그림69,70) 밭을 갈고 추수하는 사람을 묘사한 것으로 유명한 농경문 청동기는 사람과 농경구, 밭, 새, 그릇, 나무 등 한 시대의 생활양식과 도구를 읽어낼 수 있는 온갖 형상들이 상세히 표현된 유물이다.[120](그림71) 이 유물은 사물의 구체적 형상에서 한 걸음 더 나아가 농경과 관련된 특정한 이야기, 곧 절기에 따른 행사나 정기적인 제의, 축제 과정을 나타낸 매우 특별한 사례에 해당한다.

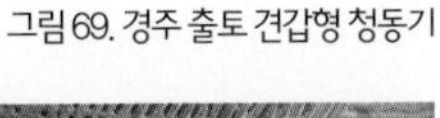

그림69. 경주 출토 견갑형 청동기

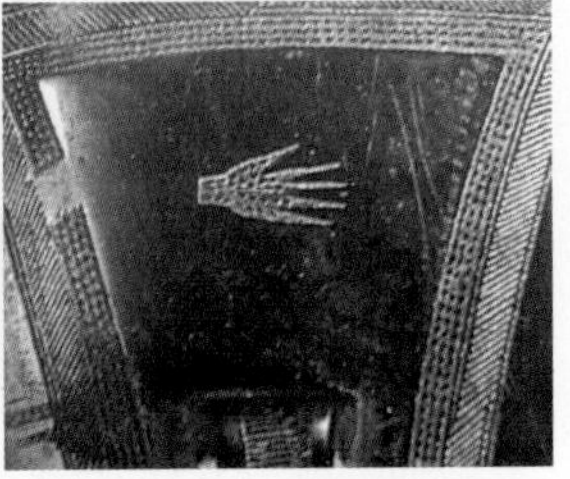

그림70. 아산 남성리 출토 검파형 청동기

그림 71. 전 대전 괴정동 출토 농경문 청동기

그림 72. 각지 유적 출토 청동제 허리띠 고리 장식

흥미로운 것은 청동유물을 장식한 상징무늬가 세련되고 정교한 것과 달리 청동유물 속의 물상들은 대개의 경우 신석기 예술품의 전통을 이은 듯 대상의 특징만을 잡아낸 듯한 간결한 표현을 바탕으로 형상화가 시도되고 마무리 되었다는 사실이다. 위에서 언급한 검파형 청동기나 견갑형 청동기의 경우에도 상징무늬는 세밀하게 시문되었으나 손, 사슴, 맹수 등은 그렇지 못하다. 청동기에 상징무늬를 넣기보다 사물을 형상화 해 새겨 넣는 작업이 훨씬 어려운 것은 사실이나 청동방울들이나 방패형 청동기, 검파형 청동기에 새겨진 정교한 무늬들은 형상화 된 사물들에 기술적인 부분과는 구별되어야 할 조형 의지, 혹은 회화적 원칙이 적용되었음을 짐작하게 한다.

이런 측면은 삼국시대 초기의 작품이 대부분인 호랑이나 말 형상의 청동제 허리띠 고리 장식에서도 잘 확인된다. 비록 정교한 청동기 제작 전통이 쇠퇴하던 시기의 유물들이 포함되어 있지만 평양, 천안, 영천, 창원 등지의 유적에서 발견, 수습된 이들 유물에는 호랑이나 말임을 알 수 있게 하는 특징적 요소 몇 가지 외에는 다른 세부적인 표현이 더해지지 않았다.[121](그림72) 그럼에도 이들 유물은 보는 이들로 하여금 한 눈에 '호랑이', '말'로 인식할 수 있도록 조형되었다. 이들 동물 형상 허리띠 고리 장식의 출현에 영향을 준 북방 청동기문화의 청동유물들이 한국 출토 유물들과는 비교할 수 없을 정도로 구체적으로 형상화되었음을 감안하면 쇠퇴기의 양식으로 규정할 지 여부를 떠나서 한국 초기철기시대의 동물 형상 허리띠 고리 장식에 적용된 조형 의지와 예술 감각은 충분히 주목될 필요가 있다. 그러면 이제부터 한국 선사 및 고대 초기 예술의 일반적인 흐름에 대한 이와 같은 검토 결과를 염두에 두면서 작품의 제작 상한 시기를 두고 크게 신석기시대설과 청동기시대설로 나뉘어 있는 울산 대곡리 반구대암각화

의 양식적 특징과 내용에 대해 살펴보기로 하자.[122]

2. 반구대암각화의 양식적 특징 및 내용

대곡리 반구대암각화는 내용상 크게 바다동물, 뭍짐승, 사람과 도구 및 기타로 나눌 수 있다. 표현기법상 바다동물은 면 새김 위주로 표현된 반면 뭍짐승 및 그 외의 것들은 선새김 위주로 묘사된 것으로 이해되었다.[123] 그러나 재발견 초기 한동안 면 새김, 선 새김으로 크게 두 가지로 구분되던 새김법이 근래에는 이에 대한 보다 정밀한 검토를 바탕으로 한 재분류 필요성이 제기되었으며,[124] 새김법에 대한 새로운 분류에 바탕을 둔 양식적 구분 및 편년도 함께 시도되고 있다.[125]

울산대박물관의 실측조사보고 도면을 기준으로 한 연구자들의 반구대암각화 제작단계별 분류안은 크게 두 갈래로 나뉜다. 이하우는 가는 선 새김-깊은 선 새김-뭍짐승 면 새김-바다동물 면 새김-정형화한 격자문 위주 깊은 선 새김의 5단계 제작층 분류안을 제시한 반면, 김호석은 선 쪼기-(선 · 면 쪼기)면 쪼기-깊은 선 새김-선 · 면장식 새김-음 · 양각 기법에 의한 양식화 시기라는 5시기 제작단계별 분류법을 제안하였고 이상목은 쪼기-조기 및 긋기-쪼기 및 새기기, 깊게 갈기-쪼기 및 새기기의 4시기 분류법을 채택하였다.[126] 표현기법의 변화를 추적하면서 반구대암각화의 제작층, 혹은 제작단계를 나누었음에도 불구하고 세 연구자의 분류법은 기존 연구에서 통설화 하였던 '암각화의 새김법'이 선 새김에서 면 새김으로 나아간다는 정도 외에는 서로 일치하는 부분이 거의 없다.

주목되는 것은 반구대암각화의 제작기법 및 제작단계에 대한 두 가지 분류안 모두 300개에 가까운 암각화의 물상 가운데 절반 정도만을 분류대상에 포함시키고 있다는 사실이다. 제작기법이 다른 것과 뚜렷이 구분되는 물상들을 선정하여 위에서 제시한 각 제작단계에 배치함으로 말미암아 나타난 현상이라고 하겠다. 그러나 이런 점 때문에 반구대암각화의 각 제작단계에 대한 위의 두 분류안은 부분적이라는 평가를 피하기 어렵다.

필자는 2000년 이루어진 울산대박물관의 반구대암각화 실측조사 작업을 이끌었고 이후 수년 동안 반구대암각화에 대한 주제별 연구를 진행하여 논문으로 발표하였다.[127] 이 경험에 근거하여 암각화 제작 작업의 각 단계를 상정하면 다음과 같다.

반구대에서는 뭍짐승을 간략하게 선 새김 하는 것으로 최초의 암각화 제작 작업이 이루어졌다.(그림 73) 암각화를 제작한 사람들이 현재의 주암면을 커다란 캔버스로 인식하여 구도를 잡은 상태로 물상 새김을 시도하였다고 단정하기는 어렵지만 저들의 삶에 주요한 영향을 끼치던 동물과 관련한 '최소한의 이야기'는 가능하도록 초식 및 육식동물이 새겨진 것은 확실하다. 물론 가는 선 새김과 부분적인 면 새김이 혼용된 이 최초 작업의 결과물들도 제작기법상의 세부적인 재분류가 가능하지만 큰 틀에서 볼 때 이를 같은 시기의 작업물로 보아도 큰 무리는 없을 듯하다.

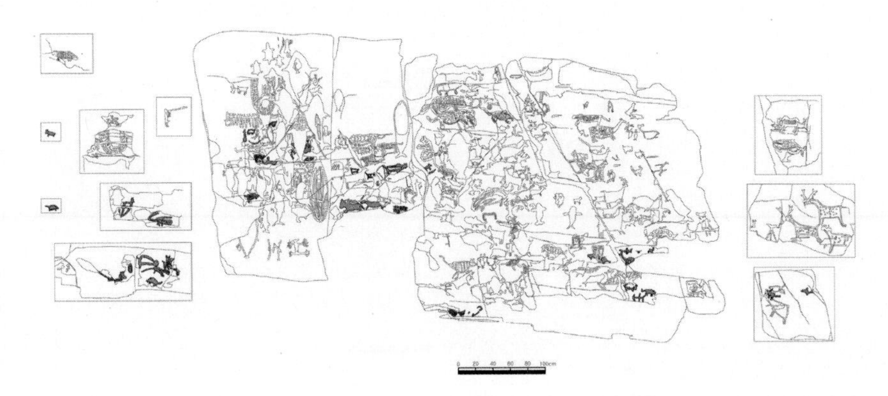

그림 73. 울주 반구대 암각화 제1작업층

그림 74. 울주 반구대 암각화 제 2 작업층

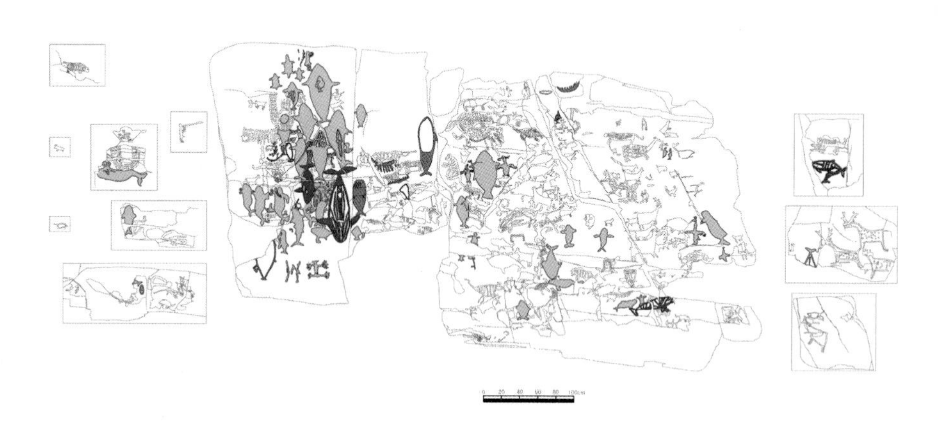

그림 75. 울주 반구대 암각화 제 3 작업층

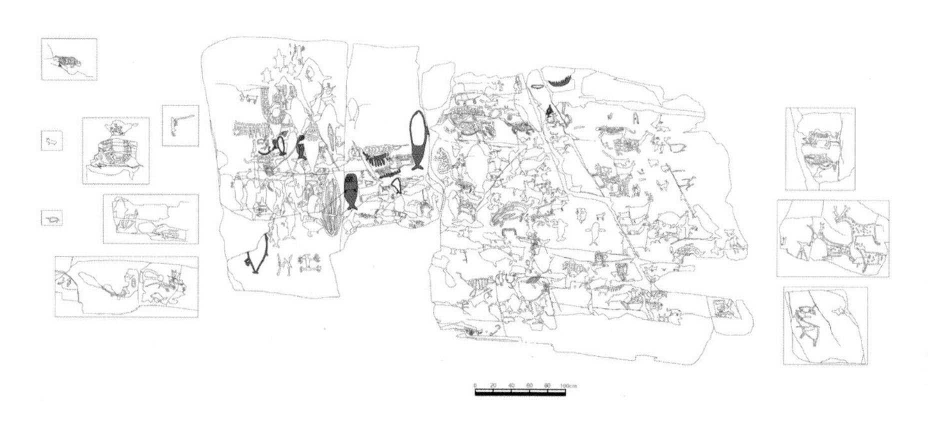

그림 76. 울주 반구대 암각화 제 3 작업층 1단계

반구대에서 두 번째 암각화 작업을 진행한 이들 역시 주로 뭍짐승들을 묘사하였다.(그림 74) 제2작업층을 만들어낸 이들이 채택한 표현기법은 앞 단계의 선 새김이나 선 · 면 새김에서 한 걸음 더 나아간 면 새김이다. 물론 이 단계에서도 물상의 세부적 특징이라고 할 수 있는 점무늬나 줄무늬는 묘사되지 않는다. 다만 앞의 선 새김이나 선 · 면 새김 단계의 암각화 작업자들이 뭍짐승들을 묘사하면서 물상의 외형적 특징을 거칠게 잡아내는 정도에 만족하는 경향을 보였다면 제2작업층의 담당자들은 면 새김을 통해 뭍짐승들의 외형적 특징이 한눈에 들어올 수 있게 하려고 애썼다는 점에서 이전과 차이를 보인다.

반구대에서 이루어진 세 번째 암각화 작업은 물상의 선택과 화면 구성에서 이전과는 뚜렷이 구분된다.(그림 75) 제3작업층의 제작자들은 이전 단계에서는 볼 수 없던 부감법(俯瞰法)을 적용한 화면 구성을 시도하였으며 바다동물들을 대거 바위 면에 새겨 넣었다. 필요에 따라 일부 굵은 선 새김도 적용되었지만 주로 면 새김에 의존한 고래 묘사는 짜임새 있는 구성과 화면 규모에서 앞의 제1작업층, 제2작업층 결과와 차원을 달리 한다. 고래, 거북, 상어, 가마우지, 샤먼, 인면의 배치 및 화면구성, 표현기법 등으로 볼 때 제3작업층은 적어도 세 차례 정도의 집중적인 암각화 제작과정을 거쳐 완성되었다.

제3작업층의 첫 번째 작업 때에는 카누형의 긴 배를 탄 사람들이 고래를 수렵하는 모습이 주로 묘사되었는데, 고래의 형상이 외형만 간결하게 표현되는 정도에 그친 점이 눈에 띈다.(그림 76) 두 번째 작업은 바다를 무리지어 헤엄치는 고래와 거북, 가마우지 등을 화면구성의 주제로 삼아 이루어졌다.(그림 77) 화면 전반에 고래에 대한 외경심과 고래를 포함한 대형 바다동물을 수렵하고자 하는 간절한 소망이 배어 있으며 고래, 거북,

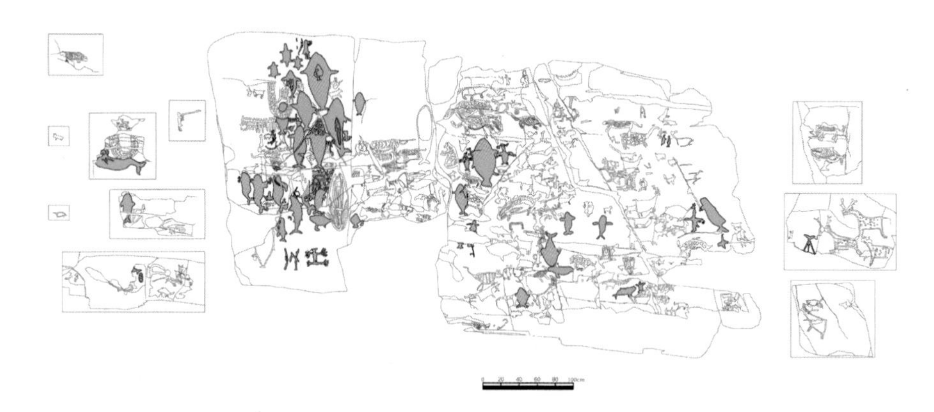

그림 77. 울주 반구대 암각화 제 3 작업층 2단계

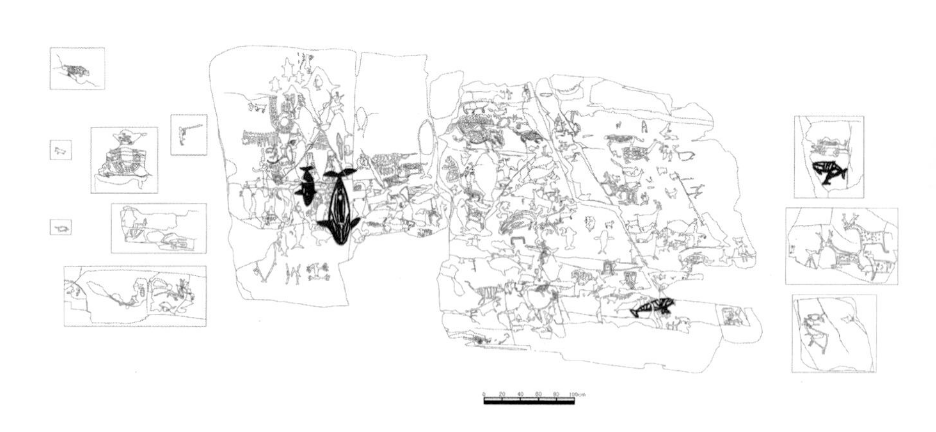

그림 78. 울주 반구대 암각화 제 3 작업층 3단계

그림 79. 울주 반구대 암각화 제 4 작업층

상어 등에 대한 구체적 관찰과 기억이 고래를 암각화로 남기는 작업으로 이어졌음이 잘 드러난다. 세 번째 작업은 약간 흥미로운 내용을 담고 있으며 어떤 면에서는 시사적이기도 하다.(그림 78) 제3작업층의 마지막 작업을 통해 묘사된 것은 바위 절벽 위쪽이 아닌 물이 흐르는 대곡천 방향으로 내려오는 고래들이다. 이전과 달리 이때에 그려진 고래는 몇 마리 되지 않으며 앞 시기의 고래처럼 머리를 위로 향한 고래도 있다. 그러나 긴수염고래가 물 위로 치솟거나 수렵되어 육지에 끌어올려졌을 때에나 볼 수 있는 배 부분을 묘사하였다는 점에서 이전의 고래 묘사 방식과는 뚜렷이 다르다. 거대한 고래에 대한 기본적인 외경심만 유지되는 단계의 암각화 작업 결과로도 해석이 가능할 듯하다.

반구대암각화의 제4작업층에 주로 묘사된 것은 뭍짐승들로 대부분 육식동물들이다.(그림 79) 반구대에서 네 번째로 암각화 작업을 진행한 사람들은 깊은 선 새김으로 물상을 나타낸 뒤 그 위에 갈아 새기기를 하였다. 또한 깊은 선 새김에 면 새김을 더하여 동물의 외형 뿐 아니라 몸통의 줄무늬나 점무늬, 다양한 얼룩무늬도 나타냄으로써 묘사하고자 하는 동물의 이미지를 뚜렷이 드러내는 데에 성공하였다.

위와 같이 반구대암각화의 작업과정을 4단계로 나눌 경우 제1작업층과 제2작업층을 만들어낸 이들은 뭍짐승들과 밀접한 관계를 맺으며 살았던 사람들임을 짐작할 수 있다. 처음으로 반구대의 절벽 바위에 암각화를 새긴 사람들이 수렵을 주요한 생계 수단으로 삼았는지는 알 수 없다. 그러나 일반적으로 바위에 그림을 새기는 작업이 강렬한 주술적 의미와 효과를 지닌 것으로 믿어진 까닭에 이루어졌음을 감안하면 제1작업층은 기본 생계를 수렵 · 채집에 의존하던 사람들이 남긴 것으로 보아도 무방할 듯하다.

제2작업층에는 맹수가 거의 표현되지 않고 사슴과 같은 중대형 초식 동물들 사이로 족제비나 개과의 동물들과 활이나 칼로 보이는 도구를 몸에 지닌 사람들이 묘사된다. 이로 보아 제2작업층의 제작자들은 수렵에 익숙한 집단의 구성원이었음이 확실하다. 제1작업층에서는 구체적으로 드러나지 않았던 수렵주술적인 표현과 화면 구성이 제2작업층에서는 비교적 뚜렷해지는 까닭이다.

제3작업층의 물상들을 새긴 사람들은 고래와 같은 대형 바다동물을 주요한 식량원으로 삼았던 집단의 일원이다. 고래수렵 장면을 묘사하였을 뿐 아니라 바위 절벽의 한쪽 면을 대형 캔버스로 삼아 여러 종류의 고래를 화면 구성의 중심 테마로 삼고 있는 데에서 이런 면이 잘 드러난다. 부감법으로 고래 무리의 유영 장면을 집중적으로 묘사한 암각화는 세계적으로도 유례를 찾아보기 어렵다. 화면 구성 및 내용으로 보아 제3작업층의 제작자들 역시 수렵 주술적 의미와 효과를 염두에 두면서 암각화 제작을 시도하였을 가능성이 높다.

제4작업층의 암각화를 제작한 이들은 인간보다 강한 힘과 여러 가지 뛰어난 기능을 지닌 대형 육식동물에게서 강한 인상을 받고 이들에 대해 경외심을 품고 있던 사람들이다. 깊은 선 새김으로 외형을 잘 드러냈음에도 불구하고 깊은 선 · 면 새김과 갈아 넣기로 동물들의 종류를 알게 하는 여러 가지 얼룩무늬를 나타낸 것도 이 때문인 듯하다. 제4작업층의 동물들이 대부분 수태 상태라고 보고 번식과 다산에 대한 종교적 기원과 의지를 담은 작품으로 본 견해는 이와 관련하여 참고할 만하다.[128] 한 가지 확실한 것은 제4작업층에 묘사된 것이 주로 육식동물들인 점에서도 짐작할 수 있듯이 수렵 주술적 효과에 주안점을 두고 이런 동물들이 새겨진 것은 아니라는 것이다.

그러면 위와 같이 적어도 네 차례 이상 주제와 내용에서 큰 변화를 보인 반구대암각화는 언제부터 어떤 사람들에 의해 제작되었을까.(그림 80) 암각화 작업 전체가 신석기시대에 이루어졌다는 견해부터 신석기시대 후기부터 청동기시대 전반, 혹은 청동기시대 전 시기, 청동기시대부터 초기 철기시대에 걸쳐 이루어졌다는 해석까지 다양한 연구 결과가 제시되었다.[129] 이처럼 유적 편년에 대한 입장이 여러 갈래로 나뉘는 것은 반구대암각화와 유사한 구성과 내용을 보여주는 다른 암각화 유적이 한국의 다른 지역에서 발견되지 않아 기본적인 비교 검토가 어렵기 때문이다. 또한 연구자들이 반구대암각화의 주인공들과 주변의 선사 및 역사유적을 연결시킬 만한 논리적 고리를 설득력 있게 제시하지 못한 까닭이기도 하다.

반구대암각화 주인공들의 생활양식에 대해서도 연구자들은 막연히 수렵 · 채집사회였을 것으로 보기도 하고, 계절에 따른 어로 · 수렵 병행사회, 혹은 수렵 · 채집에서 어로 · 농경사회로 이행해 갔을 것으로 추정하기도 한다.[130] 물론 이러한 견해들은 반구대암각화 제작층에 대한 분석에 바탕을 두기 보다는 유적에 대한 개략적인 편년 및 편년된 시대의 생활양식에 대한 통론적 지식에 근거하여 제시된 경우가 많다. 일반적인 논리적 연역 과정을 역순으로 밟은 의견인 셈이다.

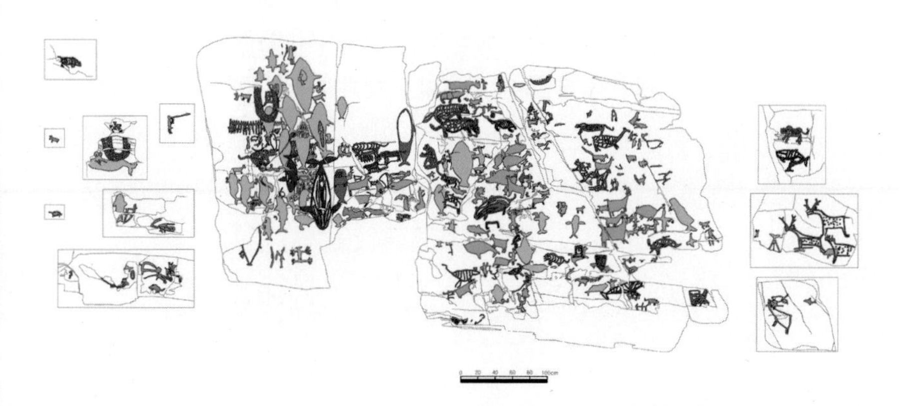

그림 80. 울주 반구대 암각화 제 1~4 작업층

필자는 이하에서 앞에서 제시했던 것처럼 한국 선사예술품 전반에 보이는 조형의지와 양식적 흐름, 반구대암각화의 구성과 내용, 표현기법을 통해 확인되는 제작자들의 의식과 조형의지를 문화권을 단위로 한 역사·문화적 흐름 안에서 서로 얽어 넣어 반구대암각화 주인공들이 살았던 시대와 생활양식에 대한 이해를 시도하고자 한다.

3. 반구대암각화의 제작 집단

한국의 신석기 예술품은 대상의 특징을 간결하게 표현해낸 결과물이라는 점에서 다른 문화권의 것과 구별된다. 간결하게 표현해 내는 것을 중시하는 한국 신석기 예술의 전통은 청동기시대로도 이어진다. 다만, 한국 청동기 예술은 개념이나 인식의 '상징적 표현을 통한 형상화'에 방점을 둔다는 점에서 앞 시기의 예술적 흐름과 뚜렷한 차이를 보인다. 잘 알려져 있듯이 한국의 청동기시대 예술품들은 대개의 경우 상징무늬들로 장식된다. 구상적 표현들은 상징무늬들 사이에서 간간이 모습을 드러낼 뿐이다.

그러나 청동기시대 예술품 속의 구상적 표현들이 앞 시기의 조형적 전통을 잇고 있다는 사실은 매우 중요하다. 두 시대의 문화 사이에 실질적인 단절이 없으며 사회적 주역들도 큰 변화가 없음을 시사하기 때문이다. 이는 신석기시대에서 청동기시대로의 이행과정에 만주와 한반도 일대로 그 바깥 세계의 새로운 사회 집단들이 잇달아 흘러들었더라도 기존의 사회·문화적 흐름을 온전히 바꿀 정도의 큰 변화를 초래하지는 않았음을 의미한다.

한국의 청동기시대 예술품의 장식 요소로 상징무늬가 대거 등장하는 점도 시대 변화와 관련하여 주목될 부분이다. 이는 여전히 물상에 대한 관념적인 인식을 구체적인 형상으로 표현해내려는 경향을 보이는 다른 문화권의 예술적 동향과도 대비되는 현상이라고 할 수 있다. 일반적으로 상징무늬는 간결한 구상적 표현과 닿아 있는 경우가 많다. 물상에 대한 간결한 표현이 지속적으로 추구되는 과정을 통해 상징무늬가 출현할 수 있기 때문이다.

그러나 구상적 표현과 상징무늬 사이에도 묘사 대상의 범위나 표현하려는 것에 대한 인식 내용에 큰 차이가 있기도 하다. 잘 알려졌듯이 구상적 표현의 대상은 자연과 일상에서 마주칠 수 있는 것, 곧 구체적 관찰과 경험을 통해 형상화가 가능한 존재이다. 반면 상징무늬나 상징적 표현은 구상적 표현 대상을 극도로 간결하게 하는 과정에서 나타나기도 하지만 구상적 표현을 통한 형상화가 극히 어렵거나 불가능한 것을 나타내는 방편으로도 사용된다. 생명 활동이 눈에 두드러지지 않는 초목, 자연 환경의 한 부분인 천지산천, 기후와 관련 있는 다양한 기상 변화 등은 구상적 표현이 매우 어렵다. 인간관계나 사회관계, 인간의 감정이나 관념 등은 간결한 구상적 표현조차 불가능한 경우에 해당한다. 굳이 이런 것을 형상화 하려면 상징적 표현을 동원하는 수밖에 없다. 이런 점까지 고려하면 간결한 구상적 표현과 상징무늬는 조형 의지적 측면에서 서로 닿기도 하지만 그렇지 못한 면도 있음을 알 수 있다.

간결한 구상적 표현과 상징무늬 사이에서 조형적 계승과 단절이라는 두 가지 측면을 동시에 읽을 수밖에 없는 것은 인류사에서 신석기시대에서 청동기시대로의 전환과정에 나타나는 생활상의 뚜렷한 변화 때문이라고 할 수 있다. 청동기시대에 접어들면서 인간 집단의 생존은 농경과 목축에 크게 의존하게 되었다. 잘 알려졌듯이 청동기 사회에서 농경 · 목축이 지니는 생산 방식으로서의 비중과 의미는 이전 신석기 후기사회의 초보적인 농경 · 목축과 비교되지 않는다. 생산 활동으로서의 수렵 · 채집은 여전히 이루어지고 있었지만 청동기시대의 사회 집단은 농경이나 목축을 통한 생산력 향상에 보다 깊은 관심과 노력을 기울였고 그에 상응한 효과를 거둘 수 있었다. 이에 따라 청동기시대 전기를 지나면서 농경과 목축에 대한 의존도는 더욱 높아졌다.

이처럼 자연 속에서 생산된 자연물의 일부를 채취하여 식량으로 삼았던 인간이 인위적 생산 활동을 통해 얻은 것을 생존의 주된 기반으로 삼게 되면서 인간은 스스로를 자연의 일부로 여기던 상태에서 벗어나게 되었다. 이는 인간이 더 이상 자연에 전적으로 속해 있지 않은 존재로 변신하기 시작했음을 의미한다.[131] 이런 점에서 물상과 현상, 관념에 대한 상징적 표현 시도, 그 결과이자 새로운 예술적 모티프로서 상징무늬의 출현은 청동기사회의 문화와 예술을 이전 시대와 구별하게 하는 매우 특징적인 현상이라고 할 수 있다. 상징무늬는 청동기 사회의 구성원들이 이전 시기와는 다른 차원에서 자연과 세계를 인식하면서 나타난 인간사회 중심의 관념과 사유의 과정이자 결과라고 할 수 있다.

반구대암각화의 물상 대부분은 위에서 언급한 '간결한 표현'의 단계에 머물러 있는 것들이다. 특히 제1작업층의 뭍짐승들은 외형적 특징이 얕은 선 새김으로 개략적으로 묘사되었으며 그 크기도 매우 작다.(그림81) 이는 제1작업층과 관련된 집단이 처음으로 바위 절벽에 동물들의 형상을 새겨 나타내고자 하면서 암각화라는 당시로서는 새롭고 낯선 장르 활동에 몇몇 사람을 투입하면서 나타난 자연스런 결과일 수 있다. 물론 암각화 작업을 담당한 이들은 이미 저들이 속한 집단 안에서 종교 활동과 일상생활에 필요한 각종 도구를 만들고 여기에 여러 가지 장식을 가한 경험이 있는 사람들일 것이다. 그러나 바위 면을 캔버스로 삼는 새로운 방식의 예술 활동은 다른 경험이 충분한 장인들에게도 낯설고 어렵게 다가올 수밖에 없었을 것이다. 제1작업층의 작품들이 대상을 충분히 관찰한 상태에서 예술가 특유의 시각과 방법으로 외형적 특징의 핵심적인 요소만 잡아내 간결하게 묘사해냄으로써 몇 개의 선 정도로 이미지를 사실적으로 재생해낸 예술품과는 분명히 거리가 있는 것도 이런 이유 때문일 가능성이 매우 높다. 필자가 제1작업층의 뭍짐승들을 첫 번째 암각화 작업의 결과물로 보는 이유도 여기에 있다.

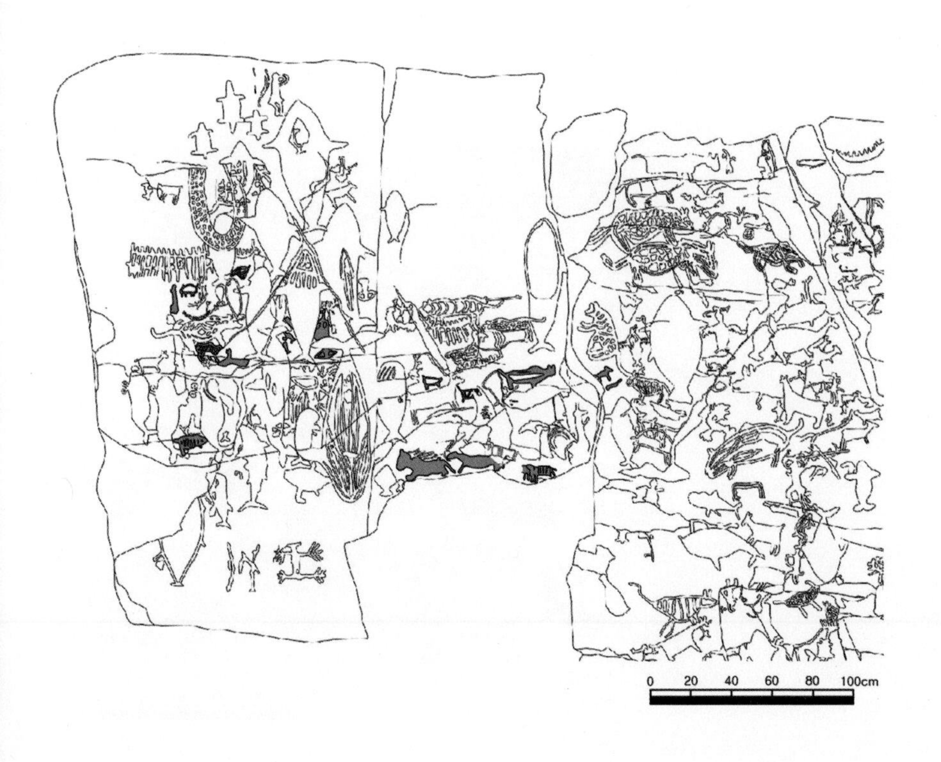

그림81. 울주 반구대 암각화 제1 작업층 부분

반구대암각화 제2작업층의 화면구성과 내용은 제작자들이 이미 암각화 작업에 상당히 익숙한 상태임을 잘 보여준다. 화면 속의 뭍짐승들은 외형이 뚜렷할 뿐 아니라 몸통 각 부분 사이의 비례도 적절하다.(그림82) 사슴류를 비롯하여 여러 종류 동물들 사이의 크기 비례도 고려되어 묘사되었으며 물상들의 방향과 자세, 위치 등에도 특정한 상황이나 장면에 대한 경험이나 관찰, 인식이 바탕에 깔려 있다. 제1작업층의 물상들이 이야기의 일부분이 되기보다는 바위 면에 등장하여 여기 저기 나열되는 면이 강하였던 것에 비하면 화면 구성상의 큰 진전이라고 볼 수 있는 부분이다. 더욱이 표현 기법도 이전에 비해 크게 발전하였다.

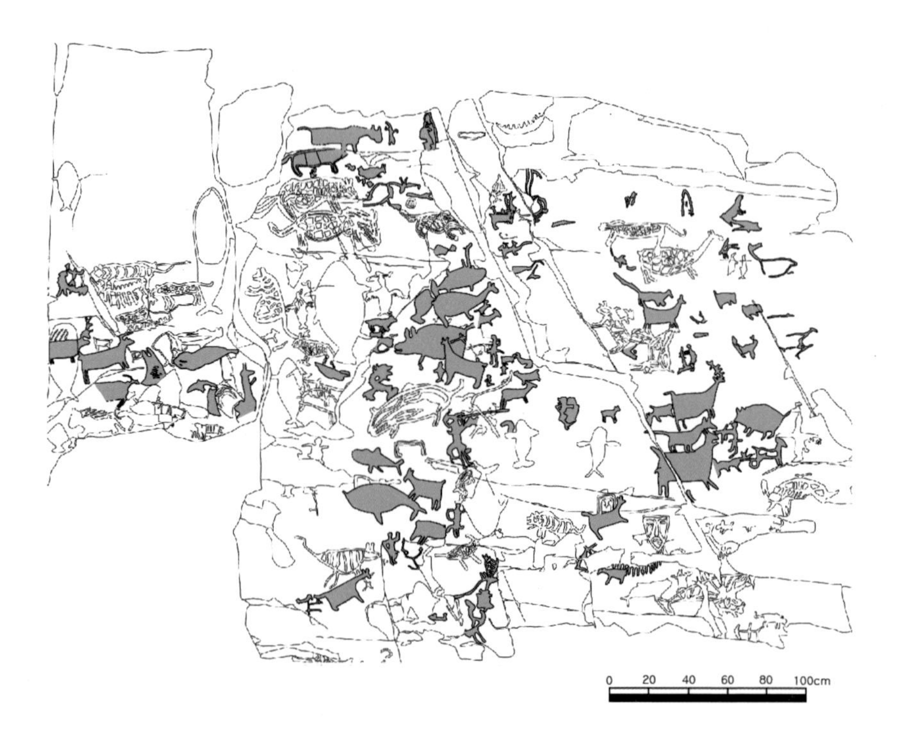

그림82. 울주 반구대 암각화 제2 작업층 부분

그러나 반구대암각화 제2작업층의 물짐승들도 외형상의 특징을 중심으로 간결하게 표현되었다는 점에서는 다른 작업층의 물상들과 크게 다르지 않다. 이미 지적하였듯이 제2작업층 암각화에서 주목될 부분은 화면구성과 내용에서 제작자들이 속한 집단이 수렵에 큰 비중을 둔 사회였음을 보여준다는 사실일 것이다.

물상의 외형적 특징을 간결하게 나타내려 한 점에서는 제3작업층의 암각화도 제2작업층의 그것과 크게 다르지 않다.(그림 83) 다만 제3작업층의 세 번째 작업을 통해 모습을 보인 긴수염고래가 몸통의 주름까지 묘사되었다는 사실은 제4작업층의 암각화 표현기법과 관련하여 주목될 필요가 있다.

그림 83. 울주 반구대 암각화 제 3 작업층 부분

그러나 제3작업층 암각화에서 특히 유의해야 할 부분은 제작자들이 대형 바다동물을 주요한 먹거리로 삼은 집단에 속했다는 점일 것이다. 한국의 선사 및 고대사회에 대형 바다동물을 주요한 식량자원으로 삼은 사회가 존재했다는 사실 자체가 시대별 생산양식의 주된 흐름에 대한 기존의 이해에 새로운 인식과 설명을 덧붙이도록 요구하기 때문이다.[132]

반구대암각화 제4작업층에 묘사된 뭍짐승들도 물상의 특징을 잘 드러내는 간결한 표현이라는 이전 시기의 전통을 잇고 있다.(그림84) 그러나 대상의 특징을 몸통의 무늬와 같은 세부적인 것까지 드러내려 했다는 점에서 앞 시기에 제작된 암각화와 구별된다. 이 점은 특별히 유의할 부분이기도 하다. 이런 표현기법이 적용된 다른 사례들이 한국의 청동기 및 초기 철기시대 예술 활동의 결과물 속에서 확인되기 때문이다. 앞에서 이미 거론한 패형 청동기 및 청동 견갑에 장식된 맹수와 사슴이 바로 그 사례에 해당한다. 물론 거듭 지적하였듯이 이런 청동기의 주된 장식무늬는 기하문 계통의 상징무늬들이다.

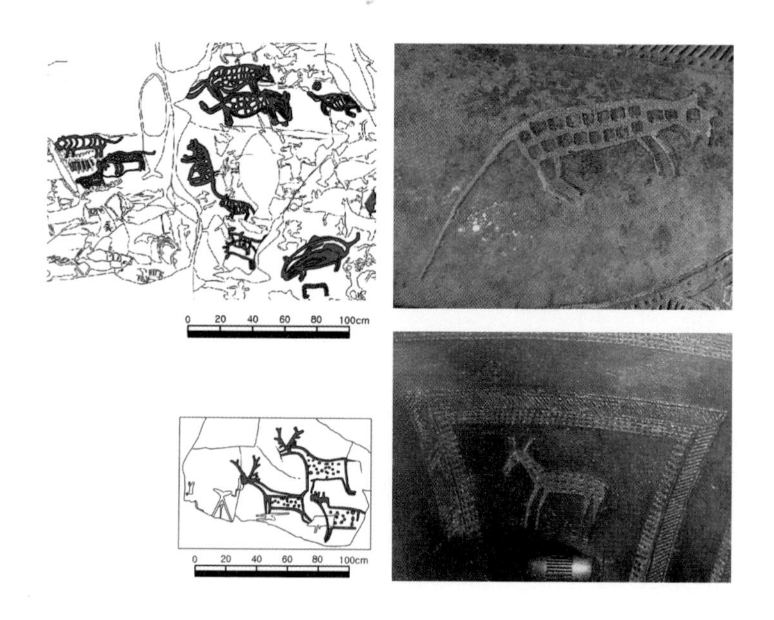

그림84. 울주 반구대 암각화 제4 작업층 부분 및 경주 출토 견갑형 청동기 부분, 아산 남성리 출토 검파형 청동기 부분

반구대암각화 제4작업층 뭍짐승 묘사에 적용된 기법들이 한국의 청동기를 대표하는 표지적 유물의 장식에서 확인된다는 사실은 매우 중요하다. 이것은 반구대암각화를 제작한 사람들이 한국의 청동기 및 초기철기 사회와 문화적 · 예술적 전통을 일정한 정도까지 공유한 집단의 일원임을 의미하기 때문이다. 또한 이는 반구대암각화 제작의 하한선을 청동기 후기 및 초기철기시대까지 내려 잡는 것도 가능하게 한다. 그러나 반구대암각화 바위 절벽에서 2km 떨어진 지점에 자리 잡은 천전리 서석에 청동기시대의 작품인 기하무늬가 크고 깊게 연속적으로 새겨진 점을 감안하면 반구대암각화 제4작업층 담당자들이 지니고 있던 문화적 전통과 제작 시기에 대해서는 보다 신중한 접근이 필요할 수도 있다. 이런 점을 염두에 두면서 반구대암각화의 각 작업층과 제작자, 제작 의도와 시기 등에 대해 보다 구체적으로 살펴보기로 하자.

반구대암각화 제4작업층을 자세히 살펴보면 제작자들이 매우 굵고 깊은 선으로 뭍짐승들을 묘사하면서 의도적이지는 않지만 이전 시기에 새겨진 물상들을 훼손시키는 것에 크게 개의치는 않았음을 알 수 있다. 굵고 깊은 선 새김에 갈아 넣기를 더한 기법도 이전 시기의 암각화 표현법과는 상당한 차이를 보이는 부분이다. 흥미로운 것은 제4작업층 기법이 보다 심화된 사례를 근처의 천전리 서석 기하문 암각화에서 찾아볼 수 있다는 사실이다. 두 가지 암각화가 제작기법에서는 한 갈래 흐름의 선후관계를 맺고 있지만 내용에서는 층위가 다르다고 할 정도로 뚜렷한 차이를 보이는 셈이다. 물론 한국의 청동기 및 초기 철기시대의 유물에 이런 두 갈래 표현이 한 공간에 장식되기도 하지만 반구대암각화와 천전리 각석 암각화를 비교할 때 그 선후관계를 엄밀히 따진다면 깊은 선 새김의 구상적 표현이 먼저이고 기하문 계통의 상징무늬가 그 다음일 것이다.(그림85,86)

그림 85. 울주 반구대 암각화 부분

그림 86. 울주 천전리 암각화 부분

대상을 표현하는 기법과 내용을 아울러 고려할 때 반구대암각화 제4작업층은 천전리 각석에 기하문 암각화를 새긴 집단과는 다른 집단에 속한 사람들에 의해 제작된 것이 확실하다. 또한 반구대암각화 제4작업층 제작자들은 상징적 표현으로서의 기하문에 대해 전혀 몰랐으며 천전리 서석 기하문 암각화 제작 집단과 문화적 계통에서도 차이가 있는 집단의 일원이었을 가능성이 높다. 두 암각화의 비교되는 제작층위에서 확인되는 문화적 단절, 조형적 거리를 고려할 때 반구대암각화 제4작업층은 천전리 서석에 기하문 암각화가 새겨지기 이전에 제작되었을 것으로 보이며 그 하한선은 한국 청동기시대 중기를 내려오지 못할 것이다.

그림 87. 부산 동삼동 패총 출토 고래뼈

그림 88. 울산 황성동 세죽유적 출토 고래 견갑골

반구대암각화 제3작업층에서 주목되어야 할 것은 아무래도 고래를 중심으로 한 대형 바다동물들일 것이다. 한국의 선사시대 주민들이 고래를 식량자원으로 썼음은 울산 황성동 신석기 유적층에서 골촉이 박힌 고래 견갑골 부분이 출토되었으며, 신석기 유적인 부산 동삼동 패총의 모든 문화층에서 고래 뼈가 다량으로 출토된 사실을 통해 확인된다.[133](그림 87,88) 연구자들은 신석기 유적인 창녕 비봉리 유적에서 4~5인승 통나무배 2척 분량의 유물이 수습된 점을 들면서 신석기시대 주민들이 배를 타고 가까운 바다로 나가 고래수렵을 했을 가능성이 매우 높다는 견해를 제시한다.[134](그림 89) 이는 반구대암각화 제3작업층의 제작자들이 고래수렵을 생업 활동으로 삼던 신석기시대 해양어렵정착사회 주민의 일원이었다는 이해를 가능하게 한다.[135]

그러나 반구대암각화 제3작업층의 표현 기법과 화면 구성이 보여주는 조형적, 양식적 측면은 위의 견해에 대한 보완을 고려하게 한다. 이와 관련하여 먼저 짚을 부분은 부감법에 바탕을 두고 제작된 제3작업층 제2기 작업의 중심 화면인 A면은 화면 구성 능력이 매우 뛰어난 전문적인 작가 집단의 존재를 상정하게 한다는 사실이다.(그림 90,91) 바다거북, 고래, 상어, 샤먼이 등장하는 A면은 몇 차례에 걸쳐 나누어 제작되었다고 하더라도 그 자체로 한 폭의 예술품이다. A면 물상은 작가들에 의해 각 표현 대상의 크기, 특징만 고려된 것이 아니라 방향, 자세, 배치, 비례, 역할까지도 계산된 것으로 보인다. 더욱이 작가들은 상당히 숙련된 손놀림으로 고래 한 마리, 한 마리를 묘사하였다. 제3작업층에 적용된 면 새김으로 내부를 나타내고 굵은 선 새김으로 윤곽을 뚜렷이 드러내는 기본 기법에도 충실하고 일관성이 있으며 필요에 따라 이 기법을 유연하게 변형, 적용시키는 데에도 능하다.

그림 89. 창녕 비봉리 패총 출토 신석기시대 목선

그림 90. 울주 반구대 암각화 주암면 부분

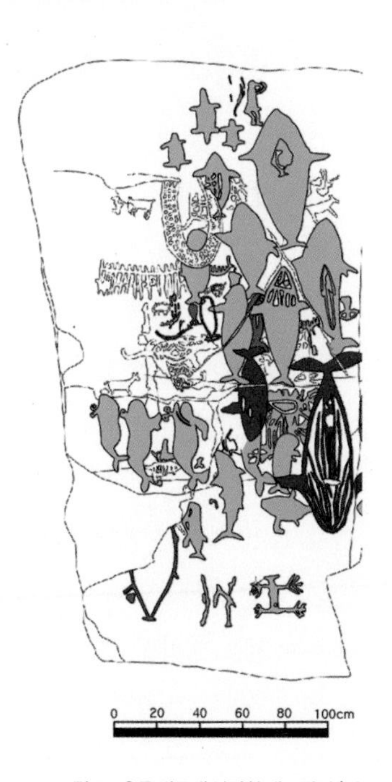

그림 91. 울주 반구대 암각화 제 3 작업층 부분

그림92. 울주 반구대 암각화 수족과장형 인물

그림93. 몽골 차강살라암각화 수족과장형 인물

두 번째로 검토될 부분은 A면 제3작업층의 화면 구성방식이다. 제일 상단에 묘사된 세 마리의 바다거북과 제일 하단의 사지를 크게 벌린 인물상은 A면 제3작업층 화면이 뚜렷한 제의적 의도를 가진 사람들에 의해 구상되고 암각화 제작 작업이 진행되었음을 시사하는 주요한 지표적 존재라고 할 수 있다. 흔히 수족과장형 인물상으로 분류되는 A면 하단의 인물상은 샤먼을 나타낸 것으로 이해된다.[136](그림92) 이 인물상과 유사한 표현 사례는 동아시아 알타이지역 암각화에서 빈번히 발견된다.[137](그림93) A면 상단의 바다거북은 거북이 종교학적으로 영혼인도동물로 상정됨을 들어 같은 관념이 적용된 존재라는 해석이 제시된다.[138] 이런 견해들을 타당성 있는 것으로 받아들인다면 굳이 A면의 제3작업층 화면을 고래 영혼을 인도하는 제의를 형상화 한 것으로 해석하지는 않는다고 하더라도 최소한 고래 수렵과 관련된 특정한 제의를 나타낸 것이라는 이해는 가능할 듯하다.[139]

이상에서 보았듯이 반구대암각화 A면의 제3작업층 제2기 작업 면은 화면 구성과 표현 기법상의 전문성이 두드러진다. 아직 제한적으로 발견되는 신석기 유적 출토 예술품의 수준, 동아시아 주요 문화권의 신석기 예술품들과 비교해 볼 때에도 반구대암각화 A면의 제3작업층 화면은 신석기 예술의 일반적 범주에서 벗어난다. 현재까지의 통설로 볼 때 한국 신석기 사회에 제의적 예술을 전문적으로 담당하는 작가집단이 존재했을 것으로 상정하기는 쉽지 않다. 샤먼이 주도하는 특정한 제의를 전제로 화면 구성이 시도된 흔적 또한 역력하다. 한국의 신석기 사회에서 샤먼의 역할이나 비중이 어느 정도였는지는 아직 밝혀지지 않았다 그러나 위와 같은 화면 구성이 가능할 정도로 구체적 의도를 담은 제의가 조직되고 시행되었을 가능성은 그리 높지 않을 듯하다.

이런 여러 가지 점을 고려할 때 반구대암각화 제3작업층 제2기 작업이 신석기 말에 이루어졌을 것으로 상정하기는 어렵다. 빨라도 한국 청동기시대 전기의 어떤 시점일 가능성이 오히려 높다. 이 경우, 반구대암각화 제3작업층 제1기 작업 시점은 신석기 말에서 청동기 초까지 올려 볼 수 있다. 그러나 한국 신석기사회 말기에 10명 이상을 태운 배를 여러 척 동원하여 근해에서 거대한 고래를 수렵하는 것이 가능했는지는 여전히 불확실하다. 제3작업층의 제2기 작업 시점에 대한 편년을 고려할 때 제3기 작업 시점은 청동기시대 전기의 보다 늦은 시기로 편년할 수 있을 것이다.

반구대암각화 제2작업층에 집중적으로 묘사된 것은 뭍짐승들로 초식동물의 수가 압도적으로 많다. 화면 중의 초식동물들은 몇 개의 무리를 이루고 있으며 이들 사이에는 사람이 등장하는 경우가 많고 육식성이거나 잡식성인 작은 동물들도 함께 나타난다. 이와 같은 화면 구성방식으로 미루어 짐작할 수 있듯이 제2작업층 화면의 주제는 수렵이다. 바위 면에 뭍짐승, 특히 초식동물들을 집중적으로 표현하였다는 것은 제2작업층의 제작자들이 수렵을 매우 중요시하는 집단의 일원임을 시사한다. 제2작업층은 수렵 · 채집에 생계를 의존하던 사람들에 의해 제작되었을 가능성이 높은 것이다.

물론 농경이나 목축을 하면서 수렵 · 채집을 겸하던 사람들이 이 암각화를 제작하였을 수도 있지만 그 가능성은 그리 높지 않다. 선사 및 고대사회에서 바위에 형상을 새겨 넣는 작업 자체는 일정한 주술적 효과를 노린 신성한 제의적 활동일 수밖에 없는 까닭이다. 잘 알려진 것처럼 선사 · 고대사회의 예술 행위는 유희적 성격을 거의 지니지 않는다. 특히 반구대 암각화가 있는 바위 절벽처럼 계곡 깊숙한 곳의 강변 암벽지대는 신성한 제의의 장소로 애용되던 곳이다.

제3작업층 화면과 비교할 때 제2작업층 제작자들의 화면 구성 능력이나 물상의 형상화 수준 등은 뒤떨어진다. 그러나 동물의 종류에 따른 비례, 무리를 이루는 방식이나 동물들의 자세, 서로 움직이는 방향 등을 고려한 배치에서는 제작자들 나름의 배려가 배어 있다. 이는 제2작업층을 제작한 이들이 서툴게나마 화면 구성을 시도했음을 뜻한다. 면 새김을 기초로 한 물상 표현 기법도 어느 정도 손에 익은 상태이다. 제2작업층 화면은 암각화 제작이 여러 차례 이루어지면서 작가 집단의 출현도 이루어지고 있음을 보여주는 좋은 사례라고 하겠다.

특정한 문화권이나 일정한 지역이 신석기사회에서 청동기사회로 이행한다 하더라도 모든 사회 집단이 새로운 생산 방식에 생계를 의존하지는 않는다. 반구대암각화 제2작업층이 수렵채집을 기본 생계방식으로 삼는 집단에 속한 사람들에 의해 제작되었다고 하더라도 이것만으로 제2작업층의 제작 시기를 신석기시대로 상정하기는 어렵다. 청동기시대에도 울산지역에는 수렵 · 채집사회가 다수 존재했을 가능성이 높기 때문이다. 흥미로운 것은 울산 황성동 신석기 유적에서 반구대암각화 제2작업층에 묘사된 뭍짐승들의 것과 같은 종류의 뭍짐승의 뼈들이 다수 출토되었다는 사실이다.[140] 이는 울산 신석기사회 주민들의 수렵 대상이 반구대암각화 제2작업층에 표현된 초식동물들과 별 다르지 않음을 의미한다. 이런 점과 함께 제3작업층과 제2작업층 사이의 시간적인 거리, 제2작업층 화면 구성 및 표현 기법의 수준을 고려한다면 반구대암각화 제2작업층의 제작 시기는 신석기시대 말에서 청동기시대 초기 사이로 설정하는 것이 가장 바람직할 듯하다.

반구대암각화 제1작업층 화면에서 두드러지는 것은 물상들이 작게 띄엄띄엄 묘사되었으며 제대로 된 '이야기'를 만들어내지 못하고 있다는 사실이다. 제작자들에 의해 화면 구성이 시도되었는지 여부도 불분명하다. 표현 기법도 아직 손에 익지 않은 듯 서툰 편이다. 이는 특정한 인간 집단에서 선발된 이들이 처음으로 바위 절벽에 동물의 형상을 새겨 넣으면서 나타난 현상이자 결과일 가능성이 높다. 일단은 '바위 절벽에 형상을 새기는 행위'가 지니는 신성성이 중요했기 때문일 것이다. 아직 작품의 수준이나 완성도 여부를 고려할 단계가 아닌 것이다.

반구대암각화 제1작업층에 표현된 것은 모두 뭍짐승이다. 특정한 종류의 동물에 초점이 두어진 것은 아니나 초식동물보다는 맹수가 더 많다. 수렵과 관련된 구체적 표현은 전혀 보이지 않는다. 제1작업층 화면의 이러한 구성과 내용은 제1작업층 제작자들이 '암각의 주술적 효과'를 믿고 바위 절벽 그림 작업을 진행한 것은 사실이나 전형적인 수렵주술 차원에서 접근한 것은 아님을 시사한다. 다른 문화권의 선사 초기미술에서 확인되는 주술적 의도를 감안할 때 반구대암각화 제1작업층 제작자들과 그들이 속한 집단은 개별 물상을 바위에 새겨 넣는 행위를 통해 그 동물, 혹은 그런 종류의 동물에 대한 통제력을 확보할 수 있다고 믿었을 가능성이 높다. 그럴 경우, 화면 구성은 큰 의미를 지니지 않게 된다.

다만, 이와 같은 주술적 의도가 효과를 거두기 위한 전제 조건이라고도 할 수 있는 사실에 매우 근접한 표현이 반구대암각화 제1작업층 화면에는 보이지 않는다는 점에 대해서는 설명이 필요할 듯하다. 이것은 암각화라는 장르가 지닌 한계 때문이기도 하고, 특히 한국의 신석기시대 및 청동기시대 예술의 일반적 특징이기도 한 간결한 표현의 전통이 작용한 까닭으로 설명할 수밖에 없을 듯하다. 한국의 선사 및 역사 초기 예술의 흐름 안에서는 유럽의 구석기 동굴회화에서 보는 것과 같은 세밀하고 정교하고 사실적인 묘사의 사례를 찾기 어려울 수밖에 없기 때문이기도 하다. 반구대암각화 제2작업층 보다 제작 시기가 빠를 수밖에 없고 암각화 제작 초기 단계의 서툰 기법이 두드러진 점을 고려할 때 반구대암각화 제1작업층의 제작 시기는 한국 신석기시대 후기로 설정하는 것이 타당할 듯하다.

이상의 검토 내용을 바탕으로 반구대암각화 제작집단들과 이들이 이 유적에 부여했던 사회 · 문화적, 종교 · 신앙적 의미와 기능에 대해 살펴보기로 하자. 신석기시대 후기 울산 태화강 중상류지역을 떠돌며 수렵 · 채집으로 생계를 이어가던 반구대암각화 제1작업층 제작집단은 태화강 상류의 지류인 대곡천의 계곡 안쪽으로 깊숙이 들어오면서 성스러운 제의의 공간으로 적합한 곳을 찾았다.[141] 이들은 반구대 바위 절벽 일대에 성스럽고 강력한 주술적 힘이 어렸음을 보았고 이곳의 큰 바위에 처음으로 암각화를 새겼다. 제1작업층 제작집단은 바위에 특정한 동물의 형상을 새김으로써 그 동물에 대한 통제력을 지닐 수 있게 된다고 믿었으므로 작지만 형상적 특징이 담긴 동물의 모습을 간결한 선 새김 방식으로 바위에 새긴 것이다.

반구대암각화 제1작업층 제작집단보다 규모가 크고 조직화 된 사회였던 제2작업층 제작집단은 반구대 바위 절벽 일대에 대한 제1작업층 제작집단의 종교적 관념과 주술적 태도를 거의 그대로 받아들였다. 신석기시대 말기부터 청동기시대 초기 사이에 울산 태화강 중상류일대를 생활권으로 삼았던 이들은 조직적인 수렵에 능했지만 집단의 규모를 유지하기 위해서도 사슴류의 수렵이 늘 순조롭도록 바위 절벽에 강력한 주술을 걸 필요가 있었다. 이들은 수렵 제의를 정기적으로 행하면서 반구대 바위 절벽에 새로운 암각화를 지속적으로 새겨 넣었다. 제2작업층의 제작집단 역시 수렵 · 채집을 기본 생계 수단으로 삼고 있었으며 이들 중에는 주술을 목적으로 한 예술 행위에 능한 장식 장인들이 여럿 있었다.

반구대암각화 제3작업층 제작 집단도 수렵채집이 기본 생계수단이었지만 수렵의 주된 대상은 대형 바다동물이었다. 청동기시대 전기를 전후하여 울산 태화강 중하류지역에서 마을을 이루고 살던 이들은 해양어렵에 능했으며 생계 활동과정에 동해안에서 태화강, 대곡천으로 이어지는 수로를 적극 활용하였다.[142] 제3작업층 제작집단은 제1작업층 및 제2작업층 제작집단처럼 반구대 바위 절벽에서 강력한 주술적 힘을 느꼈고 이 일대가 성스러운 제의 공간으로 매우 적합한 곳이라는 사실을 받아들였다.

이들은 오랜 기간 화면으로 사용되던 바위 절벽의 서쪽보다는 비어 있는 동쪽 부분인 A면을 적극 활용하여 새로운 구성과 내용으로 암각화를 제작하였다. 이미 이들 중에는 화면 구성 능력과 암각화 표현 기법이 뛰어난 전문적인 작가 집단이 있었다. 샤먼이 주도하는 고래 제의 과정에 새겨진 고래 암각화는 제3작업층 제작집단의 자존감을 극대화 시켰다.

반구대암각화 제4작업층 제작집단은 제작자들이 앞 시기의 작업층을 부분적으로 훼손하고 있으며 이전과는 다른 표현 기법을 사용한 것으로 보아 제3작업층 제작집단과 구별되는 존재였음이 확실하다. 깊은 선 새김과 갈아 넣기를 표현 기법으로 쓰면서도 청동기시대 특유의 상징무늬를 화면에 넣지 않는 점에서 제4작업층 제작집단 구성원들은 농경, 목축과 관련된 관념적 인식과 표현에 익숙하지 않은 사람들이기도 하다. 이런 점에서 제4작업층 제작집단 역시 수렵 · 채집을 생계의 기본 수단으로 삼던 사회에 속하였을 가능성이 높다. 그러나 이들이 제3작업층 제작집단 이후에 등장하였고 청동기시대에 많이 쓰이던 깊은 선 새김과 갈아 넣기 기법에 매우 익숙한 것으로 볼 때 제4작업층 제작집단도 청동기시대 전기에서 중기 사이의 한 시기에 태화강 중상류지역을 생활권으로 삼던 사람들이었을 것으로 보인다.

이상에서 살펴 본 내용을 간단히 정리하면 아래와 같다. 울산 대곡리 반구대암각화는 크게 4개의 작업층으로 구성되어 있다. 각각의 작업층은 화면 구성 방식과 표현 기법에서 차이를 보인다. 그러나 전체적으로는 한국 선사 및 고대예술에서 공통적으로 발견되는 대상의 특징을 간결하게 표현해내는 전통과 닿아 있다. 반구대암각화는 신석기 후기부터 청동기 중기 사이에 걸쳐 제작된 것으로 보이며 반구대 바위 절벽 일대를 신성한 제의의 공간으로 삼던 사람들에 의해 제작되었다. 각 작업층에 투사된 주술적 의도는 차이가 있지만 암각 작업이 주술적 효과를 가져올 것이라는 믿음이 암각화 제작의 동기로 작용하였다는 점에서는 차이가 없다. 반구대암각화 각 작업층의 제작집단은 태화강 중상류지역을 생활권으로 하였으며 수렵 · 채집을 기본 생계수단으로 삼던 사람들이었을 가능성이 높다. 반구대암각화 제작집단들 사이에 사회적 계승이 이루어졌는지 여부는 명확하지 않다. 적어도 반구대암각화 제3작업층 제작집단이 그 전이나 뒤의 제2작업층 및 제4작업층 제작집단과 구별되는 존재임은 확실하다.

제 6 장

역사교육론

1. 문화유산과 지역학

지방자치시대가 본격적으로 열리면서 지역사회에 던져진 가장 큰 과제의 하나가 '정체성'의 확립, 혹은 재인식이다. 지역사회가 스스로의 역사와 문화, 현재에 대한 기존의 인식을 확인하고 재정립할 필요가 생긴 것이다. 기초 및 광역자치단체가 주관하는 지역축제가 적극적으로 기획되고 경쟁적으로 개최되는 것도 자기 정체성 확립의 한 과정으로 이해되어야 할 것이다.

지방자치시대에 지역사회가 풀어나가야 할 과제는 다양하지만 우선적으로 해결이 시도되어야 할 것 가운데 하나는 지역개발 욕구와 충돌하는 것처럼 보이는 문화재 보존과 관리이다. 지역경제의 자립도를 높이고 흐름을 활성화 하는 방안의 하나로 추진되는 도시화나 공단 용지 개발과정에 불가피하게 맞닥뜨릴 수밖에 없는 것이 문화유적 조사나 기존 문화재의 이설, 혹은 문화유적지역의 개발 문제이다.

21세기의 화두로 일컫는 문화경쟁력의 확보 차원에서 문화유산의 활용, 문화유적지구의 관광지구화 등이 시도될 때 경우에도 지역사회의 개발론자와 보존론자들 사이의 의견 충돌이 불가피해 보인다. 지방자치시대의 또 하나의 진행형 과제인 지역학의 정립은 이런 문제들과 관련하여 그 중요성에 눈길을 줄 필요가 있다. 지역학 연구 성과의 축적이 이런 문제들에 대한 합리적 해결방안이나 적절한 합의도출 방식을 제시해 줄 수 있는 까닭이다.

지역학 연구의 활성화는 지역사회의 정체성을 정립하기 위해서도 우선적으로 요구되는 흐름이기도 하다. 지역학 연구의 성과가 지역사 교육에 반영되고 이를 통해 지역 주민의 지역사회에 대한 바른 인식이 정립될 수 있는 까닭이다. 문화재의 개발과 보존, 활용과 관리의 문제 역시 지역학이라는 매개를 통해 해결의 열쇠를 찾을 필요가 있다. 문화유적이나 문화재가 지역학의 주요한 연구대상의 하나라는 점에서 더욱 그렇다. 반구대암각화 유적과 관련된 논란도 결국 울산학 및 울산지역사 교육과 불가분의 관계를 맺으면서 이견의 조절과 합의, 해결이 시도되어야 할 것이다. 이 장은 문화유적과 지역학 연구, 지역사 교육의 유기적 관계와 그 필요성을 반구대암각화 유적의 사례를 중심으로 정리하고자 준비되었다.

국보285호로 지정, 관리되고 있는 울산 대곡리 반구대암각화는 1971년 수몰상태에서 발견되어 학계에 보고되었다.[143] 이미 1965년부터 대곡천 하류에 축조된 사연댐으로 말미암아 연중 6~8개월 정도 물에 잠긴 상태로 있어 이 암각화유적은 지방기념물로 지정되었을 뿐 유적 보존을 위한 별도의 조치는 취해지지 않았다. 갈수기에 4~6개월 유적이 노출되고 다시 6~8개월 정도 물에 잠길 뿐 아니라 때로 겨울철 일정 기간 동안 강물이 얼면서 암각면도 동결되기도 하는 상태가 반복되면서 암질이 약해지고 암각면이 얇아지고 있다는 사실이 제대로 알려지거나 인식되지 않았던 까닭이다.

1995년 한국역사민속학회가 '한국암각화의 세계'를 주제로 한 학술대회를 개최하면서 반구대암각화 유적이 다시 세간의 관심 대상이 되었다.[144] 지역사회에서는 이 유적이 구성과 주제, 그림의 밀집도 및 입지 등에서 다른 지역 암각화유적들과는 다른 차원에서 살펴볼 필요가 있음을 인식하게 되었고, 그 가치도 재평가하게 되었다. 국가적 차원에서의 관리 필요성이 적극 제기된 결과 반구대암각화 유적은 1995년 국보285호로 지정되었다. 이로써 기존의 국보147호 천전리서석과 더불어 울산에 소재한 두 암각화 유적 모두 국가의 보호와 관리 대상이 되었다.

반구대암각화 유적이 새삼 관심의 대상으로 떠오르면서 보존관리 방안의 강구, 관광상품으로서의 가치와 활용 문제가 동시에 거론되기 시작하였다. 1984년 동국대학교의 종합보고서 발간 이후에도 학계에서는 체계적인 조사보고의 필요성이 언급되었다.[145] 암각상태와 암각화 내용에 대한 본격적인 연구가 뒤따라야 한다는 지적이 거듭 되었음에도 불구하고 보존과 활용의 문제가 유적에 대한 관심의 우선적인 순위에 올랐던 것이다.[146]

유적이 국보로 지정된 실질적 사유가 가치 재평가 및 국가 차원의 보존관리 필요성이었음에도 불구하고 반구대암각화의 상품적 가치와 이의 활용에 지역사회의 관심이 쏠리게 된 것은 지방자치시대의 재개막이라는 정치행정체제의 변화로 말미암은 측면이 크다. 무려 30년 만에 지방자치가 다시 이루어지면서 광역 및 기초 자치단체 단위로 재정자립 수준의 향상, 지역 개발을 통한 주민생활 향상, 지역문화의 특성화 등이 현실적 과제로 떠올랐던 것이다.

국보로 지정된 5년 뒤 반구대암각화 유적은 처음으로 국제학술심포지엄의 주제로 떠올라 공식적으로 세계암각화학계에 모습을 드러냈다.[147] 그러나 울산광역시가 주최하고 서울 예술의전당이 주관한 이 학술회의는 이 유적에 대한 체계적인 조사보고가 완료되지 않은 시점에 열림으로써 학계가 필요로 하는 연구 성과가 발표되는 자리로 평가되지는 못하였다. 더욱이 국내의 암각화 연구를 대표하는 학술단체인 한국암각화학회에 별다른 역할이 부여되지 않고 이 학회를 실질적으로 이끌던 초기 연구자들도 대부분 학술회의에 참가하지 않음으로써 최초의 반구대암각화 국제학술심포지엄이 갖추어야 할 무게감을 얻는 데에는 한계를 보인 행사가 되고 말았다.

이 학술회의의 개최 의의가 더욱 약화된 것은 울산광역시가 반구대암각화 유적 일대를 종합관광지로 적극 개발하려는 의도 아래 1999년 말부터 '반구대암각화 주변 문화관광 자원화 사업'을 구상하여 추진하고 있음이 이후 언론을 통해 확인되면서부터이다. 유적이 지닌 학술적 의의와 가치를 재발견, 재확인 하고 이를 바탕으로 반구대암각화 유적이 유네스코 세계문화유산 등재와 같은 국제적 위상을 확보할 수 있도록 후속 작업을 지속적으로 진행한다면 주변 관광지 개발 사업을 추진하지 않더라도 반구대 주변을 포함한 울산지역 전체가 국제적인 주목을 받을 수 있음에도 정책 입안자들이 이를 간과하여 발생한 사태라고 하겠다. 결국 반구대암각화를 주제로 한 최초의 국제학술회의는 그 학술사적 의의에도 불구하고 일회성 행사로 끝나고 말았다.

국제학술회의 이후, 울산광역시는 반구대암각화 유적 주변을 정비하여 반구대 일대를 울산을 대표하는 종합관광지로 개발하는 작업에 본격적으로 나섰다. 유적으로의 진입로 확장을 포함한 제반 사업의 추진내용이 언론을 통해 공개되자 학계는 '본말전도'라는 시각을 보이면서 유적보존관리 방안을 먼저 마련하여 실행한 뒤, 개발방식 등은 별도로 검토할 것을 요구하였다.[148] 이에 대해 울산광역시는 개발과 보존의 동시 진행도 가능하다는 입장을 바탕으로 진입로 확대, 전시관 조성 등의 사업추진에 강한 의욕을 보였다.

2000년 울산대박물관이 내놓은 '울산 반구대암각화 정밀실측조사 보고서'는 30년 전 반구대암각화 유적이 학계에 의해 발견되어 보고되었을 당시의 암각 상태에 상당한 변화가 있음을 공식적으로 확인해 주었다.[149] 이를 계기로 울산광역시는 관광지 조성을 위해서라도 암각 상태에 대한 과학적 진단이 우선적으로 이루어져야 한다는 점을 인식하고 이를 위한 조사사업을 발주하였다. 그 결과 나온 보고서가 서울대학교 김수진 교수팀이 주도한 '반구대암각화 보존대책 연구'이다.[150]

문화체육관광부의 중재까지 거친 문화유적의 보존과 개발을 둘러싼 논란은 결국 구체적인 합의점을 찾는 데까지 이르지는 못하였다.[151] 학계와 시민, 행정기관이 일종의 공동위원회를 꾸려 이를 통해 의견 조율을 시도하고 합의점을 찾아 유적관리를 둘러싼 논란을 잠재우기로 잠정적 합의를 했음에도 불구하고 이는 결국 지켜지지 않았다. 유적으로의 진입로 확장 범위에 대한 개략적인 합의에도 불구하고 작업 시행 과정에 논란의 당사자들 모두가 참여하거나 감독하지 못하였고, 전시관 입지 선정이나 조성작업 과정에는 마찰이 일고 논란이 재연되었다.

반구대암각화 유적의 보존과 개발을 둘러싸고 행정기관과 시민, 학계가 다양한 시각과 의견을 제시하고 이로 말미암은 논란과 마찰이 빚어지는 것은 민주사회에서는 어쩌면 당연한 현상이라고 할 수 있다. 특정한 사안에 대한 이해 방식은 접근 시각에 따라 다를 수도 있고, 그로 말미암은 결과 때문에라도 처리 방향에 대한 견해에 차이를 보일 수밖에 없다. 오히려 문제는 이견을 좁히고, 시각의 차이를 해소하는 방식과 과정이 얼마나 민주적이고 합리적인가일 것이다.

어차피 제한된 범위에서나마 조율이 계속되고 합의가 이루어질 필요가 있으며 이를 통해 제3의 안이나 해결 방안을 찾을 수도 있는 것이다. 더구나 그 외의 사안들에 대한 이견 해소의 모델을 현재의 사안 해결과정에서 찾아내거나 마련할 수도 있지 않겠는가. 시각이나 견해의 차이에도 불구하고 이해 당사자들의 궁극적인 지향점은 지역사회의 보다 나은 내일, 혹은 공동체 환경조건의 개선, 미래 환경의 향상 등에 있지 않은가. 최종적인 목표를 현재 보다 나은 상태이거나 최소한 현재가 그대로 유지되는 환경에 두고 있다는 점은 동일하지 않은가.

이런 관점에서 반구대암각화 유적을 둘러싼 여러 가지 논란과 현재까지의 진행 경과를 볼 때, 가장 먼저 지적해야 할 점은 유적 보존 대책이 구체적으로 마련되지도 못했고 시행되지도 않았다는 사실이다. 반구대로의 진입로 확포장이나 전시관 준공에도 불구하고 관심의 초점인 반구대암각화 유적의 보존 상태는 개선되지 않고 있는 것이다. 주변 정비와 개발은 지속적으로 이루어지고 있지만 오히려 해당 유적의 보존 상태는 나날이 악화되고 있다는 사실은 기존의 논란을 무색하게 하는 말 그대로 아이러니한 현상이라고 하겠다.[152]

다음으로 반구대암각화 유적에 대한 연구가 더 이상 진척되지 않고 있다는 점에 눈길이 간다. 울산광역시와 예술의 전당이 공동 주최한 반구대암각화 국제학술대회는 결국 1회만 개최되었고 그 성과물은 발표자료집으로만 남고 말았다. 비록 관련 학계의 광범위한 참여와 호응은 얻지 못하였을지라도 학술대회 발표논문들의 완성도를 높여서 연구총서 형태의 기획출간물로 내어 학계 및 대중과 공유할 수 있게 하는 데에까지는 나갔어야 함에도 그렇게 하지 못한 것이다.

더하여 학술대회를 울산을 한국암각화연구의 중심으로 발돋움하게 하는 계기로 삼을 수 있음에도 불구하고 그렇게 하지 못하였다. 학술대회 이후 수년간 계속되었고 아직도 가라 안지 않고 있는 유적 보존과 개발을 둘러싼 관련기관, 학계, 시민단체 및 지역민들 사이의 논란의 영향 때문이기도 하지만 학술대회의 기획의도 안에 이런 효과와 필요성에 대한 인식이 담겨 있지 않았던 데에 기인하는 바도 크다고 해야 할 것이다.

2008년 준공되어 운영되고 있는 '울산암각화박물관'에 이와 관련된 기능이 부여되는 것도 암각화 연구중심의 부재와 관련한 문제점 해소의 한 방안이라고 할 수 있다.[153] 울산이 한국암각화의 메카로 자리 매김 되도록 여건을 갖추고 이를 위해 노력해야 하는 것은 당위이자 의무이다. 국보로 지정된 한국의 암각화 유적 2곳이 모두 울산에 있다는 사실을 학계 뿐 아니라 울산광역시와 지역시민 모두가 재인식할 필요가 있는 것이다.

마지막으로 반구대암각화 유적의 보존과 연구는 지역학으로서의 울산학의 기초과제 가운데 하나이자 지역사교육 차원에서 검토해야 하는 중심내용의 일부임에도 이에 대한 인식이 미약하고, 시민적 차원의 관심도 극히 부족하며 피상적이라는 사실이다. 사실 반구대암각화는 울산광역시나 지역시민 사이에 울산의 상징처럼 여겨져 여러 분야에서 갖가지 형태와 방식으로 활용되고 홍보됨에도 불구하고 지역학 차원에서 연구대상이나 과제로 인식되고 떠올려지는 일은 극히 드물다. 울산학의 한 분야로서 암각화학이 거론되고, 반구대암각화론이 제시되지는 못하고 있는 것이다. 당연히 활성화가 시도되는 지역사교육의 한 장으로 암각화유적이 설정되기를 기대하는 것도 아직은 요원할 수밖에 없다. 지역의 상징으로 인식되는 문화유적이 정작 지역학이나 지역사교육 차원에서는 그 비중이 극히 낮거나 그 위상이 미미한 것이다. 이 역시 대단히 모순적인 현상이라고 할 수밖에 없다. 반구대암각화유적에 대한 재인식, 재평가, 새로운 자리 매김이 절실하다고 하겠다.

울산 반구대암각화 유적의 보존과 개발을 둘러싼 논란은 지방자치시대 문화유적의 위상과 관련한 논란의 구체적 사례에 해당한다고 할 수 있다. 지방자치시대가 다시 열리면서 지역사회가 당면한 가장 시급한 과제는 지역정체성의 확립과 재정자립도의 향상이었다. 중앙정부가 임명한 시장과 군수가 행정을 책임지고, 중앙정부가 내려 보낸 지방교부금을 기본 재정으로 삼던 지방사회가 행정 및 재정의 자치시대를 맞게 되자 정체성과 재정 자립을 현실적 과제로 안게 된 것이다.

지역사회가 정체성을 확립하고자 할 때 우선적으로 살펴보게 되는 것은 지역사회의 과거와 현재, 곧 지역 역사와 문화적 전통이다. 예를 들면 울산광역시에 속하는 언양과 방어진, 장생포, 온산 등의 지역에서 진행되어온 역사는 어떤 내용과 특징을 지니고 있으며, 그로 말미암은 문화적 전통과 산물들은 어떤 것인가를 살펴볼 필요가 있는 것이다. 결국 지역을 단위로 한 역사가 지역사회에 어떠한 물질적, 비물질적 흔적을 남겼는가. 이를 지역의 현재 및 미래와 관련하여 어떻게 해석할 것인가. 또한 남겨진 각종 흔적, 자취 곧 유무형의 문화유산에 대해 지역사회는 앞으로 어떤 태도를 취할 것인가 등등의 문제가 제기된다고 하겠다.

지방자치시대에 시급하게 해결해야 할 또 다른 과제인 재정 자립은 현재적 재정 여건의 양호함 정도에 관계없이 모든 자치단체가 지속적으로 고민하고 끊임없이 해결을 고민할 수밖에 없는 문제이기도 하다. 주민의 이동이 자유롭고 신속하며 사회경제적 여건의 변화 속도도 빠를 뿐 아니라 이동과 변화가 국가의 경계를 넘어서 이루어지는 시대에 광역 및 기초 자치단체 단위의 재정 자립은 해결도 쉽지 않고, 지속하기도 어려운 '현재적' 과제인 것이다.

각종 지방세는 지나칠 경우 조세 저항 및 회피의 원인이 되어 심하면 '주민 탈출'을 불러올 수도 있으므로 주민 대다수가 동의하는 수준에서 벗어나기 어렵다. 지역 단위의 자체적인 수입원을 개발하고 이를 활성화 시키지 않으면 안 되는 것이다. 도로나 항만 같은 사회 인프라를 구축하고 산업 및 유통단지를 조성하여 공장과 연구소를 유치하며, 신도시를 개발하여 새로운 주민이 유입할 수 있게 하는 등등 지역개발이 적극 시도되는 것도 이 때문이다.

지역에 따라 토목건설 위주의 개발이 큰 무게를 지니기도 하지만 지역개발 방안의 하나로 지역 역사 및 문화전통, 특산물과 관련된 축제가 기획되어 펼쳐지기도 한다. 이런 경우 지역 축제는 지역사회 정체성 확립 방안의 하나로 인식되기도 하고 실제 기획과정에 이런 측면이 적극 고려되기도 한다. 함평군과 같이 지역사 및 문화전통 등등과는 직접적인 관련이 없는 '나비'를 지역축제의 주제로 삼아 새로운 방식의 축제 겸 산업의 장을 여는 경우도 있고, 고령군처럼 1,500년 전에 이 일대에 뿌리를 두고 번성했던 '대가야'의 역사와 문화를 축제의 주제로 삼아 축제를 통해 지역주민의 정체성을 확립하고 외부의 관심과 참여를 유도함으로써 역사문화 산업의 한 장을 마련하는 사례도 있다.[154]

여기서 주목할 것은 지역사회의 정체성 확립과 재정 자립이라는 과제는 서로 다른 해결의 열쇠를 찾아야 할 것처럼 보이지만 실제로는 과제 해결의 방식에서 서로 얽히고 섞이기 쉽다는 사실이다. 지역축제가 그 대표적인 사례이다. 주민 정체성 확립의 한 수단으로 기획 추진된 축제가 내외의 큰 호응 속에 지역을 대표하는 만남의 터가 되는 동시에 관광과 쇼핑의 장이 되어 지방 재정 자립의 한 축으로 기능하는 경우도 적지 않은 까닭이다. 가까운 일본의 경우, 지역 단위의 '마쯔리'가 국제적인 명성을 얻어 지역민의 단합에 큰 도움이 될 뿐 아니라 지역경제의 활성화에 직접적인 영향을 끼치는 사례를 쉽게 찾아볼 수 있다.

많은 지역자치단체에서 적극적으로 추진하는 토목건설 위주의 지역개발은 부정적인 측면에서 지역 정체성 확립과 재정 자립이라는 서로 성격이 다른 것처럼 보이는 두 가지 과제의 해결 방식이 섞이는 경우에 해당한다. 현행 문화재보호법은 일정 면적 이상의 토지에서 시행되는 토목건설사업은 사전에 해당 토지에서 문화재 유무를 확인하고 필요한 경우 조사 및 발굴을 시행하도록 규정하고 있다.

법규상 문화재가 있는지 여부에 별 신경을 쓰지 않은 채 토목공사를 시행해왔던 관행에 큰 제동을 걸고 있는 셈인데, 막상 토목건설 현장에서는 문화재보호법의 해당 규정을 개발사업에 지장을 주는 불필요한 규제의 하나로 인식하여 이를 무시하거나 형식적으로 처리하고 넘어가려는 경향을 보인다. 환경영향 평가를 간단한 요식행위로 넘어갈 수 있는 형식적 규제의 하나로 인식하고 대처하려는 태도와 비슷하다.

문화재 조사를 포함하지 않고 작성한 토목공사 일정대로면 문화재 조사가 불가피할 경우 각종 공정은 차질을 빚을 수밖에 없다. 그럼에도 불구하고 대부분의 토지개발사업 작성과정에서 환경영향 평가와 문화재 조사는 전체 일정에 포함되지 않거나 형식적인 행정절차를 밟는 정도의 항목으로 처리된다. 자연 개발 대상토지에 문화재가 포함되어 있음이 확인되어 발굴조사가 시행될 수밖에 없는 상황이 닥치면 토지개발과 관련된 기관, 단체, 회사는 일정 지연에 난색을 표하고 심한 불만을 제기하며 더 나아가 이를 여론에 호소하기도 한다. '문화재 조사가 지역개발을 가로막고 있다'는 식이다.

울산은 1960년대 중반부터 한국 산업근대화의 거점으로 지정, 육성되면서 빠른 속도로 항만, 도로가 건설되었고 대형 산업단지가 조성되었다. 온산공업단지를 비롯하여 현대자동차, 현대중공업 부지가 조성되는 과정에 문화재 조사는 거의 형식적으로 지나가는 수준으로 이루어졌다. 경주의 외항으로 천년 신라의 역사와 문화를 온전히 그 안에 담고 있던 역사문화도시 울산이 공업도시로 변모하면서 수천 년 역사문화의 흔적은 상당 부분이 미처 확인되지도 못하고 사라졌다. 물론 당시에는 현행 문화재 보호법과 같은 문화재 보호 장치도 존재하지 않았다.

산업근대화의 거점도시 울산은 공업화, 노동운동, 환경오염 등등 여러 가지 측면에서 한국현대사에서 언급되어야 할 가장 주요한 도시의 하나가 되었다. 울산은 산업인프라가 잘 구축되었고 재정 자립도를 비롯한 지역경제 여건이 가장 좋은 산업도시이기도 하지만 일부 지역이 심각한 환경오염에 시달리고 노동조건이 열악하여 산업재해가 빈발한 회색도시로도 알려지게 되었다. 이런 측면과 함께 주목할 것은 산업 발전과 노동운동의 메카로 떠올랐지만 주거 및 교육환경과 관련하여 울산은 문화예술 기반이 대단히 취약하고 관련 인력도 부족하며 활동도 빈약한 도시가 되었다는 사실이다. 뿌리를 내리고 싶은 곳이기보다는 돈을 벌어서 모은 뒤에는 떠나고 싶은 '임시적 주거지'로 인식되는 측면을 강하게 지니게 되었다는 점이다.

지방자치시대가 다시 열린 뒤 울산은 기존의 산업인프라를 바탕으로 토목건설 중심의 개발을 좀 더 광범위하게 추진하여 근대산업도시로서의 입지를 보다 확고히 하려는 의지를 보였지만 이는 '문화 향수권'을 자각하고 이를 확보하고자 하는 시민들의 현재적 요구와는 맞지 않는 것이었다.[155] 그런 점에서 '에코 울산'이라는 새로운 표어는 미래 울산의 모습을 적합하게 제시한다는 긍정적인 측면을 지니고 있다. 문제는 어떻게 그 내용을 채워갈 것인가이다.

도시재개발이나 공단조성 등을 위한 토목공사 과정에 거치게 되는 문화재 발굴조사는 관련된 모든 기관, 단체, 개인에게 양날의 칼을 지닌 작업이다. 관련학계로서는 문화재 파괴를 전제로 한 작업이 되어 대개의 경우, 유적은 사진과 도면으로만 남고 사라질 수밖에 없다. 일부 유물이 수습될 뿐 옛 사람들의 삶의 현장은 파괴되어 없어지고 만다. 토목개발을 시도하는 사람이나 기관으로서는 주요한 유적임이 확인되어 보존 결정이 난다면 사업 시행이 수포로 돌아갈 위험성이 있다. 큰 손실을 감수해야 하는 것이다. 조사기간이 길어져도 비용부담이 커지고 사업 일정이 지연되는 문제가 발생한다. 처음부터 유적의 존재가 확인되지 않아 일사천리로 토목공사가 진행되는 것이 가장 좋은 것이다. 감독관청 입장에서도 발굴조사가 짧게 빨리 끝나는 것이 '불감청 고소원'이다.

그러나 지역사회에서 문화재 발굴조사는 이와 다른 시각에서도 바라볼 필요가 있다. 21세기 국제경쟁의 주제로 '문화'가 상정되었듯이 인간 삶의 양적인 향상에 저울추가 기울어졌던 산업개발 중심의 20세기를 뒤 잇는 과제이자 지향성은 인간 삶의 질이 어떠한가 혹은 어떠해야 하는가이다. 문화는 이런 과제에 대한 포괄적인 답변이며 환경, 디자인, 문화컨텐츠 등은 그 내용의 일부라고 할 수 있다. 문화재, 문화유산 등도 넓은 의미의 '문화'의 구성요소 가운데 하나이다.

문화재는 지역 환경의 일부이고 지역 역사와 문화의 산물이기도 하다. 이런 점에서 지역 정체성 확립에 필수적인 역사문화 인프라의 핵심 구성요소라고도 할 수 있다. 울산을 대표하는 지역축제인 처용문화제의 출발점은 『삼국유사』에 실린 처용설화이기도 하지만 그 설화가 시작된 지점으로 알려진 처용암이기도 하다.[156] 어떤 측면에서 처용설화와 처용암은 동일한 역사적 실재를 표현하는 서로 다른 두 가지 방식이자 흔적이며 증거물이라고도 할 수 있다. 공장 시설물들에 둘러싸여 있다고 해서 문화재로서 처용암의 가치가 떨어지는 것도 아니고, 공장을 둘러싼 미관이나 시설 운영에 도움이 되지 않는다고 해서 처용암을 없애서도 안 되는 것이다. 처용암 자체가 울산 역사문화의 실체이자 주요한 산물의 하나인 까닭이다.

그런 점에서 이미 존재하거나 매장된 상태로 남아 있는 문화재와 주변 환경을 어떻게 인식하고 관리하는가에 대한 고민과 합리적 방안을 찾는 것이 보다 중요하게 여겨질 필요가 있다. 토목공사 중심의 지역개발도 문화재 매장지역을 피해가는 방식으로 추진하고, 문화재 지역은 공원으로 조성하여 산업 인프라가 푸른 환경과 공존하게 하는 방안도 적극 고려하는 사고의 전환도 요구된다. 토지개발 대상지역에서 불가피하게 문화재 발굴조사가 이루어질 때에도 그 결과를 어떤 형태로든 현장에 남게 하여 산업단지나 주거단지와 공존하는 문화유적의 사례로 만들어내는 긍정적 접근방식도 십분 고려하는 것이 바람직하다. 반구대암각화유적과 같이 국제적으로도 잘 알려진 문화재는 주변 환경 전체가 태고적, 선사적 분위기를 풍기도록 인위적 변경을 최소화 하고 자연 속의 문화유적 탐사코스로 자리 매김 되도록 유도하는 것도 문화재의 합리적 개발 방안의 하나라고 할 수 있다.

현장보존형 문화재 관리는 토목공사를 최소화 하여 환경 변화가 거의 일어나지 않게 한다는 점에서 선진국을 중심으로 세계적으로 선호되는 문화재 보존관리 방안의 하나이다. 유럽이나 미국, 일본 뿐 아니라 중근동이나 북아프리카에서도 문화재로의 접근을 위한 새로운 시설은 가능한 한 마련하지 않는 방향으로 문화재를 관리하고 있으며 관광 및 탐사 인원도 제한하여 인위적 훼손 가능성을 최소화 하고 있다. 유네스코가 제시하는 '원형 유지' 곧 진정성의 원리에도 부합하는 방식이라고 하겠다.

문화재와 주변 환경을 하나로 보고 문화재의 존재 의미를 우선적으로 인정함으로써 가능해지는 현장보존형 문화재 관리는 21세기 문화경쟁시대의 관리방안이라고도 할 수 있다. 이를 받아들일 경우, 보존과 개발은 상호 경쟁이나 상대 부정, 선택 개념이 아니라 공존과 보완, 관리 방안으로 인식될 수 있다. 보존을 위한 개발, 개발을 통한 보존이라는 개념이 설정될 수 있는 것이다. 이미 노출되어 있거나 상시적 접근이 가능한 상태의 문화재는 주변 환경의 유지를 우선적으로 고려하고, 매장상태의 문화재는 가능한 한 해당지역과 주변에서의 토목개발을 자제시키며 현장을 공원으로 조성하는 것이 바람직하다. 토목공사가 불가피한 매장문화재 지역은 발굴조사가 마무리되면 일부 지역을 최종 발굴상태로 남겨 자투리 형태로라도 유적공원화 하고 그렇지 않을 경우, 현장에는 현황판 등을 남기고 주변지역에 전시관을 조성하여 도로나 건물 조성 이전 해당지역에 담겨 있던 역사문화적 현상을 인식하고 이해할 수 있게 하는 것도 역사적, 상징적 현장보존의 한 방안이라고 할 수 있다.

지역사회의 개발 욕구와 문화재 보존의 필요성을 어떻게 조화시킬 것인가라는 현재적 과제를 해결하려면 모순과 충돌 관계에 있는 듯한 두 갈래 개념과 방식의 바탕에 깔린 인식과 지향성을 우선적으로 검토할 필요가 있다. 지방자치시대에 이런 작업을 감당해야 할 분야는 지역학이다.[157] 울산 반구대암각화 유적의 보존과 개발을 둘러싼 논란을 종식시킬 방안을 찾고 제시하기 위한 작업은 울산학이라는 분야에서 시도되는 것이 가장 바람직하다. 누가 울산학의 주체이고 주체가 되어야 하는가라는 질문에 대한 답을 찾는 과정은 별도로 이루어져야 하겠지만 울산학이 지방자치시대 지역 정체성 확립과 지역개발의 합리적 방안을 연구하여 제시하는 역할을 담당할 분야라는 점은 누구도 쉽게 이의를 제기할 수 없을 것이다.

지역학은 지방자치가 뿌리 내리는 과정에 필요한 제반 이론적 기초를 마련하고 구체적 실행 방안을 제시하는 데에 적합한 학문분야이다. 중앙정부라는 줄기에 붙은 가지처럼 여겨졌고 이런 상황에 익숙해졌던 지역사회로 하여금 스스로를 독자적 주체로 인식하고 맞닥뜨리는 제반 과제의 해결방안을 찾아나가고자 할 때 결정적인 도움은 지역학에서 받을 수밖에 없는 것이다. 지역사회의 현재적 위상을 평가하여 객관적으로 이를 인식하고 중앙이 설정한 구도 아래 기능과 역할이 특화되었던 까닭에 분야별 균형이 유지되지 못하였을 경우 이를 해소하는 방안을 찾고 실행계획을 마련하는 것도 지역학의 몫이다. 이런 분야의 연구와 실행 방안이 지속적으로 구상되고 강구될 수 있도록 지역학 연구 인력을 양성하는 역할의 일부도 지역학에서 감당할 필요가 있다. 지방자치시대에 지역학 연구가 활성화 되고 연구 기반이 마련되어야 하는 것도 이런 역할과 기능들을 지역학이 감당해야 하기 때문이다.

울산의 경우, '에코 울산'이라는 21세기형 모토가 제시되었지만 한국 산업수도로서의 위치와 역할, 비중이 여전히 큰 무게감을 지니고 있는 상태여서 토목개발의 수요가 줄어들지 않고 있다. 더욱이 경주와 거의 동일한 수준의 매장문화유적 밀도를 보이는 상태에서 중대형 토목공사가 잇달아 추진되는 까닭에 문화재의 보존과 개발이 상호 충돌하는 개념이자 실체로 인식될 가능성이 높고 실제 그렇게 인식되는 사례도 적지 않다. 울산학 차원에서 이로 말미암은 이해 당사자들 사이의 긴장이 완화되고 불만을 해소할 수 있는 설득력 있는 방안이 적극 마련되고 제시될 필요가 있는 것이다.

울산학 연구자들은 '에코 울산'이 실현되기 위한 제반 전제 조건들을 이론과 실행 두 방면에서 연구하여 의미 있는 성과물들을 내놓을 수 있어야 한다. 회색도시를 푸른도시로 바꾸는 구체적 실행 방안을 찾아내면서 그 안에 문화 향수권, 문화재 보존형 개발과 개발형 보존 문제도 녹여 넣는 것도 시도할 필요가 있다. 울산 반구대암각화 유적의 합리적 보존과 개발 방안이 울산학 차원에서 제시되지 않는 한 전국적 차원에서 진행되는 논란은 앞으로도 쉽게 가라 안지 않을 것이기 때문이다.

2. 지역사 교육과 울산학 연구

울산학의 정립은 지역사 교육의 인프라 구축이라는 측면에서도 우선적으로 이루어져야 하는 당위적 작업에 속한다. 지역학과 불가분의 관계에 있는 지역사 교육은 지방자치가 내용적으로 실현되기 위해 갖추어야 할 기반의 주요 부분에 해당한다. 지역학과 지역사 교육의 유기적 관계를 통해 지역 정체성 확립 기반이 조성되고 지역 정체성을 포함한 제반 정치, 사회경제, 문화적 여건을 바탕으로 견실한 지방자치의 시행이 가능한 까닭이다.

지방자치는 행정 뿐 아니라 교육에도 큰 영향을 미치고 있다. 중앙정부부처의 지휘, 감독 아래 제작 보급되었던 교과서 가운데 일부는 광역자치 단위로 구성, 집필 될 수 있게 된 때문이다. 내용상 전국적 통일성을 요하는 일부과목 외에 지방의 역사와 문화, 전통과 사회문화적 특성을 담을 수 있는 교과목들은 지방 교육청이 내용의 수정과 첨가에 관여할 수 있게 되었다. 자연 지역학 연구 성과가 지역사 교육차원에서 교과서의 한 부분을 차지할 수 있게 되었고 지역 단위 교육의 특화가 가능해지게 된 것이다.

울산학의 경우도 지역 단위 역사문화, 사회경제의 흐름을 교과서에 담을 수 있게 되었으므로 지역사 교육의 과정과 성과에 유의하지 않을 수 없게 된 셈이다. 남은 문제는 어떤 구상과 내용을 지역사 교육에 적용할 것이며 이로 말미암은 성과를 울산학의 기반을 강화하고 지역학 연구를 확산시키는 데에 어떻게 활용할 것인가이다. 지역사 교육의 성과가 지역학 연구의 동력을 높이고 그로 말미암은 결과물이 다시금 지역사교육 체계를 구축하고 활성화 하는 동기로 작용하는 유기적 연계와 순환 시스템이 마련되어 작동될 필요가 있는 까닭이다.

중장기적으로 지역사 교육은 지역학과 연계되어 중앙정부가 주도하는 통사적 교육과는 어느 정도 구분되는 구성과 내용을 갖추는 것이 바람직하다. 중앙과는 구별되는 지역의 시각과 경험을 바탕으로 지역사의 전개과정이 인식되고 서술된 교재가 개발되어 사용될 필요가 있는 것이다. 지역 단위의 정체성은 이런 방식으로 기획, 서술된 교재 교육을 통해서 확립이 될 수 있는 까닭이다.

울산 지역사 교육 교재는 선사시대 이래 울산이 겪어온 역사가 울산 사람들에 의해 어떻게 인식되고 구술되거나 서술되었는가를 기초로 구성되고 내용이 채워져야 하는 것이다. 물론 '울산 사람'은 누구인가. '울산'은 어디부터 어디까지인가 등의 문제제기가 불가피하겠지만 구체적인 수치와 범주 설정을 떠나서 자기 인식과 시대별 행정구획, 일반적인 지리적 경계 등을 바탕으로 울산 역사문화의 전개를 논하는 것이 불가능한 정도는 아닐 것이다.

실제 울산학에서는 울산과 울산 사람에 대한 정의, 규명을 다각도로 시도할 필요가 있다. 구획과 경계는 가변적일 수밖에 없고 정체성과 자기 인식의 정도도 일정하지 않은 것이 일반적인 까닭이다. 울산학이라는 명제와 범주 안에 매우 다양한 분야가 포함될 수 있고 그렇지 못할 수도 있음을 감안하면 울산과 울산 사람에 대한 규정과 인식 역시 계속적인 변화를 겪을 수밖에 없다. 공감할 수 있는 최대치와 최소치를 바탕으로 규정과 인식이 가장 중첩되는 시공간상의 범주를 설정하는 것도 한 방법이 될 수 있다.

반구대암각화 유적은 선사 및 역사문화의 산물이라는 점에서 울산 지역사 교육의 출발점에 가깝다. 이 유적이 지니고 있는 문화유산으로서의 가치와 의미를 재인식, 재평가 하는 작업은 지역학 및 지역사 교육 차원에서도 선결적이고 필수적이다. 반구대암각화 유적의 주인공들이 현재의 울산시민들과 혈연적, 문화적으로 직접 닿지 않는다고 할지라도 울산에 남겨진 인간의 가장 오랜 자취들 가운데 하나인 까닭이다. 울산지역에서 확인된 다른 선사유적들이 각각의 시공간적 의미와 가치를 지니듯이 반구대암각화 유적 역시 그러하다. 그에 더하여 반구대암각화 유적은 유적 주인공들이 지니고 있던 사고와 관념, 이들이 맞닥뜨렸던 자연환경과 관련 정보들을 그 어느 선사, 역사유적보다 풍부히 전해주고 있는 점에서 역사문화적 보편성과 개별성을 동시에 충분히 지니고 있다.[158] 지역학 차원에서도, 한국사학, 문화사학 및 암각화학 측면에서도 중요한 의미를 지닌 유적인 것이다.

울산학 연구자들은 한국 선사시대 문화예술을 대표하는 반구대암각화를 지역사, 지역문화 초기의 성격을 잘 드러내는 좋은 사례로 인식하고 그 학문적 위치를 규정하기 위한 연구에 집중할 필요가 있다. 지역 역사문화 환경의 일부이자 중심으로서의 유적의 위상이 확인되고 이에 대한 인식이 지역사회에서 공유되어야 한다. 울산학 정립과정에서 이런 측면이

재확인 되어 그 내용이 지역사교육 교재에 담겨 현재와 미래의 울산시민에게 전해져야 하는 것이다.

울산지역에 산재한 다양한 층위와 성격의 문화재에 대한 인식을 새롭게 하여 보존과 개발의 공존이 가능하도록 시민 의식을 제고시킬 기초 정보도 울산학과 지역사 교육이라는 통로를 통해 준비되고 제공되는 것이 바람직하다. 대립적 개념이나 인식을 방치하여 사회적 갈등과 긴장이 높아진다면 행정적, 교육적 측면에서 지방자치력은 떨어질 수밖에 없다. 이 또한 지역학과 지역사교육을 통해 예방되고 해소되어야만 한다. 정치적 타협이나 임의적 합의로 해결될 성질의 것이 아닌 까닭이다.

반구대암각화를 포함한 울산지역의 문화재는 한국 역사문화의 산물이기도 하지만 우선적으로는 지역사, 지역문화의 귀중한 자취로 인식되고 보존 및 활용이 강구되어야 한다. 그런데 이들 문화재의 보존과 활용은 이에 대한 연구, 교육과 불가분의 관계를 맺고 있는 것이다. 문화재는 단순한 눈요깃거리 차원에서 접근하기에는 담겨 있는 역사문화의 무게가 만만치 않기 때문이다. 교육적 측면, 연구 차원에서 접근되고 검토되기 마련이며 그런 활동의 결과 위에 보존과 활용이 논의될 수밖에 없다. 울산학은 이를 위한 장이자 분야이다. 지역학 연구의 활성화가 우선적 과제일 수밖에 없는 것도 이 때문이다.

20세기 말 다시 개막된 지방자치시대도 행정 및 의정 단위로는 이미 4기에 들어섰다. 지역학이 활성화되기 시작했고 지역사교육도 본격적으로 논의되는 시점에 접어들었다. 그러나 교육자치가 아직 자리 잡지 못했음이 교육행정 현장의 어지러운 상황을 통해 확인되는 지역이 있는가 하면 자치행정 역시 구호와 전시 위주로 이루어져 재정 자립을 오히려 악화시키는 사례 역시 곳곳에서 확인된다. 지방자치시대의 본격적 전개를 위해

심각하게 고려해야 할 현상도 적지 않은 셈이다.

지방자치가 충분한 내용을 지니려면 지역학 정립을 통한 지역 정체성 확립이 우선적으로 이루어질 필요가 있다. 지역 단위 역사문화 연구의 활성화도 이런 차원에서 적극 후원되고 성과가 축적되어야 하며 문화재 연구와 관리도 그 일부분이라고 할 수 있다. 지역학의 성과가 지역사교육에 반영되어 지역의 미래세대가 지역사회에 관심을 갖고 나름의 자부심을 지닐 수 있는 계기로 작용하는 것이 가장 바람직하기 때문이다. 문화재의 보존과 개발을 둘러싼 논란도 이런 차원에서 검토되어야 할 것이다.

울산 반구대암각화 유적을 둘러싼 보존론자와 개발론자의 대립은 울산학 차원의 유적 연구와 보존 · 개발 방안의 제시를 통해 해소하는 것이 가장 바람직하다. 유적의 가치와 의의를 재평가, 재확인하는 과정이 우선해야 하며 이에 대한 인식의 공유를 바탕으로 보존형 개발, 개발형 보존 방안을 마련하고 추진할 필요가 있다. 유적 위상의 재인식과 그 내용은 지역사교육을 통해 현재와 미래의 울산시민에게 전파되어야 하며 그로 말미암은 긍정적인 인식과 관심은 울산학 연구와 확산을 위한 동력으로 작용하여야 한다. 문화재 인식과 지역학, 지역사교육은 유기적 연계와 순환 시스템 안에서 인식되고 상호 동력으로 작용할 필요가 있다.

부록

한국 암각화유적의 현황과 연구과제

1. 현황

1970년 울산 울주 천전리 각석에서 암각화가 발견된 이래 2011년까지 바위에 '특정한 형상'이 새겨졌다고 보고된 사례만 28차례에 이른다.[1](지도 1) '성혈'로 불리는 바위구멍이 새겨진 경우까지 포함하면 암각화 유적의 수는 수 백 곳을 헤아리게 된다.[2] 그러나 지금도 암각화에 대한 개념적 정리는 정확히 이루어지지 않고 있다. 심지어 전형적인 암각화 유적으로 규정되어 학계의 연구 대상이 된 지 오래인 유적임에도 실측보고조차 제대로 이루어지지 못한 경우도 있다.[3]

한국의 경우 암각화 연구는 여전히 초보적인 단계에서 크게 벗어나지 못하고 있다. 상당수의 유적이 학술적 조사를 거쳐 보고되지 못하면서 유적 내용에 대한 검토의 여지가 남은 상태로 연구가 진행된 데에 말미암은 면도 적지 않다. 이러한 현재적 과제 해결을 위한 기초 작업의 하나로 이

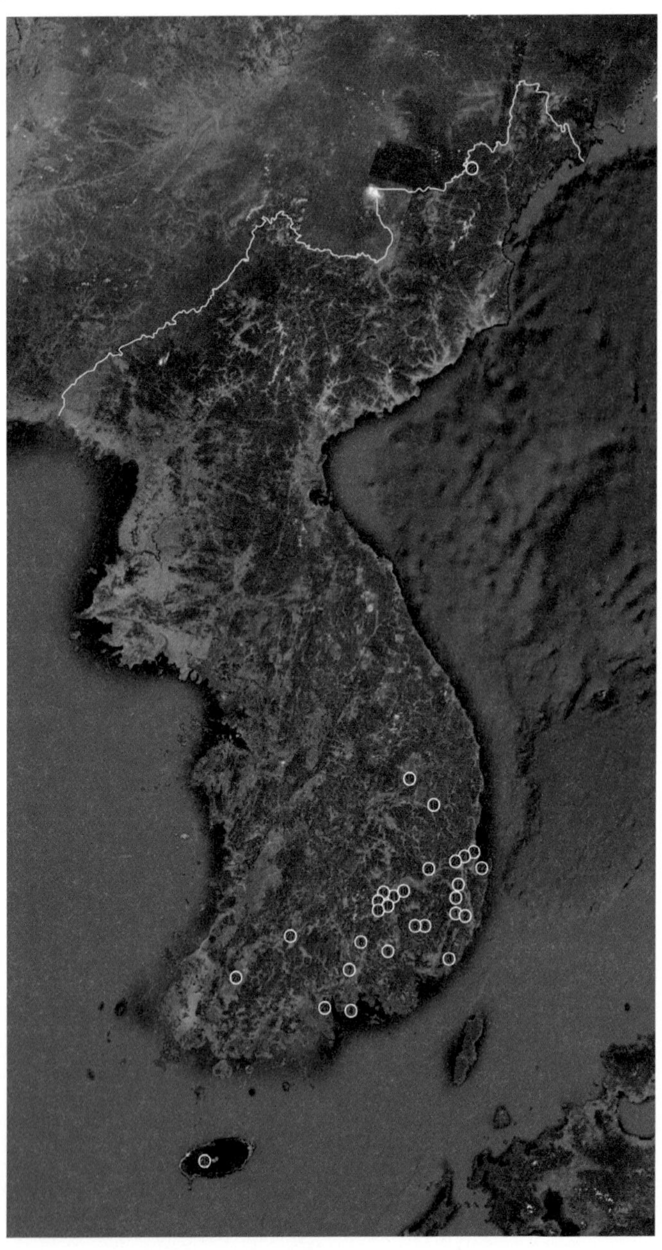

부산·울산·경남

1. 울주 반구대
2. 울주 천전리
3. 부산 복천동
4. 남해 상주리
5. 밀양 안인리
6. 밀양 활성동
7. 사천 본촌리
8. 의령 마쌍리
9. 함안 도항리

대구·경북

10. 대구 진천동
11. 대구 천내리
12. 경주 석장동
13. 경주 안심리
14. 고령 봉평리
15. 고령 안화리
16. 고령 양전동
17. 고령 지산동
18. 안동 수곡리
19. 영주 가흥동
20. 영천 보성리
21. 포항 대련리
22. 포항 석리
23. 포항 인비리
24. 포항 칠포리

전남·전북

25. 나주 운곡동
26. 여주 오림동
27. 남원 대곡리

제주

28. 제주 광령리

함경북도

29. 무산 지초리

지도 1. 지도로 본 한국 암각화 유적의 분포 현황

글에서는 먼저 지난 40년 동안 이루어진 한국 암각화 유적 발견 및 조사, 보존 현황을 일괄 정리하고자 한다. 근래 유적 현황에 대한 체계적인 보고가 잇달아 시도되고 있지만 아직 완결된 상태는 아니다.[4] 더욱이 보고 내용에는 암각화 유적에 대한 기존의 발견 및 조사 과정, 중간 결과가 일관성 있게 반영되지 못한 측면도 있다. 이 글에서는 기존 보고내용을 충실히 모아 재정리하여 전체 내용을 숙지하기 쉽게 하는 데에 초점을 두었다. 미흡한 부분은 추후에 보완하고자 한다.[5]

(1) 울산, 부산, 경남

1) 울산 울주 대곡리 반구대암각화

울주 대곡리 반구대암각화는 울산광역시 울주군 언양읍 반구대안길 285(대곡리)에 있으며 국보285호로 지정, 보호되고 있다. 1971년 12월25일 김정배, 이융조, 문명대에 의해 태화강의 지류인 대곡천 중류의 암벽에서 발견되었다.[6] 이 유적 일대는 1965년 사연댐이 만들어지면서 대곡리에 자리 잡은 큰마실, 건넌들, 서당마실, 지통마실 등 여러 마을과 함께 수몰되었다. 1971년 수몰 상태에서 발견, 보고된 암각화 유적은 이후 큰 가뭄이 있는 해가 아니면 연중 8개월 가까이 물에 잠겨 있다.[7] 암각화는 사행성 하천인 대곡천 곁을 따라 수백m에 걸쳐 펼쳐진 수십m 높이의 암벽 가운데 한 곳의 아래쪽에 새겨졌다. 유적 앞을 흐르는 대곡천을 따라 2km 가량 거슬러 올라간 곳에 또 한 곳의 대규모 암각화 유적인 국보147호 울주 천전리각석이 있다. 두 암각화 유적 사이의 크고 작은 암벽 곳곳에 사람에 의한 것으로 보이는 바위새김의 흔적이 남아 있으나, 아직 전면적인 조사와 보고가 이루어지지는 않았다.[8]

암각화가 가장 많이 새겨진 주(主)암면의 위 부분이 앞으로 튀어나오고 주암면에 이어진 암벽이 90°에 가까운 각도로 강변방향으로 꺾여 나와 주암면 부분은 석양 무렵을 제외하고는 하루 종일 햇볕이 들지 않는다. 때문에 한낮에도 음각그림이 선명하게 드러나지는 않는다. 주암면의 아래 부분의 암반은 약간 경사지면서 넓게 펼쳐졌다. 또한 강 건너편은 완만한 경사를 이룬 산기슭의 비교적 넓은 하안대지(河岸垈地)로 이루어져 있어 봄의 갈수기에는 다수의 사람이 모이거나 기거할 수 있다.

암각화는 너비 6.5미터, 높이 3미터 가량의 주암면에 집중적으로 새겨졌으며, 주암면 좌우의 크고 작은 암면에도 표현되었다. 현재까지 주암면을 포함하여 좌우 20여 미터의 거리의 다수의 암면에서 296점 가량의 그림이 확인되었다.[9] 그러나 그림 위에 다시 그림을 새기는 겹새김, 오랜 세월 동안 비와 바람으로 말미암은 그림의 마멸 등으로 말미암아 내용을 알기 어려워진 부분도 많다. 암각화가 새겨진 면은 주암면을 포함하여 모두 11개에 이른다. (그림 1~4)

그림 1. 울산 울주 반구대 암각화 주암면

그림 2. 울산 울주 반구대 암각화 주암면 탁본상태

그림 3. 울산 울주 반구대 암각화 암면 분포

그림 4. 울산 울주 반구대 암각화 실측도

암벽에 주로 새겨진 것은 바다짐승과 뭍짐승, 사람, 도구, 기타로 나눌 수 있다. 바다짐승으로는 고래, 물개, 바다거북 등이 발견되며, 뭍짐승으로는 사슴, 호랑이, 멧돼지, 개 등이 다수 보인다. 사람은 얼굴만 그려진 경우, 정면상 및 측면상, 배에 탄 모습 등으로 구분되며, 도구로는 배, 울타리, 그물, 작살, 방패, 노(弩)와 유사한 물건 등을 볼 수 있다. 이외에 내용을 파악할 수 없는 다수의 그림이 암벽 곳곳에 흩어져 있다.[10]

2000년 발간된 울산대학교박물관의 실측도면을 기준으로 암면을 분류하고 암각 내용을 정리하면 아래와 같다.

(A) 대부분 면 쪼기 그림으로 구성되었다. 최상단의 세 마리의 바다거북과 성기를 내민 남자를 시작으로 아래로 내려가면서 새끼고래를 업은 어미고래, 작살에 찔린 고래, 배 부분이 돋을새김된 고래 등을 포함한 한 무리의 고래, 나란히 헤엄치면서 등에서 물을 뿜어내는 세 마리의 고래와 상어고래를 연상시키는 길고 날렵한 물고기, 팔과 다리를 크게 벌린 여자와 곁의 두 물체, 고래들 사이사이에 그려진 크고 작은 뭍짐승, 사람을 태운 카누형의 배, 정체불명의 도구류 등은 면 쪼기로 그려졌다. 바다거북들과 고래 떼 왼편의 암면이 약간 돌출된 부분의 사냥용 그물과 그 안에 갇힌 뭍짐승, 나무울타리와 그 안의 뭍짐승, 울타리 곁의 작은 고래 한 마리, 깊은 주름으로 가득한 배 부분을 드러낸 상태로 수면 아래로 깊이 잠수하는 모습의 대형 고래 등은 선 쪼기로 표현되었다.

(B) 선 쪼기 그림의 비율이 면 쪼기 그림의 비율에 거의 접근하고 있다. 면 쪼기 그림은 좌우 지느러미가 없이 머리와 몸체 상부를 윤곽선만으로 드러낸 고래 한 마리와 오른쪽을 향한 뭍짐승 네 마리 등으로 이루어졌으며, 선 쪼기 그림은 울타리에 갇힌 세로줄무늬의 맹수류 짐승과 울타리 바깥의 목이 긴 사슴류의 짐승 등으로 구성되었다. 면 쪼기 그림 가운데

뭍짐승의 그림이 많은 점이 눈에 띈다.

(C)면 쪼기 그림이 선 쪼기 그림보다 많으나 두 기법에 의한 그림비율 차이가 그리 크지 않다. 면 쪼기로 그려진 것으로 십여 명에 이르는 사람을 태운 카누형의 배, 물개로 추정되는 좌우의 바다짐승과 함께 위를 향해 헤엄치는 큰 고래, 물을 뿜으며 오른쪽을 향해 헤엄치는 고래, 가늘고 긴 목과 불룩한 배를 사슴류의 짐승, 목이 없고 몸통이 짧고 굵으며 주둥이가 뾰족한 짐승, 이들 사이에 흩어져 있는 개로 보이는 작은 짐승들, 성기를 내민 상태로 춤추는 듯한 모습의 사람, 악기로 보이는 물건을 입에 대고 있는 사람, 성기를 드러낸 채 한 손을 허리에 갖다 댄 사람 둘, 여러 방향으로 헤엄치는 크고 작은 고래들, 오른쪽 위의 사람을 향해 힘차게 달려가는 꼬리가 긴 짐승 등을 들 수 있다.

선 쪼기 그림의 예로는 상부 왼편의 위 아래로 나란히 그려진 몸체의 허리부분만 면 쪼기로 그려진 코가 뭉툭한 짐승 한 마리와 가로 세로로 얽힌 줄무늬가 있는 멧돼지로 보이는 짐승 두 마리, 그 앞의 한 마리, 그 아래 뒷다리로 선 듯이 보이는 세로줄무늬의 맹수류 짐승 한 마리, 중부 왼편에 위와 아래 약간 떨어진 거리에 그려진 왼편을 향한 작은 줄무늬 짐승 두 마리, 이들 오른쪽의 주둥이에서 몸 내부로 이어진 식도만 표현된 듯한 멧돼지 종류의 짐승 한 마리, 하부에 그려진 오른편을 향한 세로줄무늬에 긴 꼬리를 지닌 짐승 한 마리와 그 오른편의 점무늬 짐승 한 마리, 검파형 물건과 역삼각형의 윤곽에 눈, 코, 입이 꽉 차게 그려져 탈로 보이는 사람 얼굴 등을 들 수 있다. 면 쪼기 그림 가운데 뭍짐승의 종류가 다양한 점, (A), (B)에 비해 선 쪼기 그림의 수가 많으며 크기가 증대된 점이 눈에 띈다.

(D) 면 쪼기 그림과 선 쪼기 그림의 비율이 사실상 같다. 면 쪼기에 의한 그림으로는 상부 오른쪽의 작은 뭍짐승 두 마리와 이보다 작게 그려

진 아래로 헤엄치는 고래 두 마리, 왼편 아래에 위와 아래로 배치된 몸집보다 꼬리가 긴 짐승과 목이 길고 몸통이 크고 다리는 짧은 짐승, 이들과 같은 구성이나 위와 아래의 위치가 바뀐 짐승 두 마리와 목이 없고 몸통이 둥글며 다리가 짧은 짐승, 왼편 상단을 향해 대각선 방향으로 헤엄치는 머리 끝이 뭉툭한 고래 한 마리, 짐승들 사이로 작게 그려진 사람들, 아래 끝 부분에 작게 그려진 고래, 두 팔을 좌우로 펼친 사람, 긴 꼬리가 위로 휜 짐승 등이 있다. 선 쪼기 그림으로는 상부의 꼬리가 긴 가로 세로 줄무늬의 맹수류 한 마리, 가로 세로 줄무늬의 사슴 종류 한 마리가 있다. 두 가지 기법의 그림이 여기 저기 흩어져 있고 그림의 크기가 작으며 고래 등 바다짐승이 거의 보이지 않는 점, 초식동물류와 맹수류가 짝을 지어 그려지는 듯한 그림이 면 쪼기와 선 쪼기 모두에서 발견되는 점 등이 눈에 띤다.

(E) (C)면과 (D)면 사이의 아래의 암면을 말한다. 울타리 형태의 표현 아래로 사슴 종류의 짐승 한 마리, 오른쪽을 향해 헤엄치는 고래 한 마리, 몸체 전체에 여러 방향의 구획선이 그어진 고래 한 마리, 꼬리 끝이 휘어져 올라간 맹수류 한 마리, 내용을 알 수 없는 네모진 물체 등이 보인다.

(F) 주암면의 오른쪽에서 발견된 세 개의 암각화면 가운데 제일 위쪽의 것이다. 아래쪽은 면 쪼기로 나타낸 일곱 사람이 탄 배, 배 아래로 몸체의 꼬리부분만 보이는 고래, 위쪽은 선 쪼기로 나타낸 꼬리가 긴 줄무늬 짐승 및 몸에 여러 방향으로 구획선이 그어지고 배를 위로 향한 고래 한 마리로 구성되었다.

(G) 위(F)의 오른쪽 아래 대각선 방향의 길이 2미터 높이 0.5미터 크기의 바위 면에 있다. 면 쪼기로 몸체가 긴 뭍짐승과 바다짐승 보이는 크고 작은 물체들이 함께 표현되었다. 마멸이 심하여 구체적인 부분은 알아보기 어렵다.

(H) 위(G)의 아래쪽에 있다. 꼬리가 길고 몸집에 비해 머리가 큰 짐승 한 마리와 다리가 길고 머리 부분이 뚜렷하지 않은 짐승 한 마리와 목이 길고 몸통이 큰 사슴류 세 마리가 부분적으로 겹쳐 표현되었으며, 꼬리지느러미와 몸의 아래 일 부분만 표현된 큰 바다짐승 한 마리, 정체를 알 수 없는 형체 등이 확인된다.

(I) 주암면 그림의 왼편에 있다. 머리에 고깔 형태의 모자를 쓰고 나팔로 보이는 긴 물체를 받쳐 들고 그 끝을 입에 대고 있는 사람을 면 쪼기로 나타냈다. 성기가 앞으로 길게 뻗어 있다.

(J) 주암면에서 강변으로 90° 가깝게 꺾여 나온 부분 가운데 오른편 위쪽에 있다. 선 쪼기로 표현된 그물과 면 쪼기로 묘사된 물을 뿜는 고래로 이루어진 부분이다.

(K) 암면이 다시 90° 가량 꺾이며 강변과 평행을 이루는 돌출부분의 아래편에 있다. 오른 편을 향한 짐승 한 마리, 몸체를 위로 향한 고래로 보이는 바다짐승 한 마리가 표현되었다.

(L) 돌출부분이 바위 앞을 흐르는 강과 평행을 이루는 암면의 왼편 넓은 암면에 있다. 면 쪼기로 표현된 주둥이와 귀가 길고 몸이 작으며 꼬리가 없는 왼편을 향한 짐승 한 마리와 선 쪼기로 나타낸 점무늬와 줄무늬의 몸이 길고 머리끝이 뭉툭한 짐승, 역시 머리 쪽이 제대로 표현되지 않은 앞다리가 보이지 않는 짐승, 한 쪽 손으로 허리를 짚고 있는 사람의 일부, 긴 선의 일부만 남고 나머지는 마모된 부분 등으로 이루어졌다

(M) 돌출부분이 안으로 꺾여 들었다가 다시 꺾여 나오면서 강줄기와 평행을 이룬 암면 아래쪽에 있다. 작은 뭍짐승 한 마리가 표현되었다.

(N) (L)면과 (M)면 사이 두 곳의 돌출부분이 안으로 꺾여 들어가면

서 깊은 골을 형성하는 부분의 안쪽 왼편에 있다. 점 쪼기로 작은 뭍짐승을 나타내었다.

(O) 위(M)면 그림의 왼편으로 3미터 가량 떨어진 곳에 있다. 세로줄무늬의 짐승 한 마리가 선 쪼기로 표현되었다.

울주 대곡리 반구대암각화는 새김기법과 개별 형상의 정체, 제작 시기에 대해 여러 가지 견해가 제시되고 있다. 암각화 제작 시기에 대한 견해는 크게 신석기시대설과 청동기시대설, 초기철기시대설로 나눌 수 있다.[11] 근래에는 이 유적의 제작 시기를 아예 신석기시대로 한정하려는 견해도 적극적으로 제시되고 있다.[12] 대체적으로 반구대암각화에 보이는 인물, 동물, 도구 등은 4차례나 5차례에 걸쳐 제작된 것으로 해석되고 있지만 제작 층을 구분하는 방식은 연구자에 따라 큰 편차를 보인다.[13] 연구자들은 반구대암각화 각 제작 층 별 제작 집단의 생활양식이나 사회성격, 문화계통에도 일정한 차이가 있었을 것으로 추정하고 있다.

2) 울산 울주 천전리암각화

울주 천전리암각화는 울산광역시 울주군 두동면 천전리 산210에 있으며 국보147호로 지정, 보호되고 있다. 1970년 12월25일 동국대학교 불적조사단에 의해 울주 대곡리 반구대암각화 유적 앞을 흐르는 대곡천의 중·상류지역에서 발견되었다.[14] 암각화는 능선자락 아래에 병풍처럼 펼쳐진 장방형의 대형 암면과 북편으로 이어진 여러 개의 바위무리 가운데 4개의 암면에 새겨졌다. 천전리암각화 맞은편에 버티고 선 급경사의 높은 암벽자락은 이곳으로부터 2km 아래의 울주 대곡리 반구대암각화 암벽과 이어진다. 동향인 대형 암면은 약간 앞으로 숙여졌다. 앞의 높은 산봉우리로 말미암아 암면에는 한낮에만 잠깐 볕이 든다. 암면 앞의 물길 둘레에는 10여명 이상이 둘러앉을 수 있는 넓고 편평한 반석이 흩어져 있다. 이들 반석 위에는 100여 개의 공룡발자국이 남아 있다.

대형 암면의 너비는 9.5미터, 높이는 2.7미터이며, 이어진 암면들은 너비와 높이가 1~2.5미터 내외이다.[15] 암면에는 사슴이나 개와 같은 뭍짐승들과 사람 얼굴, 여러 가지 기하무늬, 사람들의 행렬과 배, 상상 속의 동물들이 새겨졌고 신라 사람들이 남긴 명문(銘文)이 천여 자 남아 있다.[16] 이들 다양한 존재는 표현하고자 하는 것을 온전히 쪼기로만 나타낸 면 쪼기, 윤곽만 쪼아낸 다음 이 부분을 깊이 갈아낸 선 쪼기, 날카로운 금속제 도구로 윤곽선만을 드러낸 가는 선 긋기 등 여러 가지 기법으로 제작되었다. 짐승과 사람은 대부분 면 쪼기로, 기하무늬는 선 쪼기로, 기마행렬과 배, 상상 속 동물 등은 가는 선 긋기로 표현되었다.(그림 5,6) 암각화에 등장하는 표현대상의 분포현황과 특징을 표현기법 위주로 나누어 살펴보면 아래와 같다.

그림 5. 울산 울주 천전리 암각화 주암면 전경

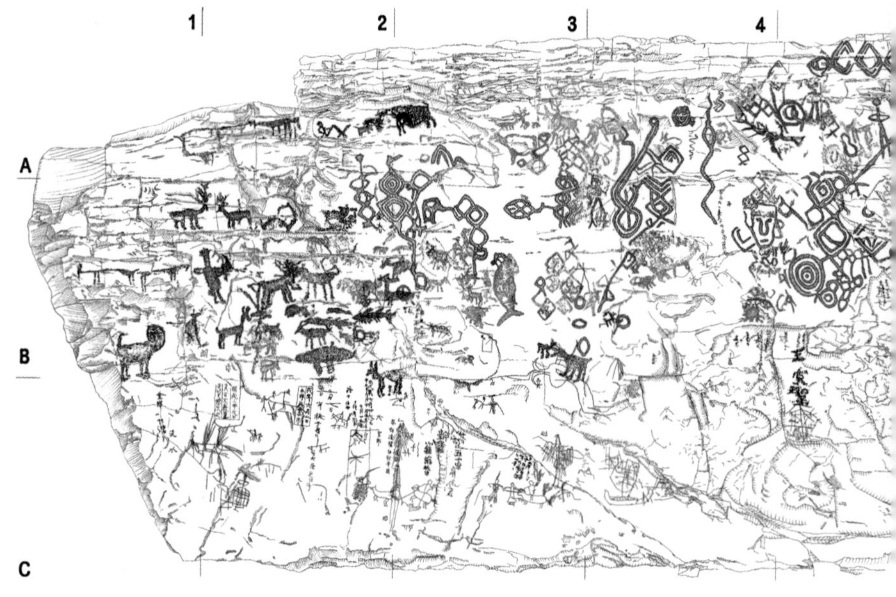

그림 6. 울산 울주 천전리 암각화 주암면 실측도 (국민대학교 박물관)

(A) 주암면 암각화는 기하문과 명문이 가운데 부분에 집중되어 있는 점을 고려하여, 이를 중심으로 좌우 면이 구분되므로 세 부분으로 나눈 다음, 면 쪼기 및 선 쪼기에 의해 동물문 및 기하문이 주로 표현된 윗부분, 선 긋기 그림과 명문으로 구성된 아래 부분으로 나누어 살펴보고자 한다.

① 상부 왼편과 가운데 부분은 면 쪼기로 표현된 머리를 마주 댄 암수 사슴 여러 쌍과 꼬리부분을 맞댄 허리가 긴 짐승 한 쌍, 상어 종류의 물고기 두 마리, 두 팔을 활짝 펴고 서 있는 사람, 사슴의 몸에 선 쪼기에 의한 사람의 머리를 지닌 짐승 등으로 구성되었다. 오른편은 선 쪼기로 나타낸 마름모 위주의 기하무늬로 채워졌다. 마름모는 겹으로 표현한 다음 마름모 안에 세로 선을 그은 경우가 많고, 대부분 가로 혹은 세로로 두 세 개씩 이었다. 오른편 가운데 부분에는 좌우로 긴 타원형에 가까운 마름모의 내부가 'X'자 꼴로 구획되고 오른쪽 끝에 꼬리와 같은 선을 나타내 물고기를 연상시키는 표현이 남아 있다.

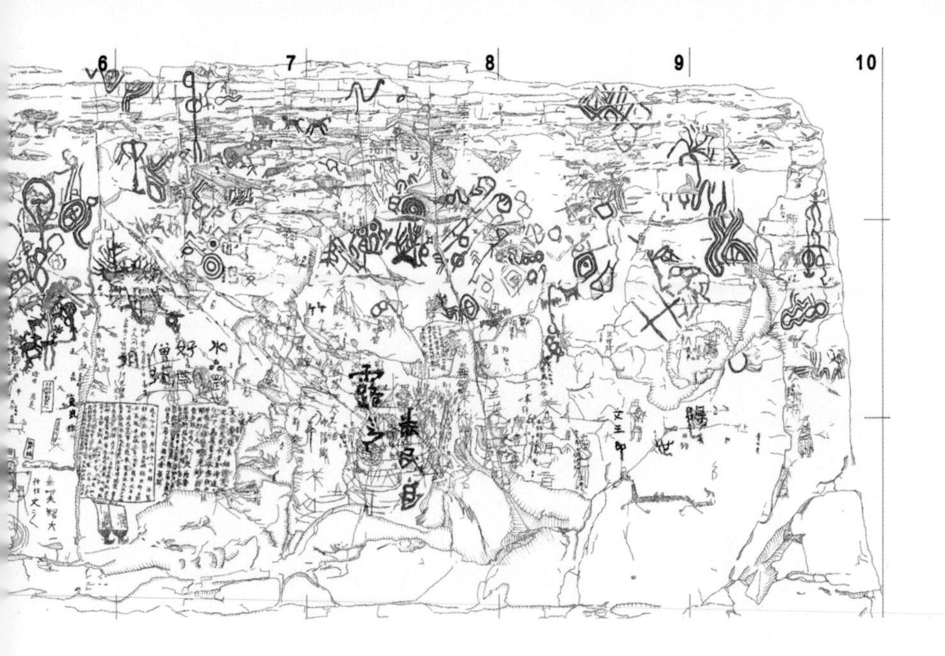

하부는 신라시대의 명문들과 선 긋기로 표현된 가로 · 세로로 마주친 평행사선들, 말이나 사슴으로 추정되는 짐승들, 기마행렬, 배 그림 등으로 뒤섞여 있다. 왼편 끝에서 얼마 떨어지지 않은 곳에 격자무늬 바지를 입은 한 인물이 왼편을 향해 나아가고 있으며, 이 인물과 상당한 거리를 두고 왼편을 향한 기마행렬 묘사되었다. 행렬 제일 왼편의 격자무늬 바지를 입은 인물은 사람을 태우지 않은 말을 끌고 가고 있으며, 그 뒤를 기마인물이 따르고 있다. 바위가 파손된 부분을 사이에 두고 다시 일산을 쓴 기마인물, 치마 종류의 옷을 입은 인물, 화살통과 같은 것을 멘 기마인물, 머리카락이 위로 뻗은 기마인물 등이 행렬을 이룬다. 이 행렬 뒤로 다시 크고 작은 두 척의 돛배가 표현되었다. 도보 인물 및 기마행렬 위로는 개성삼년명(開成三年銘), 무년명(戊年銘), 병술명(丙戌銘), 을미명(乙未銘), 계해명(癸亥銘) 등이 새겨졌다.[17]

② 선 쪼기 그림이 상부 화면의 대부분을 차지하고 있다. 면 쪼기 그

림은 띄엄띄엄 떨어진 상태로 확인되며 그나마 선 쪼기 그림에 의해 그 일부가 손상된 경우가 많다. 면 쪼기 그림으로는 상부 왼편 위쪽에 팔을 허리에 댄 사람과 작은 짐승이 보이며, 그 아래로 두 팔을 머리에 댄 사람이 서 있는 모습이 보인다. 가운데에는 사슴의 뿔과 머리만 일부 남아 있으며, 오른편에는 오른쪽 방향으로 무리를 지어 걸어가는 작은 짐승들이 10여 마리 남아 있다. 오른편 짐승들 앞쪽에는 꽃을 나타낸 듯한 무늬와 탈을 쓴 듯이 머리가 유난히 과장되고 다리 사이로 성기가 길게 표현된 사람이 한쪽 팔을 허리에 댄 채 서 있다.

상부 왼편의 선 쪼기 그림은 가운데에 세로 선이 그어진 원형에 마름모 두 개를 위와 아래로 잇고 위의 마름모 왼편 위의 사선을 길게 위로 뻗어나가게 한 표현, 이 무늬에 잇대어 둘, 셋씩 가로 및 세로로 이은 마름모 무리, 내부에 세 개의 점을 지닌 3중 동심원, 가운데에 세로 선이 없는 마름모에 굵은 지그재그 선이 꼬리처럼 세로로 뻗어 내린 뱀을 연상시키는 표현 등으로 이루어졌다. 가운데는 기하무늬가 집중된 부분이다. 암면 위쪽 끝에 3중 마름모 5개가 이어진 표현이 있으며, 그 아래로 원무늬, 직사각형에 가까운 윤곽 안에 눈과 입에 비해 길고 두터운 코가 두드러지는 탈로 추정되는 사람 얼굴, 3중 및 5중 동심원, 내부에 평행직선 혹은 수직선이 두 줄씩 그려진 연속 2중 마름모 무리, 세로로 2개씩 3개씩 이어진 3중 마름모 무리, 가로와 세로로 이어진 가운데 세로 선이 있는 마름모 무리, 마름모의 흔적일 가능성이 있는 물결무늬, 머리가 유난히 과장되고 눈과 코만 표현된 사람이 두 팔을 좌우로 펼친 채 서있는 모습 등이 보인다. 오른편에는 작은 원들과 중심점이 없는 3중 동심원, 짧은 물결무늬 등이 산만하게 흩어져 있는데, 풍화로 말미암아 마멸된 부분이 많다.

하부 왼편은 암석 표면이 떨어져 나가 그림과 명문이 있었는지 여부를 알 수 없다. 가운데 부분에는 오른쪽 방향으로 나아가는 말과 몸에 비늘이 있고 꼬리가 길며 다리는 없어 용으로 추정되는 짐승, 몸과 머리로 위쪽을 향하고 있는 몸이 가늘고 긴 짐승, 반원을 이룬 5중호선, 가로와 세로로 불규칙하게 그어진 수많은 직선들이 짧은 명문들과 뒤섞여 있다. 오른편에는 이 암면의 주명문에 의해 깎여 나간 말의 몸체 상부와 인물상의 하체 부분이 남아 있다. 인물상은 웃옷 아랫단과 아래를 홀쳐 맨 통 넓은 바지 아랫단에 격자문이 있고, 끝이 뾰족한 가죽신 종류를 신고 있다. 주명문 가운데 먼저 새겨진 것을 원명(原銘), 뒤에 새겨진 것을 추명(追銘)이라고 부른다. 주명문 주변에 신해명(辛亥銘), 임오명(壬午銘)을 비롯한 간지명(干支銘)과 승려 및 화랑의 이름들, 뜻이 명확하지 않은 다수의 명문이 흩어져 있다.

③ 상부에 면 쪼기 그림의 흔적이 일부 남아 있다. 왼편에 개와 같은 작은 짐승 두 마리가 나란히 오른쪽을 향하는 모습과 뿔 달린 수사슴의 머리 부분이, 오른편 하단에 왼편을 향한 수사슴 한 마리와 오른편을 향한 작은 짐승 한 마리가 새겨져 있다.

상부의 선 쪼기 그림으로는 4중 나선문과 가늘고 굵은 곡선무늬 무리, 작은 원문 무리, 다섯 개의 마름모가 상, 하, 좌, 우로 이어진 모습, 내부에 중심점을 지닌 마름모, 세로로 긴 타원문이 아래를 향한 화살표에 꿰뚫린 모습, 연속마름모꼴을 이룬 3중 및 4중 곡선무늬, 굴곡이 좁고 큰 3중 물결무늬 등이 있다.

하부 왼편에는 선 긋기 그림과 명문들이 뒤섞여 있다. 선 긋기 그림으로는 활의 일종으로 보이는 무기와 배로 보이는 크고 작은 물체 넷, 가로 혹은 세로로 평행을 이루는 가는 직선들이 남아 있다. 오른편에서도 선 긋기 그림 한 무리가 확인되는데, 네모꼴 틀 속에 서 있는 사람, 치마류의 옷을 입은 사람, 용(龍)으로 보이는 가늘고 긴 몸의 짐승, 상의와 하의가 구별되는 옷을 입은 두 사람 등으로 구성되었다. 기하문과 선 긋기 그림 사이에 을묘명(乙卯銘)을 비롯한 다수의 명문이 새겨졌으며, 선 긋기 그림들 사이로도 명문이 흩어져 있다.

(B) 주암면에서 오른편으로 1미터 가량 떨어진 암면에 새겨졌다. 면 쪼기로 위와 아래로 사슴류의 짐승 4~5 마리를 나타냈으나 풍화가 심하여 식별하기 어렵다.

(C) 제2암면 오른편에 있다. 제2암면에서 오른편으로 2미터 이상 떨어진 암면에 새겨졌다. 면 쪼기에 의한 암각 면의 너비와 높이가 2미터×1미터에 이르나 마멸 및 근래의 인위적인 훼손이 심하여 내용 판독이 극히 어려운 상태이다. 주암면 및 제2암면의 사례로 보아 뭍짐승을 새긴 것으로 추정된다.

(D) 제3암면의 오른편에 있다. 선 쪼기에 의한 2중 동심원과 물결무늬, 세 개 이상의 원이 무리를 이룬 부분 등이 비교적 뚜렷이 남아있다. 이들 무늬의 아래쪽으로도 선 쪼기 암각의 흔적이 부분적으로 남아 있으나 풍화로 말미암아 형체가 뚜렷하지 않다.

(E) 위의 (D)의 오른쪽 위쪽에 있다. 선 쪼기로 새긴 연속 겹마름모무늬가 위에 한 줄, 아래에 한 줄 확인된다. 이들의 아래편으로 2중 동심원의 흔적이 미세하게 남아 있다.

울주 천전리각석 암각화는 개별 형상의 정체, 명문 내용, 제작 시기에 대해 여러 가지 견해가 제시되고 있다.[18] 천전리암각화에서 가장 두드러지게 눈에 띠는 동심원문이나 겹마름모꼴 기하문은 여러 연구자에 의해 지모신 신앙 및 제의와 관련이 깊을 것으로 추정되고 있다.[19] 암각화 제작 시기에 대해서는 신석기시대설, 청동기시대설이 주로 제기되지만 신석기시대 이전으로 상한선을 올려보려는 시도도 있다. 근래에는 암각화 제작 층을 보다 세밀하게 구분하려는 노력도 기울여지고 있다.[20] 현재까지 천전리 암각화는 쪼기 기법으로 비교적 얕게 면각법으로 제작된 동물들은 청동기시대 전기를 전후한 시기, 쪼기 및 갈기 기법으로 깊게 선각법으로 새겨진 기하문은 청동기시대 중기 및 후기의 이른 시기, 세선각으로 새겨진 인물, 동물, 도구 및 명문 등은 삼국시대의 작품으로 이해되고 있다.

3) 부산 동래 복천동암각화(동래 복천동79호분 출토 암각화)

동래 복천동79호분 출토 암각화는 발견 장소인 부산광역시 동래구 복천동 50번지에서 옮겨져 현재 부산 복천박물관에 소장되어 있다. 동래 복천동 고분군은 사적273호로 지정되어 보호되고 있다. 동래 복천동79호분 출토 암각화는 1994년 3월28일~1995년 1월26일에 걸쳐 부산시립박물관이 실시한 동래 복천동고분군 제5차 발굴조사 중 복천동79호분 석곽 서벽에서 발견되었다.[21] 복천동79호분 출토 암각화는 고분 축조를 위한 석재를 마련하는 과정에 채석된 암각화 벽면 일부가 무덤 석곽 벽 쌓기에 이용되면서 후대까지 남겨진 경우로 볼 수 있다. 암각화가 새겨진 복천동79호분 석곽 출토 석재는 기암절벽을 이루는 곳이 많은 복천동고분군 동북쪽의 수영천 변에서 채석되었을 가능성이 높다.[22] 그러나 이 일대는 회동수원지가 생기면서 수몰된 상태이다.

복천동79호분은 복천동고분군이 조성된 구릉 능선의 서남쪽 끝에 조성되었으며 수혈식 석곽묘이다. 발굴조사 당시 이미 무덤의 대부분이 파괴되고 바닥과 석곽 일부만 남은 상태였다. 석곽의 구조 및 축조 방식, 무덤 바닥에서 수습된 미늘쇠, 화살촉 등 철기의 특징으로 볼 때 복천동79호분의 조성 시기는 5세기 후반이다.

암각화는 복천동79호분 석곽 서벽에 남은 5매의 석재 가운데 가장 북쪽에 놓였던 길이×너비×두께 각 0.48m×0.18m×0.19m 인 횡장방형 안산암 석재 안쪽의 편평한 면에 새겨졌다.(그림 7) 암면의 한가운데에서 약간 왼편으로 치우쳐 5겹 나선형 무늬가 커다랗게 시계방향으로 표현되었고 오른편으로 크게 치우쳐 2중 동심원 무늬가 새겨졌으며 나선문 아래 좌우로 받침 형태의 호선이 길게 두 가닥 묘사되었다.(그림 8) 나선문과 동심원문 사이에도 정체가 분명치 않은 짧은 선과 무늬가 남아 있다. 암각화는 주로 쪼기 기법으로 새겨졌으나 긋기에 해당하는 부분도 있다.

석재에 새겨진 나선문 아래의 호선을 배로 보고 나선문과 동심원문 사이의 짧은 선이나 무늬들을 여러 자세의 인물상으로 해석하여 복천동암각화를 장송의례와 관련된 작품으로 보는 견해가 있는가 하면,[23] 여기서 한 걸음 더 나아가 영혼의 배나 태양배로 보면서 복천동79호분 축조와 함께 암각화 제작이 이루어졌다는 해석도 있다.[24] 그러나 다수의 연구자들은 암각화의 긴 호선들이나 짧은 선들이 특정한 형상을 이루는지에 대해서는 여전히 회의적이며 조심스럽다.

쪼기로 새겨진 나선문이나 동심원문 암각화는 청동기시대로 편년되는 암각화 유적에서 자주 보이는 것으로 울주 천전리 암각화를 비롯하여 밀양 신안 암각화, 함안 도항리 암각화, 고령 양전동 암각화, 대구 진천동 입석 암각화 등 경상남북도 일원의 다른 암각화 유적에서도 확인된다. 또한 복천동79호분 출토 암각화 석재 채석지가 있었을 것으로 보이는 수영천 주변 오륜대유적과 그 인근에서는 청동기시대 생활유적과 관련된 유물이 다수 채집된다. 채집 유물들은 대부분 청동기시대 전기까지 올려볼 수 있는 것으로 이 지역에 청동기시대 전기부터 마을이 있었을 가능성을 제시하고 있다. 이런 점들을 함께 고려할 때 동래 복천동79호분 출토 석재의 암각화는 청동기시대 중기 이전에 새겨졌을 수도 있으나 일부 연구자는 복천동암각화를 무덤 축조 당시에 제작된 것으로 보고 5세기 중엽의 작품으로 편년하기도 한다.[25]

그림 7. 부산 동래 복천동 암각화

그림 8. 부산 동래 복천동 암각화 실측도

4) 경남 남해 양아리암각문

남해 양아리유적은 남해 금산의 남동쪽 산기슭에 자리 잡고 있다.(그림 9) 조선시대 후기의 금석학자 오경석(吳慶錫, 1831~1879)이 지은 『삼한금석록三韓金石錄』에 추사 김정희가 제주도 서귀포 해안 정방폭포 절벽에서 탁본한 마애각자가 진시황 때의 서불이 이곳을 지나가면서 남긴 글자라는 이야기와 함께 그 탁본의 글을 남겼는데, 이것이 남해 양아리유적 암각문과 같은 형상임이 알려지면서 양아리암각문이 '서불과차徐市過此'의 증거로 알려지게 되었다.[26] 그 뒤 1970년대 황용훈은 이 암각문을 청동기시대 인물형상의 암각화로 규정하였고 2003년 이하우는 그림부호로 해석하게 되었다.[27] 이외에도 양아리 암각문의 성격과 내용에 대해서는 여러 가지 의견이 제시되고 있다.

N-37°-W방향으로 놓인 길이×너비 각 5.02m×3.66m 크기의 너럭바위 북서쪽 모서리 근처에 쪼기 및 갈기 기법으로 깊게 새겨진 선들은 특정한 형상을 이루지는 않고 있다.(그림 10) 양아리 마을 근처의 다른 바위에도 특정한 형태를 의도하지 않은 것으로 보이는 선각들이 일부 남아 있다.

그림 9. 경남 남해 양아리 암각문

그림 10. 경남 남해 양아리 암각문 실측도

5) 경남 밀양 안인리암각화(밀양 신안유적 출토 암각화)

경남 밀양시 상동면 안인리 1213번지 신안유적에서 확인된 2매의 암각화 석재 가운데 Ⅱ지구 1호 고인돌무덤 덮개돌은 유적의 복토 보존이 이루어짐에 따라 현장에 그대로 남아 있으며 Ⅱ지구 4호 고인돌무덤 묘역시설에서 발견된 암각화 석재는 수습되어 경남발전연구원에 보존되고 있다. 안인리암각화는 2002년 11월27일~2003년 6월10일 경남발전연구원 역사문화센터에서 실시한 밀양 신안유적 1차 발굴조사 중 묘역식고인돌무덤인 Ⅱ지구 1호 고인돌무덤 덮개돌과 4호 고인돌무덤 묘역시설 서쪽 가장자리 한가운데 위쪽에 놓인 석재에서 발견되었다.[28] 암각화가 새겨진 석재는 고인돌무덤을 축조하기 위한 석재를 수집하고 채석하는 과정을 통해 원래의 장소에서 옮겨져 무덤의 덮개돌 및 묘역시설 석재로 사용된 경우로 보인다.

신안유적은 신안마을 서북쪽의 옥교산에서 남쪽으로 뻗어 내린 구릉 끝머리 선상지성 지형에 자리 잡고 있으며 밀양강 중류 서안에 해당하는 곳에 있다. 경남발전연구원 역사문화센터에 의한 두 차례의 발굴조사를 통해 신안유적 Ⅰ지구에서 신석기시대 유물산포지 2곳, 수혈 3기, 청동기시대 주거지 1동, 부석유구 1기, 삼국시대 석곽묘 및 목곽묘 70여기, 고려시대 건물지 3동 및 담장이 확인되었고 Ⅱ지구에서는 청동기시대 고인돌무덤 4기, 적석제단유구 1기, 강변 호안시설 1곳, 밭 1곳이 발견되었다.[29]

신안1호 고인돌무덤 덮개돌의 크기는 길이×너비×두께 각 3.05m×1.88m×1.98m이며 N-82°-E방향으로 놓여 있다. 암면의 남면 편평한 곳 가운데 땅속에 묻힌 부분에 암각화가 남아 있으며 산화철과 같은 붉은 채색 흔적이 있었다. 암각화는 길이×너비 각 2.75m×1.55m 크기의 면에 새겨졌다. 현재 육안으로 확인되는 그림은 역삼각형 가운데에 세로줄을 넣어 표현한 음문 1점, 팔과 다리를 벌린 채 서 있는 인물상 2점 정도이다.

이외 암면 하단부 여러 곳에 인물상, 동물상으로 추정되는 그림이 남아 있지만 풍화가 심해 어떤 형체를 의도했는지 규정하기에는 어려움이 있다. 신안4호 고인돌무덤 묘역시설에서 발견된 암각화 석재는 역사다리꼴로 암각화가 새겨진 면의 높이×너비 0.27m×0.28m이다. 암면의 편평한 면 오른쪽에 3중 동심원 1점, 좌측에 석검 1점이 새겨졌다.(그림11,12) 암각화는 모두 쪼아서 새겼다. 조사 당시 바위 면 일부에 붉은 채색의 흔적이 남아 있었다.

신안유적의 고인돌무덤 4기는 묘역식으로 청동기시대 후기의 늦은 시기에 조성된 것으로 편년 되고 있다.[30] 따라서 고인돌무덤 축조를 위한 석재 채석 및 수집 등의 활동을 고려하면 신안유적 고인돌무덤의 덮개돌과 묘역시설 석재에 새겨진 암각화는 청동기시대 후기의 이른 시기 작품으로 보아도 무방할 듯하다. 묘역식 고인돌무덤을 청동기시대 말기부터 초기 철기시대에 걸친 사회 변동의 산물로 보고 안인리암각화를 초기 철기시대의 작품으로 보는 견해도 제기된다.[31]

그림 11. 경남 밀양 안인리 신안 1호 고인돌 무덤 덮개돌 암각화 (왼)
그림 12. 경남 밀양 안인리 신안 1호 고인돌 무덤 덮개돌 암각화 실측도 (오)

6) 경남 밀양 활성동암각화(밀양 살내유적 출토 암각화)

경남 밀양시 활성동 살내 466-5 살내유적 1호 고인돌무덤에서 출토된 암각화 석재들은 현재 경남발전연구원 역사문화센터로 옮겨져 보관되고 있다. 2001년 12월19일~2002년 12월24일 경남발전연구원 역사문화센터에서 실시한 밀양 살내유적 발굴조사 중 1호 고인돌무덤 덮개돌 하부의 장방형 묘역시설 동쪽에서 발견되었다.[32] 묘역시설 동쪽이 무너진 상태에서 암각화 석재들이 발견되어 본래 이 석재들이 어떤 상태로 놓여 있었는지는 알 수 없다. 살내유적은 밀양강 중 · 하류 동안의 범람원의 자연제방대에 입지하고 있다. 살내유적에서는 신석기시대 유물 산포지, 수혈 14기, 집석노지 9기, 청동기시대 주거지 24동, 수혈 7기, 구 3기, 집석유구 1기, 석관묘 2기, 제단고인돌무덤 2기, 고인돌무덤 덮개돌 11기, 밭터 2개층, 삼국시대 구 1기가 조사되었다.[33] 암각화 석재가 수습된 1호고인돌무덤에서 매장시설은 확인되지 않았다.

반듯하게 깨진 1번 암각화 석재의 크기는 길이×너비×두께각 0.30m ×0.295m×0.270m이다. 암면의 편편한 면에 석검 2점, 음문 혹은 석촉으로 해석될 수 있는 무늬 1점이 새겨졌다.(그림13,14) 2번 암각화 석재는 길이×너비×두께 각 윗면 0.295m×0.38m×0.24m, 정면 0.22m×0.37m×0.24m이다. 암면의 편평한 면에 8개의 굵은 선이 세로로 새겨졌다.(그림15,16) 한쪽 끝의 세 개의 선은 미완성된 음문의 표현으로 읽혀지며 나머지 5개의 선은 2개의 석검이 서로 닿은 상태인 듯이 보이나 채석 과정에 암각화가 반 이상 잘려 나간 까닭에 원래의 형태를 정확히 읽어내기 어렵다. 석재의 깨진 상태로 보아 고인돌무덤 하부 묘역시설 축조에 필요한 석재를 마련하는 과정에 암각화가 새겨졌던 바위가 여러 조각으로 깨진 것으로 보인다.

그림 13. 경남 밀양 활성동 살내 1호 고인돌 무덤 출토
적석암각화1 (경남발전연구원)

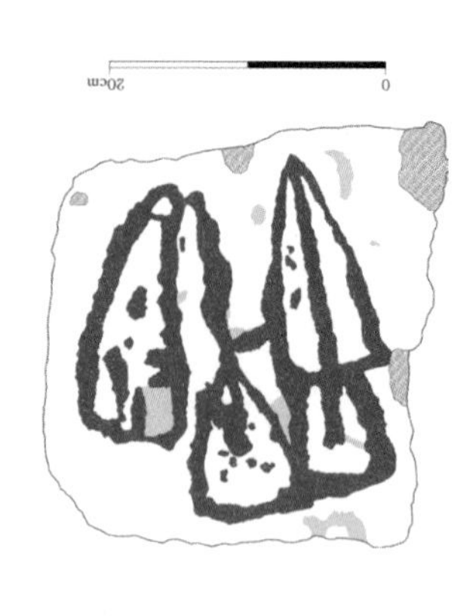

그림 14. 경남 밀양 활성동 살내 1호 고인돌 무덤 출토
적석암각화1 실측도

그림 15. 경남 밀양 활성동 살내 1호 고인돌 무덤 출토
적석암각화2 (경남발전연구원)

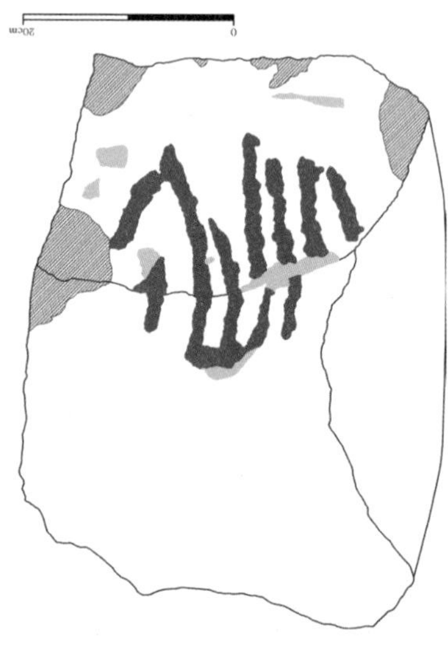

그림 16. 경남 밀양 활성동 살내 1호 고인돌 무덤 출토
적석암각화2 실측도

청동기시대의 묘역식 고인돌무덤은 청동기시대 전기 후반부터 나타나기 시작해 후기의 송국리문화단계에는 구조적 특징을 지니게 되며 일정한 외형도 갖추게 된다. 암각화 석재가 발견된 제단고인돌무덤 또한 묘역식 고인돌무덤에 속하며 송국리형 주거지 보다 후대에 조성되는 원형 주거지 위에 고인돌무덤의 하부구조가 축조되었다. 따라서 살내유적 1호고인돌무덤은 청동기시대 후기의 늦은 시기에 조성된 것으로 볼 수 있다.[34] 이런 점을 고려할 때 묘역시설에서 출토된 할석 2매의 암각화는 역시 청동기시대 후기의 이른 시기 작품일 수 있다. 활성동 암각화를 고인돌무덤 조성 당시의 작품으로 보면서 청동기시대 말기에서 초기 철기시대에 이르는 시기에 암각 작업이 이루어졌을 가능성이 제기되기도 한다.[35]

7) 경남 사천 본촌리암각화(사천 본촌리유적 출토 암각화)

사천 본촌리유적 출토 암각화는 사천시 곤명면 본촌리 3-1번지 본촌리유적 나10호주거지에서 수습되어 경상대학교박물관에 보존되고 있다. 암각화가 새겨진 숫돌은 1995년 7월19일~10월6일 남강댐 수위 상승에 따른 하도개량사업을 위한 유적조사의 일환으로 경상대학교박물관에서 실시한 사천 본촌리유적 발굴조사 중 나10호 주거지에서 수습되었다.[36] 유적 조사 당시 세 조각으로 깨진 상태로 수집되었으며 단순한 숫돌조각으로 분류되었다. 암각화는 실내에서의 유물 복원과정에도 발견되지 않았으며 2000년 겨울 경상대학교박물관 수장고에서 학생 이경근에 의해 처음으로 발견되었다.[37]

사천 본촌리유적은 남강의 지류인 덕천강이 곡류하며 만든 하안대지에 형성되었다. 본촌리유적에서는 청동기시대 전기에서 조선시대에 걸친 다수의 유적이 조사되었다. 암각화 숫돌이 수습된 나10호주거지는 길이×

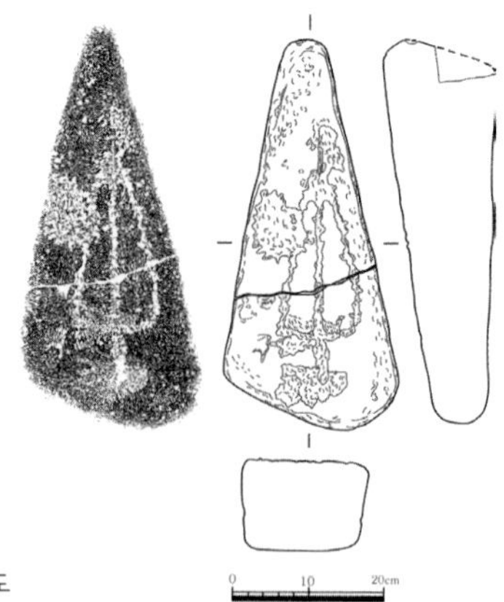

그림 17. 경남 사천 본촌리 나 10호 주거지 출토 숫돌 암각화 실측도

너비 5.4m×4.4m의 방형으로 한가운데 타원형 수혈이 있고 그 바깥으로 두 개의 기둥구멍이 배치된 이른바 대평리형 주거지이다. 수혈 위에서 크고 작은 숫돌 조각들을 비롯한 다수의 석기와 토기편이 수습되었다. 수습된 황갈색 사암제 숫돌 하나에는 쪼기와 갈기로 원추형의 바위구멍이 뚫려 있고 잇대어 표현된 홈줄도 쪼기 기법으로 새겨져 있어 암각화를 의도한 표현이 아닌가 추정되기도 한다.

암각화는 길이×너비×두께 각 0.495m×0.221m×0.148m 크기 사암제 숫돌의 넓은 면 가운데 한 면에 새겨졌다. 석재의 편편한 면 가운데 숫돌로 쓰인 좁은 면이 아닌 넓은 면의 앞면에 쪼기 및 긋기, 갈기 기법으로 검신에 손잡이가 붙어 있는 석검 1점이 새겨졌는데, 석검의 끝이 검신을 연상시키는 형태인 숫돌의 뾰족한 면을 향하도록 표현하였다.[38](그림 17)

사천 본촌리유적 출토 암각화는 숫돌로 사용되는 석재에 암각화를 새겨 넣은 경우에 해당한다는 점에서 의령 마쌍리유적 출토 숫돌 암각화와 같다. 사천 본촌리유적 나지구 청동기시대 주거지들은 청동기시대 후기로 편년 된다. 이런 점을 고려할 때 나10호주거지에서 출토된 숫돌 암각화 역시 청동기시대 후기의 작품으로 보아야 할 것이다.

8) 경남 의령 마쌍리암각화(의령 마쌍리유적 출토 암각화)

의령 마쌍리유적 출토 암각화는 현재 최초 발견 장소인 경남 의령군 대의면 마쌍리 164번지 마쌍리1호분에서 수습되어 경남발전연구원에 보존되고 있다. 암각화 석재는 2010년 경남발전연구원 역사문화센터에서 실시한 대의-의령 국도건설 공사구간 내 의령 마쌍리유적 발굴조사 중 청동기시대의 돌무지흙널무덤인 1호무덤 북서쪽모서리에서 발견되었다.[39] 마쌍리유적은 의령 대의면 머리재의 좁고 긴 협곡을 흐르는 마쌍천 좌우 충적지가 시작되는 지점에 형성되었다. 이 유적에서는 신석기시대부터 통일신라시대까지의 다양한 유구가 조사되었는데, 청동기시대 유구로는 주거지 7기, 무덤 12기, 집석유구 19기가 확인되었다. 반지하식 적석토광묘인 마쌍리1호분은 마쌍마을 서쪽의 구릉지대 끝머리에서 발견되었다. 무덤 위에서 다량의 무문토기편이 수습되었으며 무덤 안에서 석부 4점과 석제품 파편 여러 점이 출토되었다.

암각화는 길이×너비×두께 각 0.257m×0.122m×0.083m 크기 사암의 앞면과 뒷면에 새겨졌다. 석재의 편평한 앞면에는 쪼기 기법으로 석검 1점이 새겨졌다.(그림 18) 뒷면에는 검파형 문양의 일부로도 볼 수 있는 호선 두 줄이 선각되었다.(그림 19) 암각화가 발견된 석재는 앞면과 뒷면의 편평한 정도 및 마모도로 보아 숫돌로 사용되다가 무덤 벽석으로 쓰인 것으로 보인다. 암각화는 벽석으로 쓰기 전에 새겨진 것으로 추정되고 있다. 연구자에 따라 석검 1점이 새겨진 부분의 새김선이 깨끗하지 않은 것에 대해 검파형 무늬가 덧새겨진 것으로 보기도 하고 석검 암각화 숫돌로 더 이상 쓰이지 않게 되자 암각화를 훼손하는 과정에서 나타난 현상으로 이해하기도 한다.[40](그림 20)

의령 마쌍리1호분은 무덤 동쪽에 원형으로 배열된 석열의 석재들에

그림 18. 경남 의령 마쌍리 1호분 출토
숫돌 암각화 앞면(경남발전연구원)

그림 19. 경남 의령 마쌍리 1호분 출토
숫돌 암각화 뒷면(경남발전연구원)

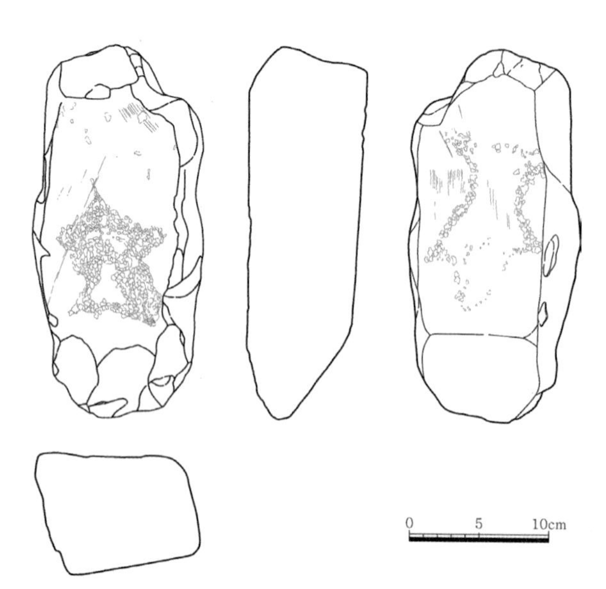

그림 20. 경남 의령 마쌍리 1호분 출토 숫돌 암각화 앞면, 뒷면 실측도

바위구멍을 새긴 흔적이 보이며 무덤을 덮은 돌더미의 석재에서도 같은 흔적들이 확인되는 경우여서 벽석의 암각화와 관련하여 주목된다. 조사자는 무덤 주위에서 바위구멍을 만들거나 돌을 가는 등의 의례행위가 있었던 흔적으로 이해하고 있다.[41] 의령 마쌍리1호분은 청동기시대 후기에 조성된 것으로 추정되는데, 벽석에 남아 있는 암각화도 이 시기의 작품일 가능성이 높다.

9) 경남 함안 도항리암각화

함안 도항리 암각화는 경남 함안군 가야읍 도항리 763-1번지에 있다. 1991년 1월말 국립창원문화재연구소(현 국립가야문화재연구소)에서 실시한 함안 도항리 및 말산리고분군 지표조사 중 도항리34호분 흙무지 서쪽 경사면에서 발견되었다.[42] 말이산 정상부에서 남쪽과 서쪽으로 가지 쳐 나간 8갈래 능선에 조성된 도항리고분군은 현재 사적 84호로 지정되어 보호되고 있다. 후에 암각화고분으로도 불리게 된 도항리34호분은 원형분으로 조사 당시 흙무지의 지름×높이가 12.50m×2.50m이었으며 여러 차례 도굴된 상태였다. 도항리고분군이 있는 구릉 주변은 본래 낮은 저습지였다고 한다.

1991년 4월15일~7월30일 국립창원문화재연구소가 실시한 발굴조사를 통해 도항리고분군은 청동기시대 고인돌무덤을 파괴하면서 축조되었고, 고인돌무덤들 역시 앞 시기의 송국리형 주거지를 파괴하면서 조성되었음이 확인되었다. 암각화는 도항리고분군이 조성되기 전 만들어진 8기의 고인돌무덤 가운데 도항리다호고인돌무덤의 덮개돌에 새겨진 것이다. 조사 결과 8기의 고인돌무덤 가운데 덮개돌이 남아 있는 것은 나호고인돌무덤, 다호고인돌무덤, 바호고인돌무덤 등 3기였다. 암각화는 고인돌무덤의 조성 과정에 원래 있던 장소에서 채석된 뒤 옮겨진 덮개돌에 이미 새겨진 상태였을 가능성이 높다. 이 덮개돌은 정면이 남서쪽을 향했으며 위쪽이 북동쪽으로 55도 기울어진 상태로 놓여 있다.

암각화는 길이×너비×두께 각 2.43m×1.20m×0.92m이고 N-10°-W 방향으로 놓인 덮개돌의 편편한 면에 새겨졌다. 이암계 혈암인 덮개돌과 같은 종류의 암석은 말이산 능선 및 근처 질목마을 주변의 기반 암반층이기도 하다. 암면에서 2중~7중 동심원문이 16점, 약 290여 점의 바위구멍, 선각 10점이 확인되었다.(그림 21) 암면 가운데 부분이 길이 방향으로 길게 떨어져 나가면서 이 부분에 표현되었던 암각화는 없어졌으며 떨어진 부분에 걸쳐진 동심원이나 바위구멍들은 일부가 훼손된 상태이다. 동심원문은 대부분 쪼아내고 돌려 판 뒤 갈아내는 방식으로 새겨졌으며 바위구멍은 끝이 뭉툭한 도구를 사용하여 쪼아내고 돌려 파기를 한 듯 반구형으로 파인 것이 많다. 동심원의 지름은 0.05~0.225m 사이이며 바위구멍의 지름은 0.02~0.05m 크기이다. 긋기 기법으로 표현된 선각은 배처럼 보이도록 휘어진 것도 있으나 어떤 형태를 의도한 것인지 여부도 확실치는 않다.(그림 22)

청동기시대로 편년되는 밀양 신안유적, 대구 진천동 선돌유적에서도 동심원문과 바위구멍 등이 보이는데 연구자에 따라서는 바위구멍을 기우제 과정에 제작된 것으로 보기도 하고 별자리를 나타낸 것으로 이해하기도 한다.[43] 도항리 암각화의 바위구멍은 바위구멍 사이에 다수의 선각이 있음을 근거로 청동기시대의 천체도로 해석되기도 한다.[44] 함안 도항리 암각화는 송국리형 주거지를 파괴하면서 만들어진 고인돌무덤 덮개돌에 새겨진 점, 덮개돌이 암각화가 새겨진 뒤 채석된 것일 가능성이 높은 점 등을 고려할 때 청동기시대 후기의 작품으로 보는 것이 바람직하다. 그러나 암각화를 제작하는 기법이 섬세하며 암각화의 형상이 정형화 한 점을 중시하여 청동기시대 후기의 늦은 시기로 제작 시기를 좁혀 보는 견해도 있다.[45]

그림 21. 경남 함안 도항리 암각화

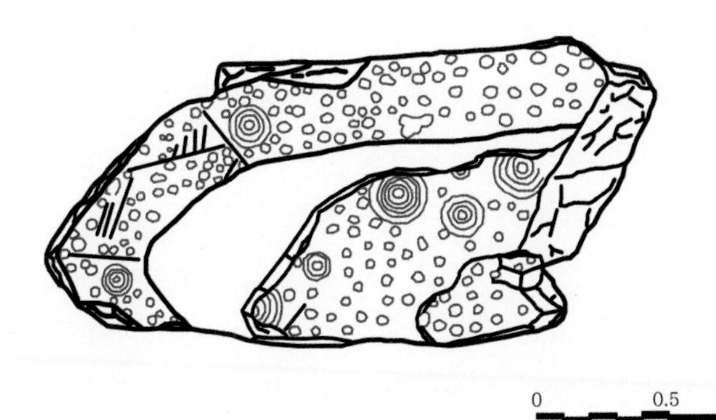

그림 22. 경남 함안 도항리 암각화 실측도

(2) 대구, 경북

1) 대구 달서 진천동암각화(달서 진천동 입석 암각화)

암각화가 새겨진 진천동 입석은 대구광역시 달서구 진천동 470-38번지에 있으며 사적411호로 지정되어 보호되고 있다.(그림23) 암각화는 1997년 10월~1998년 1월 경북대학교박물관이 실시한 진천동 선사시대 주거지 수습조사 및 진천동지석묘Ⅰ(진천동입석)에 대한 발굴조사 중 입석의 앞면과 옆면에서 발견되었다.[46] 진천동 입석이 있는 월배 선상지 일대는 후기구석기시대부터 사람이 살던 곳으로 청동기시대에는 대규모 마을이 여러 들어서고 지속적으로 분묘가 조성되었던 지역이다. 진천동 입석 서남 약 1.9km 거리에 달서 천내리 암각화가 있다.

달서 진천동 입석 남쪽 160m 거리에서는 고인돌무덤과 송국리형 주거지가 발굴되었고 유적의 서쪽 500m 거리 주택가에는 10여 기의 고인돌무덤이 있다. 유적의 발굴 결과 진천동입석에서는 고인돌무덤 하부의 매장구조가 확인되지 않았다. 이로써 진천동 입석이 고인돌무덤의 덮개돌일 것이라는 이전까지 추정은 힘을 잃게 되었다. 진천동 입석이 7~8단의 석축기단 내에 세워졌고, 석축 열 사이에서 청동기시대 후기로 편년되는 다수의 석기 및 무문토기 조각이 수습되는 것으로 볼 때 진천동 입석은 일종의 제의용 거석 유적일 가능성이 높다. 유적 주변에서 수습된 유물들은 집단 의례 뒤에 폐기된 제기였을 것으로 보인다.[47] 진천동 입석 석축기단 북쪽에서 3기, 동쪽에서 2기의 석관묘가 확인되었다. 예전에는 진천동 입석의 석축 남쪽 기단에 잇대어 개울이 흘렀다고 한다. 이를 전거로 진천동 입석유적을 수변 제사유적으로 보려는 견해도 있다.[48]

달서 진천동 입석은 조사 당시 아래 부분이 땅 속에 묻혀 있었다. 발굴 뒤 측정에 따른 입석의 높이×너비×두께는 각 1.80m×1.80m×0.47m이다. 편평하고 넓은 앞면의 방향은 N-40°-E이며 편평하면서도 좁은 옆면의 방향은 N-49°-E이다. 길이×너비 1.51m×1.21m인 앞면에 7개의 바위구멍이 있고, 1.415m×0.55m인 옆면에 7점의 동심원문이 새겨졌는데 이 중 형태가 뚜렷한 것은 3점이다.(그림 24) 진천동 입석 주변에서 무문토기편이 다수 출토되었고, 진천동 입석 석축기단 주변에서 다수의 석관묘들이 발굴된 점 등을 고려할 때 진천동암각화는 청동기시대 중기에서 후기 사이에 제작되었을 가능성이 높다.

그림 23. 대구 달서 진천동암각화

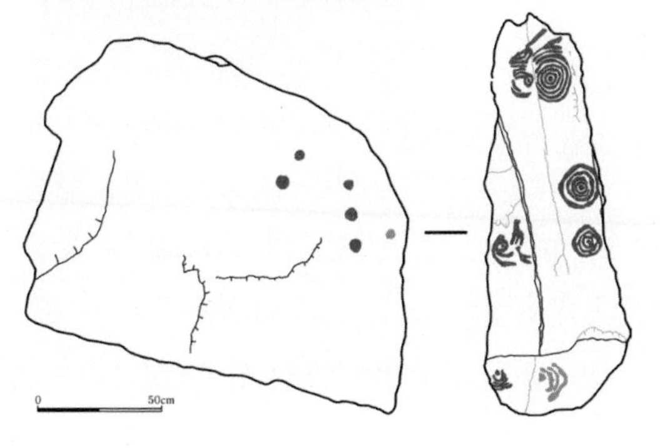

그림 24. 대구 달서 진천동암각화 실측도

2) 대구 달성 천내리암각화

대구광역시 달성군 화원읍 천내리 516-1번지 화장사 경내에 있으며 대구시 기념물13호로 지정, 보호되고 있다. 2007년 봄 서예가 박위호의 제보로 한국선사미술연구소 이하우 소장에 의해 확인되어 학계에 알려졌다.[49] 화장사 경내와 담, 담 밖 화원교도소 인근에는 모두 8기의 고인돌무덤이 있는데, 암각화는 화장사 경내에 있는 3기의 고인돌무덤 가운데 동북쪽에서 세 번째 무덤이자 8기의 고인돌무덤 가운데 가장 큰 천내리3호고인돌무덤 덮개돌에서 발견되었다.(그림 25) 현지에서는 암각화가 새겨진 천내리3호고인돌무덤 덮개돌을 칠성바위라 부르며 신성시 하고 있다. 유적의 북쪽 1.2km 거리에 진천천이 흐르고 남쪽 370m 거리에서는 천내천이 흐른다. 유적 주변은 저습지였으나 지금은 매립되어 밭으로 경작되고 있다. 1970년대까지는 천내천 주변에 200여 기의 고인돌무덤이 있었다고 한다. 천내리고인돌무덤들이 분포한 곳에서 동북으로 약 1.9km 떨어진 지점에 진천동 입석 암각화가 있다.

길이×너비×두께 각 4.33m×2.06m×2.26m 크기의 덮개돌은 N-44°-E 방향으로 놓였으며, 암각화는 10° 정도 기울어진 편평한 수직 암면에 새겨졌다. 암각화는 길이×너비 4.10m×2.21m 크기의 면에 쪼기와 갈기 기법으로 9점이 새겨졌고 모두 3중~4중 동심원문이다.(그림 26) 동심원문 암각화는 대구 천내리를 비롯하여 대구 진천동 입석, 고령 양전동, 고령 안화리, 울산 천전리, 밀양 안인리, 함안 도항리, 북한의 함경북도 무산 지초리 등 8곳의 암각화 유적에서 확인되고 있다. 일반적으로 동심원문 암각화는 태양을 나타내는 것으로 이해되고 있지만 한국의 경우 대다수 동심원문 암각화 유적이 저습지나 개울 앞에 있다는 사실에 주목하여 동심원문을 물의 상징으로 해석하기도 한다. 천내리암각화는 천내리고인돌무덤이 청동기시대 후기에 조성된 유적으로 볼 것인지, 철기시대 초기의 것으로 볼 것인지에 따라 편년이 달라진다. 근래에는 밀양 안인리암각화와의 비교 검토를 통해 천내리암각화의 제작 시기를 철기시대 초기로 내려 보는 견해가 제시되었다.[50]

그림 25. 대구 달성 천내리암각화

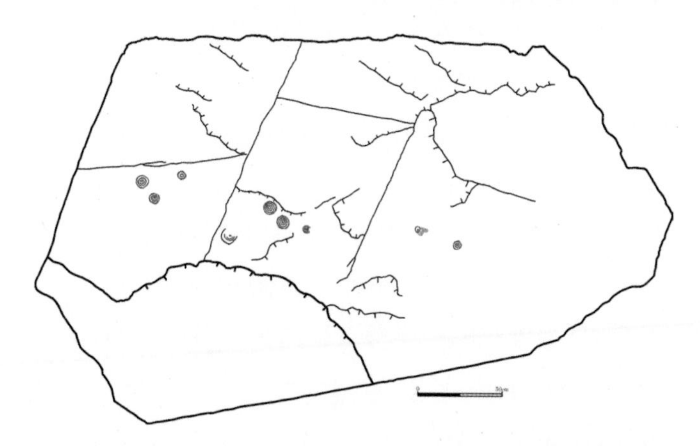

그림 26. 대구 달성 천내리암각화 실측도

3) 경북 경주 석장동암각화

경주 석장동암각화는 경북 경주시 석장동 산38-1번지에 있으며 경상북도 기념물 제98호로 지정되어 보호되고 있다.(그림27) 1994년 3월 20일 동국대학교 고고미술사학과 학생 이동헌, 한정호, 윤소영이 금장대 일대 지표조사 실습 중 발견하여 고고미술사학과 안재호 교수팀에 의해 암면 노출을 위한 긴급조사가 이루어졌다.[51] 암면을 덮고 있던 토층에서 조선시대 옹기와 자기편이 출토되었으며 암각화와 관련지을 수 있는 문화층은 확인되지 않았다.[52] 암각화가 새겨진 금장대는 경주 송화산의 지봉인 옥녀봉에서 동쪽으로 뻗어 내린 구릉 중턱에 형성된 바위절벽이다. 금장대 앞으로는 형산강이 흐른다.

금장대 남동쪽 수직 암면에 해당하는 바위의 높이×너비는 1.70m×9.00m이며 방향은 N-80°-W이다. 석장동암각화의 암면을 방향 및 높이, 층이 진 부분을 기준으로 남면에서 동면 방향으로 나가면서 세부적으로 나누면 총 6면(A~F)이 된다. 암각화는 가운데 부분인 총길이 6.6m 정도인 C면과 D면에 집중적으로 새겨졌고 비교적 잘 남아 있으며 동면 쪽 E면과 F면에 새겨진 것은 풍화로 말미암아 형상이 뚜렷하지 않은 부분이 많다.(그림28) A면에서는 인물 1점, 음문 1점, 동물 1점, 동물 발자국 7점, 검파형 무늬 2점, ^모양 그림 1점 등 15점, B면에서는 음문 1점, 동물발자국 5점, 검파형 무늬 2점, 배 형태 그림 1점 등 8점, C면에서는 동물발자국 2점, 불명 그림 1점 등 3점, D면에서는 사람 발자국 3점, 음문 2점, 동물 발자국 20점, 검파형 무늬 5점, 석검 6점 등 38점, E면에서는 석검 6점, F면에서는 석검 1점, 불명 1점 등 2점 등 모두 72점의 암각화가 발견되었다.

경주 석장동암각화에서 발견된 발자국은 안동 수곡리암각화에도 보이는 것으로 일반적으로 생식 숭배와 관련이 깊은 것으로 이해되고 있다.

동물 발자국 암각화는 별자리나 꽃으로 해석되기도 하는데 암각화 제작시의 소재 선택이나 표현방식, 상징성 등을 고려하면 쉽게 수용되기 어려운 견해라고 할 수 있다. 석장동암각화의 검파형 무늬는 형태상 초기형으로 분류되는 포항 칠포리암각화 및 인비리암각화의 것과 가깝다. 또한 금장대 주변에서는 청동기시대 중기에서 후기로 편년 되는 마을 및 고분유적도 다수 확인된다.[53] 암각화의 내용 및 구성, 유사한 내용의 다른 암각화유적의 편년 등을 감안할 때 경주 석장동암각화는 청동기시대 중기에서 후기에 걸쳐 제작되었을 가능성이 높다.

그림 27. 경북 경주 석장동암각화 남2면

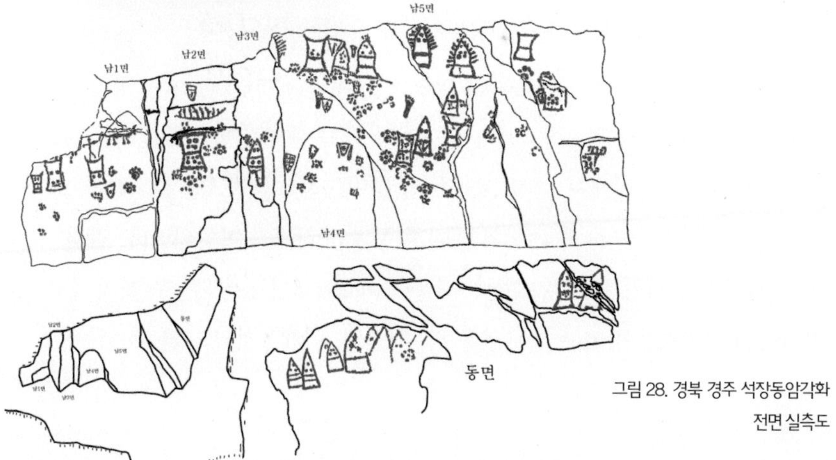

그림 28. 경북 경주 석장동암각화 전면 실측도

그림 29. 경북 경주 안심리암각화

4) 경북 경주 안심리암각화

경주 안심리암각화는 경주시 내남면 안심리 14번지 일대에 있으며 경상북도 문화재자료 312호로 지정되어 보호되고 있다.(그림29) 1995년 1월 19일 신라문화동인회에서 활동하던 향토사학자 송재중에 의해 경주시 내남면 안심리 광석마을 앞 들판 한가운데에서 발견되었다.[54] 마을에서는 이 바위에서 여우가 울었다 하여 여시바위라 불렀다고 한다. 바위 앞쪽으로 작은 개울이 흐른다. 마을 뒤에 10여 기의 고인돌무덤이 분포하고 있어 암각화 바위 역시 고인돌무덤의 덮개돌일 것으로 추정되고 있다. 광석마을 인근에는 고인돌무덤 외에도 다수의 청동기시대 유적이 분포한다.[55]

길이×너비×높이 2.70m×2.20m×1.74m 크기인 바위의 방향은 N-25°-W이다. 바위의 동쪽 4면에서 29점(A면 13점, B면 6점, C면 9점, D면 3점), 북서쪽 2면에서 13점(E면 10점, F면 3점), 상면 1면 1점(G면 1점) 등 모두 7개의 면에서 43점의 검파형 무늬 암각화가 확인되었다. 안심리 암각화의 검파형 무늬는 좌우에 대칭이 되도록 안으로 향한 두 개의 호선을 긋고 두 호선을 잇는 가로선을 위, 가운데, 아래 1개씩 그은 뒤, 위아래 두 개로 나뉘어 마주 보는 면의 안에 2개씩의 바위구멍을 만들었다. 암각화는 대부분 형상을 쪼아내고 해당 부분을 약간 갈아서 마무리 짓거나 쪼아내기만 하는 방식으로 새겨졌다.

안심리암각화 검파형무늬는 다른 암각화 유적의 것에 비해 크기가 작고 형태도 단순하며 장식적 요소도 거의 보이지 않는다. 칠포리형 암각화가 양식화를 거쳐 퇴화되는 과정으로 볼 수도 있고 검파형 무늬의 초보적인 표현방식으로 이해될 수도 있다.[56] 인근의 다른 유적 암각화와의 정밀한 양식적 비교가 이루어질 필요가 있는 경우라고 하겠다. 광석마을 고인돌무덤의 조성 시기는 청동기시대 후기의 늦은 시기에서 초기 철기시대에 걸치는 것으로 추정되고 있다. 안심리암각화의 제작 시기도 이때를 크게 벗어나지 않을 것으로 보인다.

5) 경북 고령 봉평리암각화

고령 봉평리암각화는 경북 고령군 운수면 봉평리 산102번지에 있다. 2008년 12월 10일 고령대가야박물관의 신종환 관장, 배상우씨에 의해 발견되어 같은 해 12월 16일까지 대가야박물관 학예팀에 의해 조사되었다.[57] 암각화가 새겨진 바위는 봉평리 순평마을 동쪽 해발 220m 산의 서남쪽 2부 능선에 있다. 발견 당시에는 암각화가 새겨진 바위 면의 하부 대부분이 땅속에 묻힌 상태였다. 본래는 바위 면의 상부에도 암각화가 새겨졌을 가능성이 높으나 풍화가 심해 모두 없어진 것으로 보이며 현재는 바위구멍 1점만 보인다. 일부 혹은 전부가 심한 풍화로 마모된 까닭에 확인된 암각화 가운데에도 형태를 규정하기 어려운 것들이 많다. 암각화 노출과정에 소량의 청동기시대 석기 박편이 수습되어 암각화 제작 시기를 추정할 수 있게 되었다.

그림 30. 경북 고령 봉평리암각화

유적의 남쪽 150m 거리에 순평리 입석이 있고 남쪽 350m 거리에 순평리 고인돌무덤이 있다. 이외에도 유적이 있는 봉평리에는 석기제작장을 비롯한 다수의 청동기시대 유적이 분포하고 있다. 유적 앞으로 순평들과 대가천이 보인다. 유적의 남쪽 7.5km 거리에 양전동암각화, 8.5km 거리에 안화리암각화가 있으며, 6.9km 거리에 자리 잡고 있는 지산동30호분에서도 암각화 석재가 나왔다.

암각화는 높이×너비 2.10m×4.65m 정도의 커다란 바위 중 2.60m×0.80m 크기의 바위 면에 집중적으로 새겨졌다. 중심 암면의 방향은 N-25°-W이다. 자연적인 균열에 의해 3개로 나뉜 암면 중 제일 서쪽의 A면에는 동심원에 잇대어 2개의 선이 흘러내린 그림 1점, 동모 1점 등 2점, 가운데의 B면에는 동심원 2점, 음문 1점, 형태를 규정하기 어려운 그림 3점 등 6점, 동쪽의 C면에는 기하문 1점, 동검무늬 2점, 형태를 규정하기 어려운 그림 4점 등 7점, 모두 15점의 암각화가 확인되었다.(그림30) 암각화는 대부분 쪼아서 새긴 상태인데, 풍화로 말미암아 암각이 매우 얕아 갈기 등의 기법이 더해졌는지는 알기 어렵다.

고령 봉평리암각화는 바위 면에서 검파형무늬가 발견되지 않는 점에서 이웃 양전동암각화 및 안화리암각화와 구별된다. 바위 면에 잇닿은 퇴적층에서 석기 박편이 수습되어 암각화가 석기 제작과 관련이 있음을 시사한다는 점에서도 주목되는 유적이다. 유적에서 멀지 않은 순평리에 석기 제작소와 입석이 있고 봉평리에도 고인돌무덤이 존재한다는 점을 감안할 때 고령 봉평리암각화는 청동기시대 중기에서 후기 사이의 작품일 가능성이 높다.

6) 경북 고령 안화리암각화

고령 안화리암각화는 경북 고령군 쌍림면 안화리 산1번지에 있다. 1993년 4월 7일 고령군청 홍대순 과장에 의해 1차 발견된 뒤, 1994년 12월 24일 효성여대 최광식 교수 유적답사팀(최광식, 이상길, 이근직, 이재중)에 의해 현장 답사 및 추가 발견이 이루어졌다.[58] 동쪽 3km 거리에 고령 양전동암각화가 있다. 암각화가 새겨진 바위는 안화리 안림천변 서쪽 절벽지대와 절벽 근처 산기슭에 흩어져 있다. 유적의 입지조건이 이 유적의 동쪽 3.3km 거리에 있는 양전동암각화와 비슷하다. 제방이 축조되고 도로가 개설되기 전에는 암각화가 새겨진 절벽 앞으로 강물이 흘렀을 가능성이 높다.[59]

절벽바위 뒤편 산비탈에 있는 3개의 바위는 N-12°-W로 놓여 있다. 제일 서쪽의 R1은 높이×너비 0.48m×0.79m으로 바위 면 한가운데 검파형 무늬 1점이 새겨졌다. 가운데 놓여 이는 R2는 높이×너비 0.72m×0.91m로 검파형 무늬의 일부로 보이는 선 두 개가 암면에 희미하게 남아 있으며 동쪽의 R3는 1.15m×1.13m 크기로 검파형 무늬 4점이 새겨졌는데, 가운데 2점은 새김 깊이와 크기가 다른 것 2점이 겹쳐진 상태이다. 3개의 바위에서 서쪽 3m 거리의 절벽바위 R4는 높이×너비 1.20m×2.58m 크기로 아래쪽 5개의 암면에 검파형 무늬 8점이 새겨졌다.(그림31,32) A면에는 검파형 무늬 1점, 검파형 무늬의 일부였던 그림 1점이 남아 있다. 나머지 4면 가운데 B면에는 검파형 무늬 1점, C면에는 검파형 무늬 2점, D면에는 검파형 무늬의 일부였던 그림 2점, E면에는 검파형 무늬 1점이 새겨졌다.

고령 안화리암각화의 검파형 무늬는 형태가 일정하지 않으며 전형적인 검파형 무늬에서 보이는 잘록한 허리와 위 · 아래 면의 대칭성도 나타나지 않는다. 검파형 무늬 윤곽선 바깥에 새기는 머리털 모양의 반직선들이 고르게 표현되지 않을 뿐 아니라 부분적으로는 뭉쳐서 묘사되기도 한다. 고령 안화리암각화는 검파형 무늬를 나타내는 방식과 형태에서 정형성이 약한 점으로 보아 고령 양전동암각화보다 상대적으로 이른 시기의 작품일 가능성이 높다.[60] 청동기시대 후기의 이른 시기에 제작되었을 것으로 보아도 좋을 듯하다.

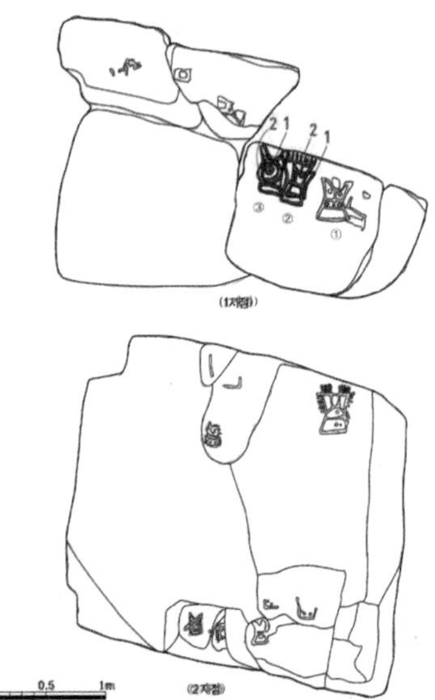

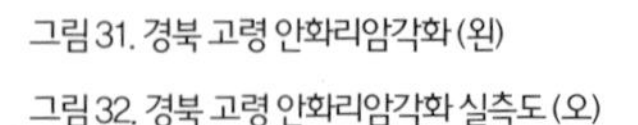
그림 31. 경북 고령 안화리암각화 (왼)
그림 32. 경북 고령 안화리암각화 실측도 (오)

7) 경북 고령 양전동암각화(장기리암각화)

고령 양전동암각화는 경북 고령군 고령읍 장기리 532번지에 있으며 '고령 장기리암각화'라는 이름으로 보물605호로 지정 보호되고 있다. 1971년 1월 양전동 주민 조용찬의 제보로 영남대학교박물관에 의해 조사되었다.[61] 주민들의 말에 따르면 낙동강의 지류인 회천 변에 제방을 쌓아 물길을 돌리기 전까지는 양전동 알터마을 입구에 있는 암각화유적 앞으로 강물이 흘렀다고 한다. 이후 양전동암각화 앞에는 민가가 들어섰는데 집을 둘러싼 담을 허물다가 담 뒤의 바위에 새겨진 암각화가 눈에 띠게 되었다고 한다. 양전동암각화가 발견되기에 앞서 이 유적 주변에서는 석기와 석부, 석착 등의 석기와 무문토기 조각이 다수 채집되었다.[62] 암각화 제작 집단과 관련이 있는지 여부가 주목되는 부분이다.

암각화는 넓게 펼쳐진 수직 절벽의 서남쪽 암면 높이×너비 1.57m×5.17m 크기의 면에 새겨졌다. 중심 암면의 방향은 N-43°-W이다. 바위 면이 구분되는 선 등을 기준으로 화면을 나누면 양전동암각화 암면은 7개 정도로 구분할 수 있다.(그림33) 높이×너비 0.30m×0.82m인 A면에는 검파형 무늬 1점, 1.60m×3.00m 크기인 B면에는 검파형 무늬 15점, 동심원문 2점, 1.70m×1.00m 크기인 C면에는 검파형 무늬 1점, 동심원문 1점이 새겨졌다. 0.41m×0.68m 크기의 D면에는 검파형 무늬의 흔적 1점, 1.40m×0.86m 크기의 E면에는 검파형 무늬 6점, 동심원문 1점, 원무늬 1점, 바위구멍 13점 등 21점, 0.52m×0.91m 크기의 F면에는 검파형 무늬 2점, 바위구멍 13점 등 15점, G면에는 검파형 무늬의 흔적 1점이 확인되었다.(그림34) 현재까지 확인된 양전동암각화의 형상화 된 무늬는 31점, 바위구멍은 26점이다. 양전동암각화의 검파형 무늬 등은 바위를 쪼아서 기본 형상을 나타낸 다음 선이나 점의 내부를 갈아서 구상한 모습을 드러내는 방식으로 제작되었다.

고령 양전동암각화의 검파형 무늬는 영천 보성리 암각화의 검파형 무늬가 보다 화려해지면서 양식화한 경우로 볼 수 있다. 검파형 무늬 좌우의 호선이 직선화하여 역사다리꼴의 방패형에 가까워졌으며, 검파문 안의 위아래로 나뉜 면에는 2개~6개의 바위구멍을 새겨 넣었다. 검파형 무늬 바깥 위와 좌우의 경계선 전체에 머리털을 연상시키는 반직선을 다수 넣어 전체적으로 털북숭이 가면처럼 보이게 하였다. 짧은 반직선들은 흔히 빛이 발산되는 모습을 형상화 한 것으로 이해되고 있다. 유적 주변에서 다수의 청동기시대 유물이 채집된 점, 암각화의 새김 기법 및 표현 양식, 내용 등을 고려할 때 고령 양전동암각화는 청동기시대 후기에 제작되었을 가능성이 높다.

그림 33. 경북 고령 양전동암각화

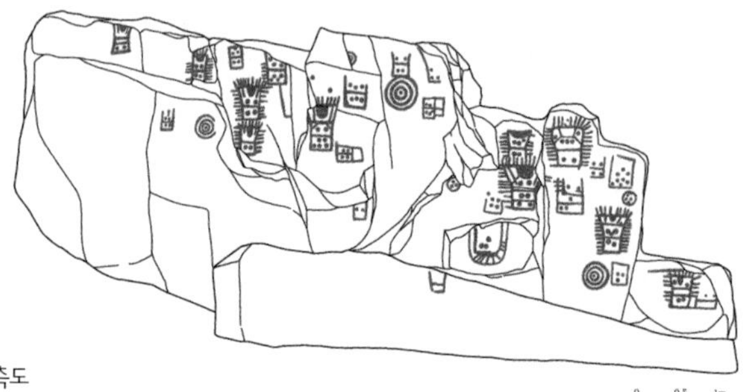

그림 34. 경북 고령 양전동암각화 실측도

8) 경북 고령 지산동암각화(고령 지산동30호분 출토 암각화)

고령 지산동30호분 출토 암각화 석재는 발견 장소인 경북 고령군 지산리 산23-1번지 지산동30호분에서 수습되어 고령대가야박물관에 보존되고 있다. 고령 지산동암각화는 1994년 9월8일부터 1995년 5월30일까지 영남매장문화재연구원에 의해 이루어진 고령군 대가야왕릉전시관 건립부지 발굴조사 중 고령 지산동30호분 주석실 뚜껑돌과 주석실 바닥 아래 설치된 하부석곽 뚜껑돌에서 발견되었다.[63] 무덤을 만들기 위한 석재를 채취하는 과정에 암각화가 새겨진 암벽이 훼손되었고, 암각화가 있는 2매의 장방형 석재가 다른 암석들과 함께 석실 및 부곽 축조에 사용된 것으로 보인다. 고령 지산동30호분은 조사 당시의 흙무지 크기가 동서너비×남북너비×주석실 천장부터의 높이 각 18.00m×15.00m×1.50m로 지산동고분군이 자리 잡고 있는 구릉의 말단부에 축조되었다.

지산동30호분 주석실을 덮은 10매의 뚜껑돌 가운데 동단벽에서 네 번째 뚜껑돌의 길이×너비×두께는 각 1.90m×1.20m×0.11~0.19m로 암각화는 석재의 측면인 길이×너비 1.90m×0.11~0.19m 크기의 면에 새겨졌다. 쪼기와 갈기 기법으로 새겨진 1점의 검파형 무늬는 위부분과 아래 부분이 남아 있지 않다. 이는 채석자가 암각화의 존재 여부에 관계없이 암벽에서 적절한 크기로 석재를 떼어 내면서 일어난 현상으로 볼 수 있다. 하부석곽의 3개의 뚜껑돌 가운데 석곽 바닥에 떨어져 있던 뚜껑돌의 길이×너비×두께는 각 1.55m×0.78m×0.10m로 암각화는 석재의 밑면에 새겨졌다.(그림35) 암면에서는 사람 1점, 남녀 성기의 교합상 1점, 남성 성기 1점, 꽃술이 방사상으로 펴진 듯한 그림 1점, 형태를 규정하기 어려운 그림 5점 등 9점의 암각화가 확인된다.(그림36)

고령 지산동암각화는 인근의 고령 양전동암각화나 봉평리암각화, 안화리암각화와 내용 구성에서 차이가 크고 다른 지역 암각화와도 비교가 어렵다. 검파형 무늬도 일부만 남아 있어 다른 지역 암각화의 검파형 무늬와의 비교가 쉽지 않다. 고령 지산동30호분이 무덤 구조 및 출토 유물 분석을 통해 5세기 중엽에 축조된 무덤으로 편년 된다는 사실도 지산동암각화의 분석과 편년에는 별다른 도움을 주지 못한다. 한반도 남부 지역에서 검파형 무늬 암각화가 제작되는 시기에 대한 일반적인 편년안을 감안할 때 고령 지산동암각화의 제작 시기 역시 청동기시대 후기로 추정할 수 있을 뿐이다.

그림 35. 경북 고령 지산동 30호분 주석실 하부석관 암각화 탁본상태

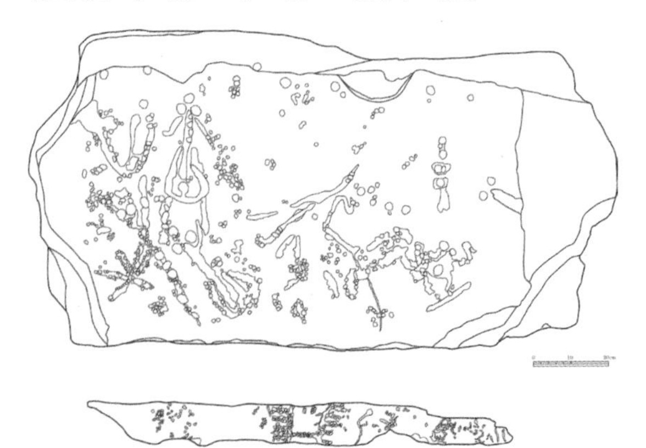

그림 36. 경북 고령 지산동 30호분 주석실 하부석관 암각화 실측도

9) 경북 안동 수곡리암각화

안동 수곡리암각화는 안동시 임동면 수곡리 산45번지에 있다. 1986년 안동군청 건설과 토목주사 김영식에 의해 발견되어 안동문화연구회에 의해 현장 조사가 이루어졌다.[64] 김영식이 임하댐 수몰지구 마을문화 현황조사 및 주민 이주대책 의견청취 중 한들마을 주민들에게서 비봉산 북편 자락에 신선대, 신선바위로 불리는 곳에 윷판이 새겨져 있다는 이야기를 듣고 현장에 가 이를 확인하였다. 그 뒤 김영식이 안동문화연구회 월례회에 이를 보고하면서 '한들마을 선사암각화'가 세상에 알려지게 되었다. 한들마을이 수몰되기 전에는 신선바위에서 남쪽으로 한들마을 앞을 가로지르는 대곡천이 잘 보였다고 한다.

암각화는 산자락 8부 능선에 펼쳐진 남북길이×동서너비 30.00m×15.00m 크기 바위의 남쪽 부분에서 집중적으로 발견된다.(그림 37) 바위의 남쪽 대부분과 서쪽 일부분 외에는 흙으로 덮여 있다. 바위는 북동쪽으로 N-16°-E 기울었으며 서쪽이 높고 동쪽이 낮은데 실제 현장에 가 보면 수평에 가까운 느낌을 준다. 넓은 암면은 자연 균열을 기준으로 9개 면(A면~I면)으로 나눌 수 있다. 길이×너비 1.90m×1.50m인 A면에는 윷판형 그림으로 해석되기도 하는 다수의 바위구멍이 새겨졌다. 2.50m×1.60m인 B면에는 윷판형 그림 2점과 다수의 바위구멍이 확인되며, 2.70m×1.70m인 C면에는 음문 11점, 음문의 일부로 보이는 그림 3점, 윷판형 그림 2점 등 16점의 암각화가 보인다. 2.60m×1.90m인 D면에는 음문 13점, 윷판형 그림 1점 등 암각화 14점이 새겨졌으며, 2.70m×2.00m인 E면에는 사람 발자국 1점, 윷판형 그림 1점 등 2점의 암각화가 보이며 이외에 후대의 것으로 보이는 선각 그림이 있다. 4.96m×5.00m인 F면에는 음문 1점과 여러 개의 바위구멍이 새겨졌으며, 4.25m×4.30m인 G면에는 음문 14점, 곡

선과 직선이 어우러진 그림 3점, 윷판형 그림 1점 등 18점의 암각화와 다수의 바위구멍이 남아 있다.(그림 38,39) 3.70m×3.45m인 H면에서는 음문 4점, 음문 그림의 일부로 보이는 그림 1점 등 5점의 암각화가 확인되고 2.00m×6.00m 크기의 I면에는 윷판형 그림 1점이 새겨졌다.

수곡리암각화에서 확인되는 음문은 발견 이후 말굽형암각화로 불린다.[65] 한 겹이나 두 겹의 반원 안에 짧은 수직선을 긋는 방식으로 표현되는 음문이 말굽을 연상시키기도 하지만 여성의 성기를 묘사한 것이라는 해석이 일반적이다.[66] 이 음문은 수곡리암각화가 청동기시대에 거행된 풍요·다산 의식과 관련 있음을 짐작하게 한다. 공간곡선과 직선이 어우러진 그림은 새, 활, 샤먼 등으로 해석되는데, 특히 무복(巫服)을 입고 두 팔을 활짝 편 채 제의를 거행하는 샤먼의 모습이라는 견해는 수곡리암각화와 제천의식의 직접적인 관련성을 시사한다는 점에서 주목된다.[67] 수곡리암각화에서는 장대구멍으로 해석되는 크고 깊은 바위구멍들과 바위 확, 수조시설로 보이는 바위 면의 웅덩이도 신선바위에서 제천의식이 행해졌던 증거로 이해되고 있다. 윷판형 암각화는 포항 및 고령지역 암각화유적에서도 발견되는 것으로 농경과 관련된 기상 관측, 곧 절기를 읽기 위한 도구로 짐작되기도 한다.[68]

안동 수곡리암각화는 음문과 윷판형 그림이 주류를 이루는 점에서 다른 암각화유적과 구별된다. 인근에서 이 유적의 편년에 도움을 줄 수 있는 별다른 자료는 확인되거나 수집되지 않고 있으나 풍요·다산 의식과 연결될 수 있는 음문의 표현 등으로 볼 때 수곡리암각화는 청동기시대 후기에 제작이 이루어졌을 가능성이 높다.

그림 37. 경북 안동 수곡리암각화 전경

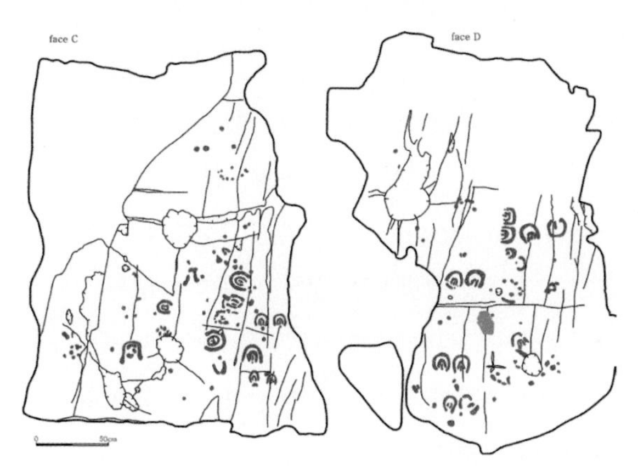

그림 38. 경북 안동 수곡리암각화 C, D면 실측도

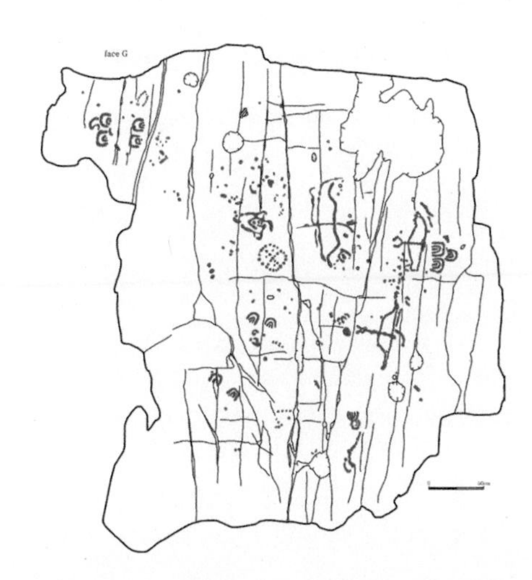

그림 39. 경북 안동 수곡리암각화 G면 실측도

10) 경북 영주 가흥동암각화

영주 가흥동암각화는 영주시 가흥1동 264-2번지에 있으며 경상북도 유형문화재248호로 지정, 보호되고 있다. 1989년 5월 14일 영남일보 박홍국 기자에 의해 발견되었다.[69] 암각화는 부처당바위로 불리는 영주 가흥동 마애여래삼존상(보물221호)이 새겨진 큰 절벽바위의 서남쪽 아래 끝부분에 새겨졌다. 현재는 영주-예천 사이 국도 건설 등으로 물길이 바뀌었으나 그 이전에는 암각화가 새겨진 바위 아래로 내성천의 지류인 서천이 흘렀다고 한다. 유적의 북쪽 400m 지점에 청동기시대 입석 2기가 있었으나 현재는 남아 있지 않다.

암각화는 높이×너비 1.38m×4.08m, N-82°-E 방향의 바위 위에 새겨졌다.(그림40) 암면은 자연 균열을 기준으로 3면으로 나눌 수 있다. 제일 서쪽의 A면은 높이×너비 0.85m×1.29m으로 검파형 그림 1점, 가운데 B면은 1.01m×2.14m 크기로 검파형 그림 8점, 형태가 분명치 않은 그림 2점 등 10점의 암각화가 새겨졌다.(그림41) 동쪽의 C면은 높이×너비 1.38m×0.67m 정도이고 검파형 무늬 5점이 확인된다. 16점에 이르는 암각화는 얕은 새김의 갈아파기 기법으로 제작되었다.

가흥동 암각화의 검파형 무늬는 양전동암각화나 칠포리 암각화에 보이는 전형적인 검파형 무늬가 축소되면서 도식화 된 상태를 보여주는 경우라고 할 수 있다. 표현 내용 및 양식 등으로 볼 때 영주 가흥동암각화는 청동기시대 말기에서 철기시대 초기에 걸친 암각화 퇴화기의 작품으로 판단하는 것이 적절할 듯하다.

그림 40. 경북 영주 기흥동암각화

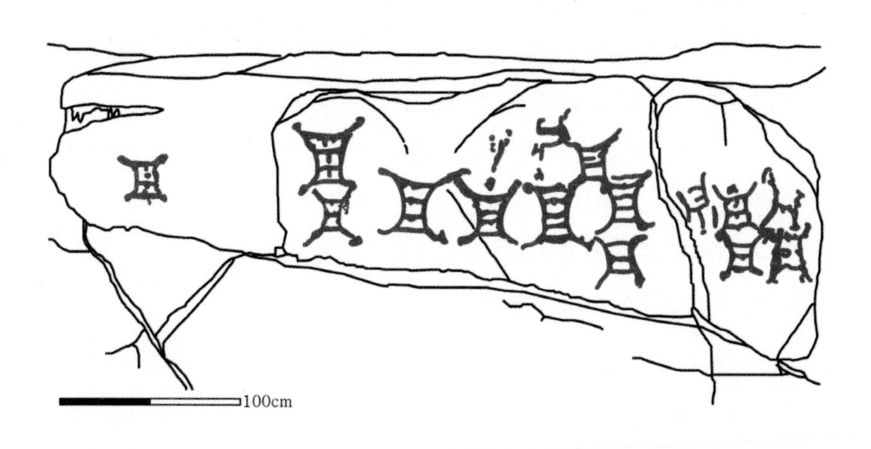

그림 41. 경북 영주 기흥동암각화 실측도

11) 경북 영천 보성리암각화

영천 보성리암각화는 경북 영천시 청통면 보성리 666-2번지에 있으며 경상북도 유형문화재 286호로 지정, 보호되고 있다. 1992년 11월 화가 이철희의 제보로 같은 해 12월 전주대학교 송화섭 교수에 의해 조사, 보고되었다.[70] 암각화가 새겨진 바위는 1987년 봉수마을 주민들이 마을 남서쪽을 흐르는 용연천 주변 농지를 정리하면서 개울 옆에 옮겨두었던 것이다. 한 주민이 바위가 거북 모양인 점을 상서롭게 여겨 이 '돌거북'을 마을 입구로 옮긴 뒤 시멘트단 위에 올려 두었는데, 우연히 바위에 암각화가 새겨졌음을 알게 되었다. 이후 이 거북바위가 경상북도 유형문화재로 지정되자 농가 앞에 보호각을 지어 그 안에 두어 보호하고 있다. 이런 정황을 전거로 보고자는 이 바위가 본래는 고인돌무덤의 덮개돌이었을 것으로 보았지만 독립된 바위에 새겨진 것이라는 견해도 제기되었다.[71]

암각화는 길이×너비×높이 3.29m×1.39m×0.95m 크기의 바위의 두 면에 걸쳐 새겨졌으나 남쪽을 향해 놓인 바위 동쪽 면의 그림은 서쪽 면의 것에 비해 풍화와 박리가 매우 심하다.(그림 42) 서쪽 면인 A면에는 검파형 무늬 12점, 석검형 무늬 1점, 본래 검파형 무늬였을 것으로 보이나 윤곽선이 희미하거나 일부만 남은 8점 등 모두 21점의 암각화가 새겨졌다.(그림 43) 동쪽 면인 B면에서는 검파형 무늬 3점, 검파형 무늬의 일부로 보이는 무늬 2점 등 5점의 암각화가 확인된다.

영천 보성리암각화의 검파형 무늬는 기존의 검파형 무늬의 윗면 두 개의 바위구멍 위쪽에 삼중의 역삼각형 무늬를 넣고 검파문 위에는 머리털처럼 여러 개의 짧은 수직 반직선을 나란히 넣은 것이 있고 그렇지 않은 것이 있다. 또 검파형 무늬 내부의 윗면 머리 부분을 U자형이나 V자형 선으로 장식한 것이 있고 그렇지 않은 것이 있는 등 여러 가지 표현 양식을 보여 준다. 풍화 및 박리 현상을 감안하더라도 검파형 무늬 새김의 깊이에도 차이가 있어 여러 시기에 걸쳐 제작되었을 가능성도 고려된다. 이런 점에서 영천 보성리암각화는 포항 칠포리암각화, 경주 석장동암각화, 고령 양전동암각화 및 고령 지산동암각화의 검파형 무늬와 비교할 필요가 있는 유적이다. 암각화의 새김 기법 및 표현 내용 등을 인근의 유사한 표현 양식의 암각화와 비교해 볼 때 영천 보성리암각화는 청동기시대 후기의 이른 시기에 제작되었을 가능성이 높다.

그림 42. 경북 영천 보성리암각화

그림 43. 경북 영천 보성리암각화 실측도

12) 경북 포항 대련리암각화

포항 대련리암각화는 경북 포항시 북구 흥해읍 대련3리에 있다. 암각화는 석지골로도 불리는 대련3리 도음산 동남쪽 기슭으로 나지막하게 솟은 구릉 위에 있다. 이 일대는 대련리고분군으로 불리는 삼국시대 고분들이 다수 조성된 곳이다. 암각화는 구릉 서쪽의 파괴된 석곽묘 뚜껑돌에서 발견되었다.[72] 대련리 고분군 석곽묘 축조에 사용된 석재들은 인근 포항시 북구 달전리 산19-3번지 일대의 옛 채석장에서 채취되어 온 것으로 추정되고 있다.

암각화는 길이×너비×두께 1.82m×0.42m×0.42m 크기인 석곽의 장방형 뚜껑돌 가운데 부분에 새겨졌다.(그림44) 사람의 머리와 몸체, 다리를 철제 도구로 힘 있게 그어서 새겼는데, 사람의 얼굴 표정은 다소 사납게, 몸은 역삼각형으로 다리는 두 가닥의 둥근 선으로 나타냈다. 다리 사이로 뻗어 내린 두 가닥 선의 정체는 명확하지 않다.

대련리암각화의 인물상은 무덤을 지키는 벽사(辟邪)로 해석될 수도 있고 무덤에 묻힌 이의 초상으로 이해될 수도 있다. 확실한 것은 세선각 기법이 적용된 암각화의 인물상이 무덤 축조 당시에 제작되었을 가능성이 매우 높다는 사실이다. 따라서 대련리암각화는 대련리고분군의 조성시기인 5세기에서 6세기 사이에 제작되었을 것으로 보인다.

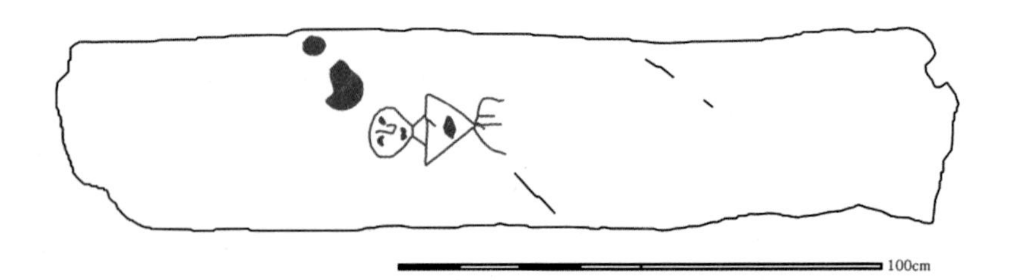

그림44. 경북 포항 대련리암각화 실측도

13) 경북 포항 석리암각화

포항 석리암각화는 포항시 남구 동해면 석리에 있다. 2002년 한국선사미술연구소 이하우소장에 의해 발견, 조사되었다.[73] 동해면과 구룡포읍을 잇는 31번 도로 아래의 구 도로 곁 밭 가장자리에 있다. 유적의 서쪽 800m 거리의 금광리에 고인돌무덤이 다수 있으며 동북쪽 6km 지점에 윷판형 암각화로 알려진 윷판재가 있다. 석리암각화는 지금도 원래의 자리에 있지만 2008년 12월말부터 2009년 1월 초 사이에 알 수 없는 손길에 의해 원형이 심하게 훼손되었다.

암각화는 길이×너비×두께 1.42m×1.36m×0.50m 크기의 바위에 사람 얼굴을 연상시키는 커다란 원과 잇대어 그은 두 개의 선, 원 1점, 바위구멍 6점으로 이루어졌다.(그림 45) 커다란 원에는 위족에 2개의 바위구멍이 있고 아래쪽에 치우쳐 가로로 선이 그어졌다. 암각화는 대부분 갈기 기법으로 완성되었다.

추상화 된 인면형 암각화가 그려진 포항 석리암각화는 내용상 인근의 다른 암각화와 비교하기 어렵다. 그러나 가까운 금광리와 중산리에 청동기시대 후기의 고인돌무덤들이 있고, 눌태리에서는 윷판형 암각화가 발견된 점을 감안할 때 석리암각화의 제작 시기를 청동기시대 후기 이전으로 올려 보기는 어려울 것으로 보인다. 포항 석리암각화는 청동기시대 후기의 늦은 시기에서 철기시대 초기 사이의 작품으로 보는 것이 타당할 듯하다.

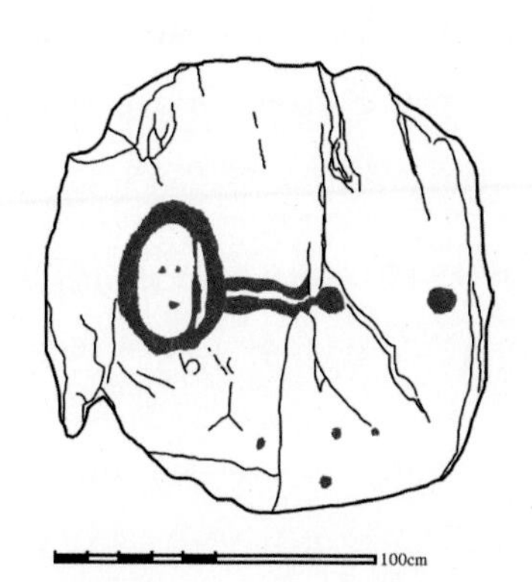

그림 45. 경북 포항 석리암각화 실측도

14) 경북 포항 인비리암각화

포항 인비리암각화는 포항시 기계면 인비리 답829-1번지에 있다. 1984년 7월 18일~7월 27일에 걸쳐 국립경주박물관 학예실 조사팀이 월성군과 영일군 일대 선사시대유적 지표조사를 실시하던 중 기계면 인비리16호 고인돌무덤 덮개돌에서 발견하였다.[74] 인비리16호 고인돌무덤은 31번 국도에서 기북으로 가는 갈림길 초입의 들판 가운데 있다. 인비리 지가실마을 서북쪽 언덕 아래 펼쳐진 몰개들이라고 불리는 작은 들판 논둑에 자리잡은 8기의 고인돌무덤 가운데 하나이기도 하다. 인비리 고인돌무덤들의 북쪽에는 완만한 구릉이 펼쳐지며 남쪽으로는 형산강의 지류인 기계천이 흐른다. 주민들의 말에 의하면 인비리16호 고인돌무덤 덮개돌을 포함하여 논한가운데 있던 여러 개의 커다란 바위들을 중장비를 동원해 논둑으로 옮겼다고 한다. 이 때문에 인비리 몰개들에 있던 8기의 고인돌무덤 하부구조에 대해서는 알 수 없게 되었고, 인비리16호 고인돌무덤 덮개돌이 어떤 상태로 놓여 있었는지도 알 수 없게 되었다. 2006년 10월경 이곳을 다녀간 사람들에 의해 암각화에 덧새김이 이루어지는 등의 행위로 원래의 암각화가 크게 훼손되었다.[75]

길이×너비×높이 1.53m×1.28m×1.40m 크기의 덮개돌은 263° 방향으로 놓였으며 기울기는 65°이다. 암면의 편평한 부분 중 남쪽에 쪼기 및 갈기 기법으로 이단병식 석검 2점, 석촉으로 보기도 하고 석검의 일부로 보기도 하는 삼각형 1점 등 모두 3점의 암각화가 새겨졌다.(그림 46,47) 암각화는 바위에 형상을 쪼아 나타낸 다음 다시 가볍게 갈아서 형태를 완성하는 방식으로 제작되었다.

석검이 고인돌무덤 덮개돌에 새겨진 다른 사례로는 밀양 안인리암각화, 나주 운곡동암각화, 여수 오림동암각화를 들 수 있다. 특히 여수 오림동암각화의 일단병식 석검은 인비리암각화의 이단병식 석검과 비교되는 점에서 주목되는 경우이다. 인비리암각화와 같은 석검 암각화는 풍요주술의 일환으로 남성의 성적 상징을 새기는 제의 행위의 결과물로 이해되기도 한다.[76] 새김 기법 및 표현 방식, 내용 등에서 청동기시대 후기로 편년되는 여수 오림동암각화와 닮은 점이 있지만 제작 및 사용시기가 상대적으로 빠른 이단병식 석검이 암면에 새겨졌음을 고려할 때 포항 인비리암각화는 청동기시대 중기에 제작되었을 가능성이 높다.

그림 46. 포항 인비리 16호 고인돌 무덤 덮개돌 암각화

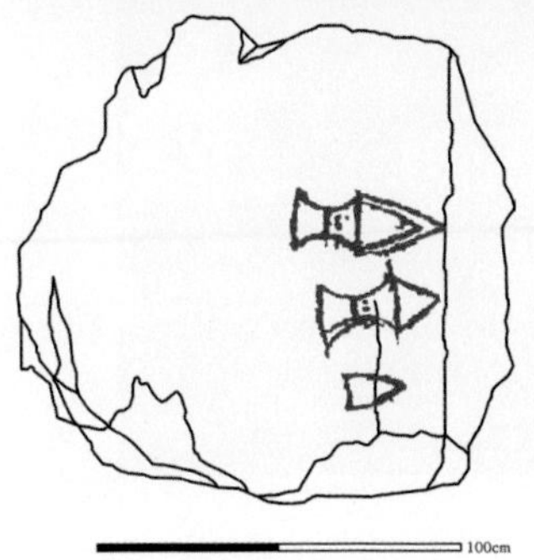

그림 47. 포항 인비리 16호 고인돌 무덤 덮개돌 암각화 실측도

15) 경북 포항 칠포리암각화

칠포리암각화는 포항시 흥해읍 칠포리 201, 산92, 334, 749번지 일원에 있으며 경상북도 유형문화재 249호로 지정, 보호되고 있다. 1989년 11월23일 포철고문화연구회의 이하우에 의해 첫 발견이 이루어졌고 1994년 4월까지 곤륜산 일원 7곳에서 다수의 암각화 유적이 발견, 조사되어 학계에 보고되었다.[77] 칠포리암각화는 크게 4곳에서 나뉘어 발견되었다. 칠포2리에서 곤륜산 서북쪽 실안마을로 통하는 길에서 서쪽 산기슭 골짜기를 따라 올라가면서 발견되는 암각화 바위 4곳이 포함된 지역을 제1구역, 곤륜산에서 912번 도로 옆 동쪽 해안 가까운 곳에 있는 골짜기의 암각화 바위 2곳과 산기슭의 바위 1곳이 포함된 지역을 제2구역, 상두들의 농로를 따라 분포한 고인돌무덤에 사용된 것으로 보이는 바위들과 912번 도로 곁의 밭 가운데 있는 암각화 바위 1곳이 있는 지역을 제3구역, 칠포리에서 신흥리로 이어지는 도로의 서쪽 농발재 기슭의 암각화 바위 1곳과 청하면 신흥리 마을 뒷산 오줌바위가 있는 지역 전체를 하나로 묶어 제4구역으로 분류할 수 있다.(그림 48,49,50)

그림 48. 경북 포항 칠포리암각화 A지점

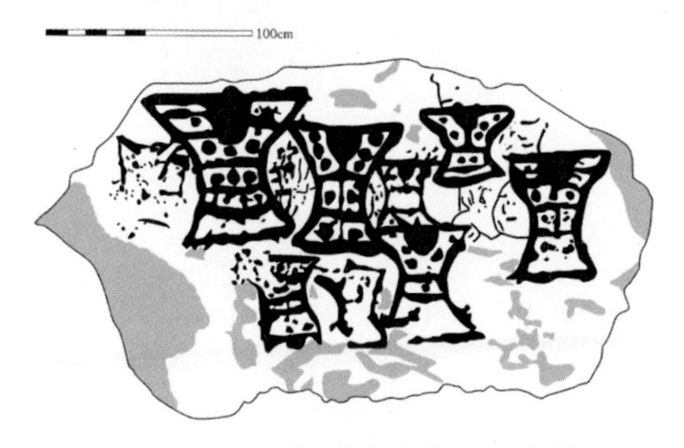

그림 49. 경북 포항 칠포리암각화 A지점 암각화1 실측도

그림 50. 경북 포항 칠포리암각화 A지점 암각화2 실측도

1구역 첫 번째 바위 1-R1은 높이×너비 2.10m×2.80m로 327° 방향으로 놓였으며 기울기는 30° 정도이다. 바위 면에서 음문 1점, 검파형 무늬 1점, 역삼각형 무늬 1점이 확인된다. 풍화가 심하고 바위 면도 거친 편이어서 이외에 다른 암각화가 새겨졌는지 여부는 알 수 없다. 두 번째 바위 1-R2은 높이×너비 1.46m×2.30m 로 322° 방향으로 놓였으며 기울기는 75° 정도이다. 바위 면에 검파형 무늬 2점이 새겨졌다. 1-R3는 세 면에 걸쳐 암각화가 새겨졌다. A면은 높이×너비 1.70m×3.00m로 275° 방향이며 기울기는 65° 정도이다. 검파형 무늬 11점이 새겨졌는데, 그림의 깊이와 형태 등으로 볼 때 11점 가운데 4점은 상대적으로 이른 시기에 제작된 것으로 보인다. B면은 높이×너비 1.65m×3.00m로 기울기는 25° 정도이며 석검 1점이 새겨졌다. C면에는 검파형 무늬 1점이 새겨졌다. 1-R4는 55° 방향으로 놓였으며 기울기는 35°~45° 이다. 바위 면의 서쪽 부분이 땅 속에 묻힌 상태여서 암각화의 분포 양상을 정확히 파악하기는 어렵다.

현재 노출된 부분에서 확인되는 암각화는 음문, 석검, 검파형 무늬, 바위 구멍 등 모두 34점이다.

2구역 첫 번째 바위 2-R1은 높이×너비 1.00m×0.72m로 2개의 암면에 암각화가 새겨졌다. A면에서 검파형 무늬 2점, B면에서 검파형 무늬 3점이 확인된다. 두 번째 바위 2-R2는 높이×너비 2.40m×2.85m로 160° 방향으로 놓였으며 바위의 한쪽 면이 땅 속에 깊이 묻혀 있다. 암면에서 검파형 무늬 4점이 확인된다. 세 번째 바위 2-R3 역시 160° 방향으로 놓였으며 기울기는 약 35°이다. 암면에서 검파형 무늬 1점이 확인된다.

3구역 바위 3-R1은 고인돌무덤의 덮개돌처럼 보이는 것으로 912번 도로 곁 밭 가운데 있다. 높이×너비 1.30m×0.80m 로 120° 방향으로 놓였으며 기울기는 75° 정도이다. 암면에서 검파형 무늬 1점과 검신으로 보이는 삼각형 무늬 1점이 확인된다. 3-R2~R5는 고인돌무덤에 사용되었던 것으로 보이는 바위 4점으로 크고 작은 바위구멍과 윷판형 암각화 1점이 새겨졌다. 3-R6는 장방형 적석구조물의 일부인 방형의 바위로 길이×너비×높이 2.79m×3.00m×0.40m이다. 암면에는 선으로 이어진 다수의 바위 구멍이 새겨졌다.

4구역 바위 4-R1은 농발재암각화바위로도 불린다. 높이×너비 1.60m×2.30m 로 108° 방향으로 놓였다. 바위 정면인 A면에 검파형 무늬 1점, 이어진 수평면 B면에 윷판 2점, 경사진 측면인 C면에 음문 1점이 새겨졌다. 4-R2는 신흥리 마을 뒷산 기슭에 넓게 펼쳐진 것으로 전체 크기는 알 수 없고 노출된 부분의 길이만 약 18m이다. 다수의 윷판형 암각화, 별자리를 연상시키는 대소의 바위구멍들이 새겨졌는데, 지속적인 풍화작용, 바위 표면의 박리현상으로 말미암아 조사 시점마다 파악되는 암각화의 수와 내용에 차이가 있다. 오줌바위에서 산봉우리 쪽으로 이어지는 여러 암면에도 윷판형 암각화와 바위구멍들이 새겨졌으나 정식 조사되지는 않고 있다.

칠포리암각화는 검파형 무늬가 주류를 이루며 넓은 지역에 걸쳐 있다. 경주 석장동암각화, 경주 안심리암각화, 영천 보성리암각화, 고령 양전동암각화, 고령 안화리암각화, 영주 가흥동암각화, 남원 대곡리암각화 등 검파형 무늬가 새겨진 다른 암각화 유적들이 한 두 개의 바위로 이루어진 것과 대조적이다. 지금까지 발견된 암각화 유적 가운데 유일하게 군집을 이루고 있다는 점만으로도 칠포리암각화는 특이한 사례에 속한다.[78] 칠포리암각화에 새겨진 검파형 무늬는 크게 두 유형으로 나뉠 수 있고 각 유형의 제작 시기에는 차이가 있다는 것이 일반적인 견해이다. 칠포리 암각화의 검파형 무늬 가운데 이른 시기의 작품들이 경주 석장동암각화의 검파형 무늬와 양식적으로 유사하다는 근래의 연구 성과를 고려할 때 포항 칠포리암각화의 제작 시기는 청동기시대 중기에서 후기에 걸쳐 있는 것으로 보아야 할 듯하다.

(3) 전남, 전북

1) 전남 나주 운곡동암각화

나주 운곡동암각화는 전남 나주시 운곡동 산53-7번지에 있다. 2008년 2월~2009년 3월 마한문화연구원에서 실시한 나주지방산업단지 조성을 위한 나주 운곡동 유적 발굴조사 중 유적 인근 암석군과 고인돌무덤군 덮개돌에서 발견되었다.[79] 청동기시대 고인돌무덤 덮개돌 채석장으로 추정되는 암석군은 발굴조사 대상인 운곡동 유적의 Ⅰ구역 구릉지에 있다. 고인돌무덤군이 자리 잡은 운곡동 유적 Ⅱ구역에서는 3곳의 고인돌무덤 덮개돌에서 암각화가 확인되었다. 운곡동 유적은 가야산 남쪽으로 뻗어 내린 구릉(일명 봉사이태산, 해발52m)의 북쪽 사면에 형성되었다. 발굴조사를 통해 청동기시대의 송국리형 주거지 75기와 고인돌무덤 22기, 초기철기시대부터 고려시대까지 조성된 기와가마, 토기가마, 무덤이 다수 확인되었다.

길이×너비 24m×18m 공간에 놓인 운곡동 유적 Ⅰ구역 암석군 중 10개의 바위(R1~R10)에서 발견된 암각화는 모두 격자무늬 선각 그림으로 형태가 뚜렷이 남은 것이 42점, 마멸 등으로 형태가 뚜렷하지 않은 것이 12점 등 모두 54점이다.(그림 51,52,53) 높이×너비 1.00m×1.55m인 R1의 5개 암면에서 8점(4면은 N-15°-W, 1면은 N-80°-E), N-15°-W인 R2에서 1점, N-S 방향의 높이×너비 0.73m×0.74m 크기의 R3에서 1점, N-S 및 N-15°-E 방향인 R4 2개의 암면에서 2점, N-S 방향의 R5에서 2점, 높이×너비 2.50m×1.40m 크기의 R6의 5개 암면에서 15점(A: N-5°-W, B,C: N-84°-E, D: N-84°-W, E: N-84°-W), 높이×너비 0.72m×0.60m 크기의 R7의 2개의 암면에서 2점(A: N-15°-W, B: N-75°-E), 높이×너비 0.95m×1.30m 크기의 R8 4개의 암면에서 9점(A,B: N-75°-W, C,D: N-75°-E), N-80°-W 방향인 높이×너비 1.00m×1.60m 크기의 R9에서 2점, N-80°-W 방향인 높이×너비 1.20m×1.75m 크기의 R10의 2개의 암면에서 12점의 암각화가 확인되었다.

그림 51. 전남 나주 운곡동 I 구역 암각화

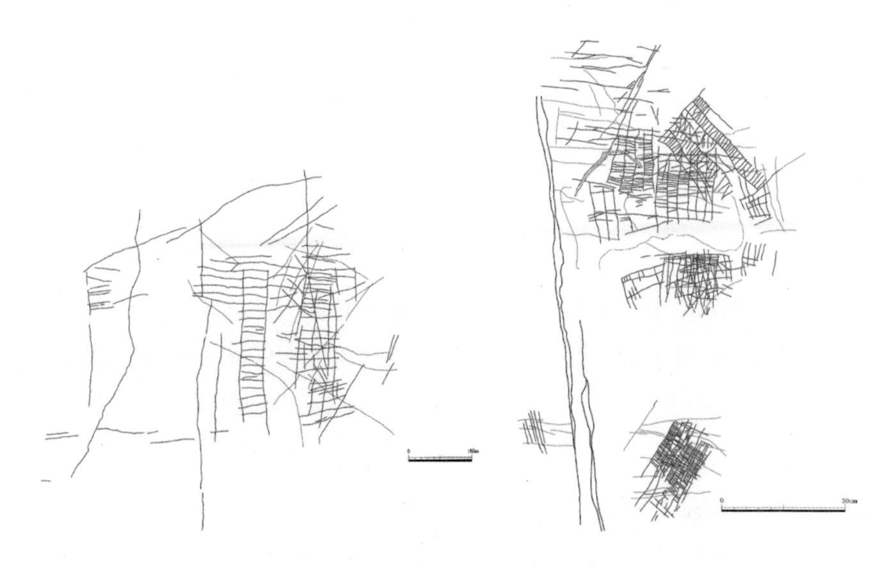

그림 52. 전남 나주 운곡동 I 구역 암각화 F I면 실측도 　　그림 53. 전남 나주 운곡동 I 구역 암각화 FA면 실측도

운곡동 유적 Ⅱ구역에서 발견된 3곳의 고인돌무덤 덮개돌에 새겨진 암각화도 격자무늬 선각 그림이다.(그림 54) N-39°-E로 놓인 길이×너비 0.48m×0.67m 크기 장방형 덮개돌 R1에서 1점, N-77°-E로 놓인 길이×너비 1.60m×2.42m 크기 장방형 덮개돌 R2에서 10여 점, N-88°-W 방향인 길이×너비 0.77m×1.40m 크기 장방형 덮개돌 R3에서 마모가 심한 선각 그림이 일부 확인된다.

암각화는 끝이 날카로운 도구를 사용하여 기준선으로 삼는 긴 가로선을 그은 뒤 일정한 간격으로 세로선을 여러 개 긋고 다시 구획된 칸 안을 여러 개의 가로선으로 채워가는 방식으로 새겨 전체적으로 긴 사다리를 잇달아 놓은 것처럼 보이게 하였다. 암각화가 새겨진 바위의 재질이 다른 암석에 비해 상대적으로 무른 혼펠스이고 그어 새긴 단면의 형태가 대부분 'U'자형인 점을 고려할 때 암각에 사용된 도구는 끝이 뾰족한 돌연모로 추정된다.[80]

운곡동 유적에서 확인된 송국리형 주거지와 고인돌무덤들은 청동기시대 후기에서 초기철기시대에 걸쳐 조성되었을 것으로 추정된다.[81] 암각화가 발견된 채석장에서 고인돌무덤의 덮개돌이 채석되어 고인돌무덤이 축조된 시기는 청동기시대 후기의 늦은 시기로 보다 좁혀 볼 수도 있다. 그러나 이를 근거로 암각화 제작 시기를 추정하기는 쉽지 않다. 비록 세선각 기법으로 제작되었지만 암각화가 채석장에서 채석이 이루어지기 전부터 제작되었는지 여부는 여전히 불확실하기 때문이다. 세선각 기법이 반드시 초기 철기시대 이후의 암각화 제작법은 아닌 까닭이다. 더욱이 운곡동 암각화와 같은 내용과 기법의 암각화가 집중적으로 발견되고 있는 다른 지역에서는 아직 보고되지 않고 있다. 현재로서는 나주 운곡동 암각화의 제작 시기를 청동기시대 후기로 추정하는 정도에서 벗어나기 어려울 것으로 보인다.

그림 54. 전남 나주 운곡동 II구역 암각화

2) 전남 여수 오림동암각화

전남 여수시 화장동 954-1번지 여수선사유적공원에 있다. 1989년 12월 ~1990년 1월 전남대학교박물관에서 실시한 진남체육공원 조성을 위한 여수 오림동유적(전남 여수시 오림동 102번지) 발굴조사 중 오림동5호고인돌무덤 덮개돌에서 발견되었다.[82] 오림동고인돌무덤들은 오림정이마을 계곡평지의 남북 15m, 동서 35m의 범위 안에 동서로 나란히 열을 지어 분포하고 있었다. 안산암인 덮개돌들은 주변 야산의 암반에서 떼어내거나 대형 석괴를 옮겨온 것으로 추정되었다. 오림동5호 고인돌무덤은 이 오림동 고인돌무덤군의 중앙 남편에 조성되어 있었다. 덮개돌의 장축 방향은 30°이며 외형이 배처럼 보인다고 하여 주민들에 의해 배바우로 불렸다.

발굴조사를 통해 오림동고인돌무덤군은 모두 18기로 이루어져 있었으며 대부분의 고인돌무덤이 4~6매의 받침돌로 덮개돌을 받친 바둑판식 고인돌무덤임이 확인되었다. 15기의 고인돌무덤은 돌덧널 및 돌널식 무덤방이 설치된 것이었고 3기는 하부에서 매장시설이 확인되지 않았다. 오림동5호고인돌무덤의 돌덧널 안에서는 동검편 3점, 대롱옥 2점, 다수의 민무늬토기편이 수습되었다.

오림동5호 고인돌무덤 덮개돌은 평면 장방형으로 윗면이 편평하고 아래는 완만한 호를 이루며 북서면은 뾰족하다. 석질은 안산암이고 무게는 27t이다. 길이×너비×두께는 각 4.10m×2.76m×1.80m이다. 암각화는 약 20° 기울어 바위그늘을 형성하고 있는 덮개돌 하단부의 남서쪽 면에 남아 있으나 풍화가 심하여 새김 깊이가 0.2~0.3mm에 불과하다.(그림 55) 길이×너비 1.35m×2.43m 크기의 암면 가운데에 석검 1점, 석검의 왼쪽에 인물상 2점, 아래쪽에 인물상 1점이 주로 쪼기 기법으로 표현되었으나 긋기 기법의 흔적도 일부 확인된다.(그림 56) 이외의 암각 흔적은 형체를 규명하기 어렵다.

무덤구조 및 출토유물에 대한 편년을 근거로 여수 오림동고인돌무덤들은 기원전 7세기~기원전 4세기에 걸쳐 조성된 것으로 추정되고 있다.[83] 오림동5호 고인돌무덤에서 출토된 유물들도 청동기시대 후기로 편년될 수 있는 것들이다. 이런 점을 고려할 때 덮개돌의 암각화가 제작된 시기를 청동기시대 후기로 보는 것도 큰 무리는 아니다. 여수 오림동유적 오림동5호 고인돌무덤을 포함한 3기의 고인돌무덤은 1991년 3월 진남체육공원 입구에 이전 복원되었다가 다시 여수선사유적공원 안으로 옮겨져 복원, 보존되고 있다.

그림 55. 전남 여수 오림동암각화

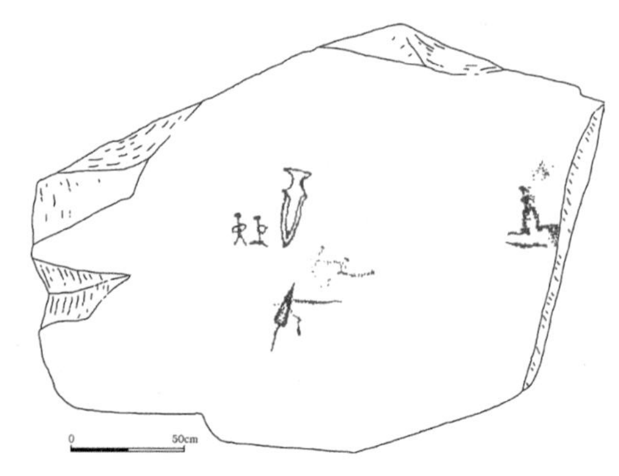

그림 56. 전남 여수 오림동암각화 실측도

3) 전북 남원 대곡리암각화

남원 대곡리암각화는 전북 남원시 대산면 대곡리 40번지 일대에 있다. 1991년 3월16일 국사편찬위원회에 재직하던 김광에 의해 남원 대곡리 풍악산 남편 봉황대의 남서쪽 바위에서 발견되었다.[84] 이 때문에 대곡리암각화는 봉황대암각화로도 불린다. 봉황대는 대실마을에 경사가 있으면 반드시 우는 바위라고 하여 '명암(鳴巖)'으로 불리며 신성시 되는 장소였다. 봉황대 앞으로는 대곡천이 흐른다.

암각화는 두 곳의 바위에서 모두 9점이 발견되었다.(그림57,58,59) 높이×너비 1.26m×4.10m 크기의 서쪽 바위 R1은 N-64°-W 방향이며 수직 기울기는 88°이다. R1에 새겨진 5점의 검파형 무늬 암각화 중 한가운데 있는 3점은 형상이 뚜렷이 남아 있으나 다른 2점은 희미한 윤곽만 남아 있는 상태이다. 높이×너비 1.91m×2.31m 크기의 동쪽 바위 R2는 N-85°-W 방향이며 수직 기울기는 90°이다. R2에 새겨진 암각화는 4점으로 모두 검파형 무늬이며 암면 상단에 있다. 암각화는 모두 깊고 굵은 선각으로 새겨졌다. R1의 암각화는 이중 윤곽선 내부에 바위구멍을 넣거나 윤곽선 안에 구획선으로 역삼각형 공간을 낸 뒤 그 안에 바위구멍을 새기는 방식으로 검파형 무늬를 형상화 한 반면, R2의 암각화는 윤곽선 안에 열을 이루도록 바위구멍을 새긴 뒤 윤곽선 바깥에 짧은 털처럼 보이는 반직선들을 여러 개 그어 새겨 장식성을 강화하는 방식으로 검파형 무늬를 나타내 서로 양식적 차이를 드러내고 있어 주목된다.

남원 대곡리암각화의 검파형 무늬는 포항 칠포리암각화, 경주 석장동암각화, 경주 안심리암각화, 영천 보성리암각화, 고령 양전동암각화, 고령 안화리암각화, 영주 가흥동암각화에서도 확인되는 것으로 청동기시대 후기 암각화를 대표하는 장식무늬이다. 동서 두 바위의 검파형 무늬가 양식적인 면에서도 뚜렷한 차이가 있는 것으로 보아 남원 대곡리암각화는 청동기시대 후기의 서로 다른 시기에 제작되었을 가능성이 높다.

그림 57. 전북 남원 대곡리암각화

그림 58. 전북 남원 대곡리암각화 1면 실측도

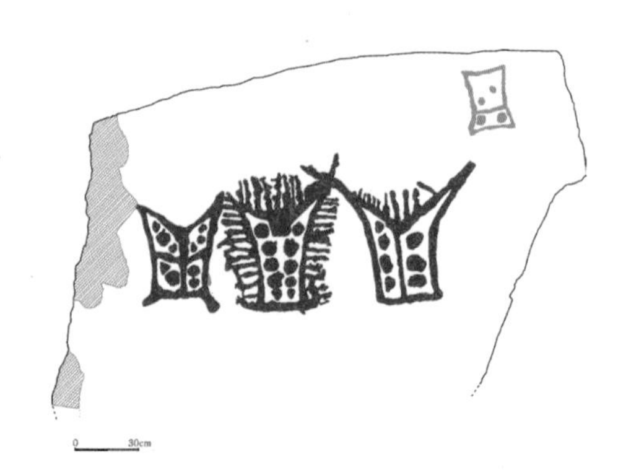

그림 59. 전북 남원 대곡리암각화 2면 실측도

(4) 제주

1) 제주 애월 광령리암각화

애월 광령리암각화는 제주시 애월읍 광령리 1653번지에 발견 상태 그대로 있다. 암각화가 새겨진 석재는 2003년 겨울 제주문화예술재단 문화재연구소의 지표조사 중 동행했던 러시아극동시베리아연구소의 알킨 박사에 의해 밀감과수원 북쪽 석축 하단에서 발견되었다.[85] 암각화가 발견된 밀감과수원은 해안에서 내륙으로 경사져 올라오다 만나는 평탄대지 정상 부근이며 해안과 주변을 한눈에 바라볼 수 있는 곳이다. 과수원 근처에 제주도에서도 고인돌무덤의 밀집도가 높은 것으로 잘 알려진 외도 · 광령리 고인돌무덤군이 있으며 밀감 과수원 주변도 1980년대 중반까지 40여기의 고인돌무덤이 무리 지어 있던 곳이다. 주변의 청동기시대 주거지 및 고인돌무덤에서 청동기시대 후기 및 초기철기시대에 사용된 석기, 방추차, 토기 파편이 다수 수습되었다. 암각화가 새겨진 바위가 놓인 방향은 20°이며 수직 기울기는 90°이다.

길이×너비×두께 각 1.2m×0.8m×0.6m(추정) 크기의 현무암 석재에 쪼기와 긋기, 갈기 기법으로 가운데 바위구멍을 만들고 둘레를 둥글게 처리한 다음 다수의 선들이 방사선 꼴로 뻗어나가는 형상의 태양을 연상시키는 무늬 1점이 새겨졌다.(그림 60) 암각화 바위의 석질이 매우 단단한 현무암이고 암각의 단면이 'V'자형인 것으로 보아 암각화 제작에는 끝이 날카로운 금속제 도구가 사용되었을 수 있다. 이런 점을 고려할 때 애월 광령리암각화는 청동기시대 후기부터 초기 철기시대의 어느 시점에 제작되었을 가능성이 높다.

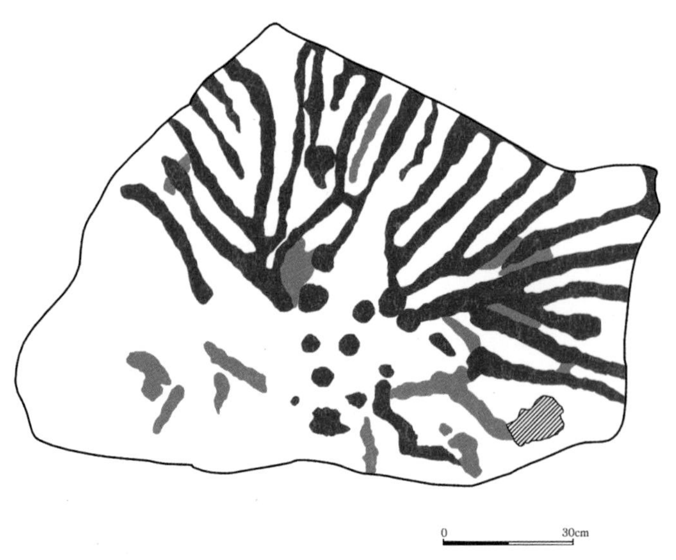

그림 60. 제주 애월 광령리암각화 실측도

그림 61. 함북 무산 지초리암각화 실측도

(5) 함경북도

1) 함북 무산 지초리암각화

무산 지초리 암각화는 무산군 지초리 두만강변의 신선바위, 성강바위라 불리는 강변 바위절벽 동굴 입구 바위 면에 있다.[86] 동굴 안에서는 석관묘가 발견되었으며 발굴 결과 단지, 바리, 굽접시가 1점씩과 토기 구연부 조각 2점, 가락바퀴 1점, 대롱구슬 2점이 수습되었다.

암각화는 인공적으로 편평하게 다듬은 너비×높이 3.2m×1.3m 크기 바위 면 일부에서 회오리문 14점, 동심원문 6점, 겹마름모문 1점, 원 6점이 발견되었다.(그림 61) 시계방향, 혹은 반시계방향으로 새겨진 회오리문은 2점씩 혹은 3점씩 서로 잇대어 있다.

북한의 보고자는 석관묘와 껴묻거리가 무산 범의 구석 집자리 유적 4기층의 것과 같다며 지초리 암각화를 신석기시대의 작품으로 보았다. 그러나 석관묘에서 수습된 유물들 중 민무늬토기들은 청동기시대 후기에서 초기 철기시대에 걸쳐 사용되던 것들이다. 때문에 이 유적을 청동기시대 이전으로 올려보기는 어렵다. 이런 사실들과 지초리 암각화의 동심원문이나 회오리문들이 청동기시대에 크게 유행한 장식무늬인 점을 함께 고려할 때 무산 지초리 암각화가 제작된 시기도 청동기시대 중기에서 후기 사이로 보는 것이 타당할 듯하다.

이상에서 살펴본 암각화 유적의 현황을 알기 쉽게 정리하면 아래 (표 1)과 같다.

표 1. 한국 암각화 유적분포 현황

차례	지역	유적명	유적특징	암각내용	발견조사시기	발견장소 · 소재지/소장기관	문화재지정단위
1	울산	울주 반구대암각화	자연바위	인물,동물,도구	1971	울산광역시울주군언양읍 반구대안길285(대곡리)	국보285호
2	울산	울주 천전리암각화	자연바위	인물,동물,기하문/세선각화	1970	울산광역시울주군두동면 천전리산210	국보147호
3	부산	동래 복천동암각화	석곽묘벽석	도구(배),기하문(동심원,나선문)	1995	부산광역시동래구복천동50, 복천동79호분/복천박물관	
4	경남	남해 양아리암각문 (남해상주리석각)	자연바위	기호	1860년대	경남남해군상주면 양아리거북바위	경상남도 기념물6호
5	경남	밀양 안인리암각화	고인돌무덤상석/적석유구	사람(인물,여성성기), 기하문(동심원)	2007	경남밀양시상동안인리1213 신안1호고인돌무덤상석및신안4호고인돌무덤적석/상석은 현장보존,적석은경남발전연구원역사문화센터에보존	
6	경남	밀양 활성동암각화	고인돌무덤 적석유구	사람(성기), 도구(석검)	2002	경남밀양시활성동살내 466-5살내1호고인돌무덤적석1,2경남발전연구원역사문화센터에보존	
7	경남	사천 본촌리암각화	청동기시대 주거지:숫돌	도구(석검)	1995	경남사천시곤명면본촌리3-1 본촌리유적나10호주거지/경상대학교박물관	
8	경남	의령 마쌍리암각화	돌무지흙널 무덤벽석:숫돌	도구(석검)	2010	경남의령군대의면마쌍리164 마쌍리1호분벽석, 경남발전연구원보존	
9	경남	함안 도항리암각화	고인돌무덤상석	기하문(동심원),성혈	1991	경남 함안군가야읍도항리 763-1 도항리34호분중복 도항리다호고인돌무덤	사적84호 (도항리고분군)
10	대구	달서 진천동암각화	선돌	기하문(동심원, 나선문),성혈	2000	대구광역시달서구진천동 470-38 진천동입석	사적411호
11	대구	달성 천내리암각화	고인돌무덤상석	기하문(동심원)	2007	대구광역시달성군화원읍 천내리516-1화장사 천내리3호고인돌무덤	천내리지석묘군 대구광역시 기념물13호
12	경북	경주 석장동암각화	자연바위	사람(여성성기, 발자국),동물(발자국),도구(검파형)	1994	경북경주시석장동산38-1	경상북도 기념물98호
13	경북	경주 안심리암각화	고인돌무덤상석(?)	도구(검파형),성혈	1995	경북경주시내남면안심리14	
14	경북	고령 봉평리암각화	자연바위	도구(동모,동검), 기하문	2008	경북고령군운순면봉평리 산102(순평마을 산능선)	
15	경북	고령 안화리암각화	자연바위	기하문(동심원), 도구(검파형)	1993,1994	경북고령군쌍림면안화리 산1(안림천변 절벽)	경상북도 기념물 92호
16	경북	고령 양전동암각화 (고령장기리암각화)	자연바위	기하문(동심원), 도구(검파형)	1971	경북고령군고령읍장기리 532(알터마을 입구)	보물605호
17	경북	고령 지산동암각화	석실묘상석/석곽묘상석	성교,도구(검파형)	1994,1995	경북고령군지산리산23-1 지산동30호분주석실상석및 하부석곽상석/고령대가야박물관	
18	경북	안동 수곡리암각화	자연바위	사람(발자국),동물(새,말굽형),도구(윷판형,수조),성혈	1991	경북안동시임동면수곡리산 45(한들마을비봉산신선대)	
19	경북	영주 가흥동암각화	자연바위	도구(검파형),성혈	1989	경북영주시가흥1동264-2 (가흥동마애여래삼존상 절벽바위)	경상북도 유형문화재 248호

차례	지역	유적명	유적특징	암각내용	발견조사시기	발견장소 · 소재지/소장기관	문화재지정단위
20	경북	영천 보성리암각화	고인돌무덤상석(?)	도구(검파형),성혈	1993	경북영천시청통면보성리 666-2봉수마을 용연천변경작지/봉수마을	경상북도 유형문화재 286호
21	경북	포항 대련리암각화	석곽묘상석	사람	2006	경북포항시북구흥해읍대련3리(석지골)도음산남쪽기슭	
22	경북	포항석리암각화	자연바위	사람(인면),성혈	2002	경북포항시남구동해면석리 31번도로가장자리/절취	
23	경북	포항 인비리암각화	고인돌무덤상석	도구(석검,석촉)	1984	경북포항시기계면인비리답 829-1(지가실마을몰개들) 인비리16호고인돌무덤	
24	경북	포항 칠포리암각화	자연바위	사람(성기), 동물(발자국),도구(석검,검파형,윷판형)	1989~1994	경북포항시흥해읍칠포리 201,산92,334,749 (곤륜산일원)	경상북도 유형문화재 249호
25	전남	나주 운곡동암각화	자연바위/고인돌무덤 상석	도구(배,집)/선각화	2009	전남 나주시 운곡동 산53-7 운곡동유적 I 구역 자연바위, II구역 고인돌무덤	
26	전남	여수 오림동암각화	고인돌무덤상석	사람,도구(석검),기타	1989	전남 여수시오림동102오림동5호고인돌무덤/전남여수시 화장동954-1 여수선사유적공원	여수오림동지석묘군 전라남도기념물115O호
27	전북	남원 대곡리암각화	자연바위	도구(검파형)	1991	전북남원시대산면대곡리40 대실마을(풍악산봉황대)	전라북도 유형문화재163호
28	제주	제주 광령리암각화	석축	기하문(동심원)	2003	제주제주시애월읍광령리 1653(밀감과수원)	
29	함북	무산 지초리암각화	자연바위	기하문 (동심원,나선문)	2004	함북무산군지초리두만강변 신선바위동굴입구	

위의 (표1)에서 잘 드러나듯이 북한에서 보고된 무산 지초리암각화 외에 2011년까지 국내학계에 보고된 28곳의 암각화유적 가운데 다수는 유적 자체가 조사 대상이었지만 몇몇은 고고학적 발굴조사 과정에 유적의 한 부분으로 발견되었다. 유적 속에서 발견된 암각화도 유적의 주요한 구성 요소로 해석될 여지가 높은 것이 있는가 하면 그 자체로는 별다른 가치가 부여되지 못한 상태로 유적의 일부가 된 것도 있다. 왜 이런 현상이 나타나는지에 대해 발굴보고서나 연구 성과물들에서는 사실 자체만 간단히 언급되는 데에 그치는 것이 일반적이다. 이는 유적 조사 당시 이 부분이 충분히 고려되면서 주변의 환경 조건이나 고고학적 유적 분포 상황 등에 대한 학술적 정보가 수집, 정리되지 못한 까닭이기도 하고 이와 관련된 연구 성과가 충분히 쌓이지 못한 때문이기도 할 것이다.

이렇듯 한국 암각화 연구는 개별 유적 조사 단계부터 한계를 안고 갈 수밖에 없는 상황과 맞닥뜨리기 쉽다. 그럼에도 암각화 유적 발견 및 조사 보고 사례는 계속 늘어나고 있다. 여러 가지 한계 조건에도 불구하고 한국 암각화 연구를 심화시키기 위한 노력이 지속적으로 기울여져야 하는 것도 이 때문이라고 할 수 있다. 이하에서는 현재까지 조사 · 보고된 한국 암각화 연구를 심화시키기 위해서는 어떤 부분에 주의가 기울여지고 이에 대한 보완이 이루어지면서 학문적 논의와 연구가 함께 이루어져야 하는지를 짚어보고자 한다.

2. 연구과제

한국 암각화 연구에서 우선적인 과제는 유적 자료 공유 시스템을 구축하는 일일 것이다.[87] 물론 이를 위한 전제조건 가운데 하나는 유적 실측 및 촬영 자료 수집과 정리라고 하겠다. 앞에서도 지적하였듯이 한국의 암각화유적 가운데에는 학문적으로 체계화 된 기법을 바탕으로 한 실측과 유적의 현상 및 변화 과정을 추적할 수 있는 사진 및 동영상 촬영이 제대로 이루어지지 않은 것이 적지 않다. 필자가 수집한 학술자료로 볼 때 대부분의 암각화유적이 발견 초기에만 촬영되거나 간단한 실측이 이루어졌을 뿐 근래에 이르기까지 지속적인 관심과 조사의 대상이 되지는 못하였다.

유적의 성격상 암각화는 입지 조건이 매우 중요하다. 대부분의 암각화가 종교적 의례의 대상이자 산물로 해석되는 까닭이다. 따라서 암각화 연구에서는 암각화의 내용과 함께 암각화가 새겨지는 장소에 주목할 수밖에 없다. 암각화 자체도 중요하지만 암각화 바위가 자리 잡고 있는 곳과 주변 환경과의 관련성에 유의하면서 조사와 촬영을 진행해야 하는 것도 이 때문이다. 암각화 주변의 환경 조건, 곧 자연지리 및 인문지리적 환경이 지속적으로 바뀌어간다는 사실을 감안한다면 현대의 연구자는 수천 년 전 암각화가 제작되고 활용될 당시의 상황, 조건에 좀 더 익숙해지기 위해서도 암각화와 주변 환경을 담은 사진과 동영상 자료를 수시로 살펴 볼 필요가 있다. 연구상의 이런 필수조건을 충족시키기 위해서는 암각화 유적 자료가 지속적으로 축적되고 학계에 제공될 수 있는 시스템 마련은 필수적일 수밖에 없다고 하겠다.

암각화 연구자료의 축적과 관련하여 주의가 필요한 것은 자료의 제작 및 축적 방식이다. 연구자들 사이에 잘 알려졌듯이 울주 반구대, 울주 천전리, 고령 양전동 등지에서 암각화 유적이 발견되던 1970년대 초반까지는 엄밀한 의미의 유적 실측이 이루어지지 못했다. 암각화 탁본에 더하여 요철이 심한 바위 면에 종이를 덧댄 상태로 암각을 그려내는 방식의 간략한 실측이 이루어졌을 뿐이다. 암각화 한 점 한 점의 크기와 깊이, 암각 선의 흐름이 가져오는 변화 양상이 세밀히 측정되거나 촬영되지 못하였다. 당시 유적 조사에 참여했던 이들이 받았던 실측 훈련의 정도나 조사단에 주어졌던 장비의 수준을 감안하면 불가피한 과정이자 결과였다.

암각화는 이름 그대로 바위에 형상을 새겨 나타난 결과물이므로 표현 대상이 원형에 가깝게 묘사되기 어렵다. 더구나 돌이나 각종 도구를 사용한 '갈기'와 같이 암각화에 주술적 의도를 담은 행위가 지속적으로 더해질 경우 처음 새겨졌던 형상이 크던 작던 변형될 수도 있다. 또한 암각화가 새겨진 바위는 이미 신성한 장소였거나 암각화가 새겨진 이후 신앙의 대상이 되어 의례 장소로 자리 매김 되는 것이 일반적이어서 암각화가 여러 차례에 걸쳐 덧새겨지는 경우가 많다. 한마디로 바위에 따라서 암각화를 새기는 기법이 여러 가지 섞여 있을 수도 있고 암각화가 여러 층 새겨질 수도 있는 것이다.

이런 점을 감안하면서 실측을 시도할 경우 기존의 일회적인 전면 실측법은 재고될 필요가 있다. 제작기법을 염두에 두고 층위별 실측을 여러 차례 시도하거나 암각 선과 깊이에 따라 다른 표기방식을 적용하면서 실측을 하는 등의 새로운 기법이 적용되는 것이 바람직하다. 최근 울주 대곡리 반구대암각화 조사에 적용된 3D 실측법이나 등고선식 촬영법 역시 이와 관련하여 주목될 필요가 있는 유적조사법이라고 하겠다.[88]

제작 층위를 읽어내고 제작 기법의 변화를 알아내기 위해서는 촬영 각도나 방향 외에도 하루 중의 시간대나 태양의 고도 차 등의 요소도 염두에 둘 필요가 있으며, 계절적인 차이까지 고려하는 것이 좋다. 근래의 연구 성과에서 제시된 것처럼 형상의 방향이나 크기도 암각화의 제작 의도 및 용도와 관련 있다면 유적 촬영에서도 이런 점이 감안되어야 할 것이다. 즉 계절의 변화나 하루 중 시간의 흐름에 따른 태양 고도의 변화 속에 암각화가 제의적 위치와 의미를 새롭게 보여줄 수도 있는 까닭이다. 이런 부분을 감안하면 사진 촬영과 함께 동영상 촬영이 이루어지는 것도 중요한 의미가 있다고 할 수 있다.

유적 자료 공유 시스템 구축을 통해 암각화 연구의 기반을 확보하는 것과 함께 진행해야 할 작업은 암면에 묘사된 개별 제재의 정체를 규명하면서 이에 적합한 용어를 확정하고 제재 구성에서 읽어낼 수 있는 개념을 일괄적으로 정리하는 일이다.[89] 사실 학문적 작업의 출발점이자 종착점이라고 할 수 있는 특정한 존재를 가리키는 용어를 확정하고 현상에 대한 개념을 규정하는 작업은 가장 까다로운 일이기도 하다. 연구자들이 같은 제재에 대해 서로 다른 용어를 쓸 경우, 대개는 형상에 대한 이해나 인식의 차이에서 비롯되는 것이어서 동일 용어로의 통일은 역사학에서의 사실과 사건에 대한 개념 규정만큼이나 어렵다. 암각화의 제재가 명확히 규명되어 이 제재에 대한 특정한 용어가 부여되지 못하는 상태에서는 제재 구성 방식에 대한 이해를 바탕으로 한 개념 규정은 아예 시도하기도 어렵다. 더욱이 개별 연구자들로서는 자신이 사용하던 특정한 용어나 개념의 포기가 자신의 학문적 이론을 부정하고 연구 성과를 폐기하는 행위일 수 있기 때문에 용어 정리, 개념 규정을 위한 토의에 소극적인 태도를 보이기 쉽다.

그럼에도 불구하고 특정한 제재를 가리키는 용어를 확정하고 개념을 정리하여 통일적으로 사용하려는 노력은 지속될 필요가 있다. 이는 암각화 용어와 개념 문제에 국한되는 것이 아니기 때문이다. 암각화의 내용과 성격, 계통, 분류와 편년과 관련되며 유적설명, 전시, 교육 등 암각화 연구 성과를 바탕으로 이루어질 수밖에 없는 사회문화 교육활동에도 영향을 끼치는 까닭이다.

칠포리형 암각화 혹은 양전동형 암각화의 중심 제재에 해당하는 무늬는 검파형, 패형, 방패문, 신체문, 신상, 인면, 가면 등의 용어로 불린다. 여성의 성기나 남녀 교합을 형상화한 암각화에 대해서도 여성성기형, 음문형, 말발굽형 등의 명칭이나 남녀생식기 교합문, 성애문 등의 용어가 쓰인다. 사상암각화, 물상암각화, 형상암각화, 기물암각화, 도형암각화, 기하문암각화, 생업암각화, 장의암각화 등의 용어는 암각화의 제재구성이나 문화계통에 대한 개념이 바탕이 된 것으로 이 역시 암각화 제재에 대한 서로 다른 이해와 인식에서 비롯되었다고 할 수 있다.

이런 식의 혼란은 암각화 형상 실측과정이나 결과가 학계 내외에 공유되지 못한 데에 1차적 원인이 있지만 역사학, 고고학, 미술사학, 역사민속학, 종교학, 천문학, 지질학, 생물학, 토목공학, 건축학 등 연구방법론과

학문용어 사용방식이 서로 다른 매우 다양한 학문분야의 연구자가 암각화 연구를 시도하면서 나타날 수밖에 없는 현상이라는 점도 간과할 수 없다. 유적의 특성상 암각화 연구는 학제적 접근이 불가피한 분야 가운데 하나인데, 그 전제인 공동연구라는 원칙이 지켜지지 않고 분야별 접근으로 시작하여 개별적 결과물 산출로 마무리될 경우에는 위와 같은 혼란이 나타날 수밖에 없다. 결국 현재와 같은 혼란상을 극복하기 위해서도 암각화 연구에서 학제적 접근의 원칙은 지켜져야 할 듯하다.[90]

암각화 연구 자료의 공유 시스템 구축, 용어 및 개념 정리와 함께 이루어져야 할 작업은 연구방법론의 정립이다. 학제적 접근이 시도되어야 할 암각화 연구에서 연구방법론 정립을 위한 공동 작업이 시도되어 일정한 결과를 내지 못한 상태에서는 용어와 개념상의 혼란이 계속될 수밖에 없기 때문이다. 암각화 연구에 적용되어야 할 유적자료를 보는 시각이나 자료해석의 절차, 용어 선택 및 개념 규정 논의 과정상의 각 단계에서 지속적으로 학문적 견해의 수렴작업이 이루어져야만 한다. 이런 작업 자체가 암각화 분야 연구방법론 정립의 과정이자 단계별 결과물일 수 있다. 이는 암각화 연구 성과 축적 및 교류를 위한 연구 거점, 혹은 연구 중심기관이 마련되어 상시적으로 가동되어야 함을 뜻한다. 결국 암각화 연구방법론의 정립이라는 과제는 암각화 연구를 주된 목적으로 하는 학회, 연구소가 세워져 활발히 움직임으로써만 해결의 실마리를 찾아낼 수 있다고 하겠다.[91]

암각화 연구방법론 정립을 위한 제반 노력 속에 우선적으로 해결해야 할 세부적인 과제는 유적 편년을 둘러싼 다양한 견해를 정리하는 일이다. 지금까지의 조사에서 밝혀졌듯이 바위에 그림을 새기면서 제작 시기가 함께 기록된 것은 없다. 일부 고인돌무덤 석재의 암각화가 무덤 축조과정에 새겨졌다는 견해가 제시되고는 있으나 이 역시 확실한 것은 아니다. 현재까지 대부분의 암각화는 주변 유적과의 상호 관계나 암각화 석재가 발견된 유적의 편년에 근거하여 제작 시기가 추정되고 있을 뿐이다. 앞으로 새롭게 암각화유적이 발견, 보고된다고 하더라도 제작 기록이 함께 확인될 가능성은 그리 높지 않다. 결국 암각화 제작 시기는 지금까지와 같이 상대편년에 의존하여 짚어질 수밖에 없다.

그러나 상대편년을 통해 제시된 암각화 제작 시기에 편차가 적지 않음을 고려하면 보다 엄격한 학문적 검증 절차를 거친 요소들이 편년을 위한 분석과 종합 대상에 포함되어야 할 듯하다. 편년의 전제가 되기도 하는 유적의 유형적, 계통적 분류 역시 신중히 검토된 상태에서 기준점이나 전개과정이 상정될 필요가 있다. 실제 편년과 깊은 관계가 없는 요소가 포함된 상태로 분석이 이루어지거나 유형상의 전개과정 등이 모호하게, 혹은 도식적으로 설정된 상태로 검토되고 편년 작업이 마무리 될 경우 유적 편년의 선후가 완전히 다른 견해들이 제시되고 충돌을 일으킬 가능성이 매우 높기 때문이다.

예를 들면 다수의 암각화 유적에서 확인되는 검파형 무늬가 출현기, 발전기, 소멸기, 혹은 발생기, 정형기, 소멸기라는 세 시기 중 한 시기에 속한다는 견해가 제시되었다고 하자. 우선 세 시기가 먼저 설정되고 검파형 무늬의 유형 분류 및 시기별 배치가 시도되었는지, 검파형 무늬에 대한 자연스러운 유형 분류의 결과 세 시기가 설정되었는지, 각각의 분류나 배치는 어떤 학문적 전거 위에 이루어졌는지를 물을 수 있다. 더하여 검파형 무늬의 전개과정을 세 시기로 나누는 것이 가능하고 타당한지가 검토되고 답해져야 할 것이다.

암각화에서 빈번하게 발견되는 제재의 분류와 관련하여 시도되는 이런 방식의 접근에 근본적인 질문을 던질 수도 있다. 출현과 발전이라는 두

과정 안에 모든 유적이 분류되고 편년 될 수도 있는 것이 아닌가. 혹은 유사하지만 명백히 다른 두 계통의 흐름이 특정한 제재적 표현 안에 존재하는 것은 아닌가. 연구자들이 이런 의문에 대한 답변을 고려하지 않으면서 제재의 유형, 계통에 대한 분류, 편년, 배치 등을 시도한다면 지금까지와 같은 십인십색의 편년안이 나오기는 어려울 것이다.[92] 특정 연구자가 가장 빠른 시기로 편년한 암각화를 다른 연구자는 가장 늦은 시기의 작품으로 평가하는 사례도 쉽게 발생하지 않을 것이다.

암각화 연구방법론 정립을 위한 노력과 함께 관심이 유지되고 해결이 시도되어야 할 또 다른 세부 과제는 암각화 제작 집단의 성격과 계통, 더 나아가 사회구성, 생활양식, 종교·신앙적 전통 등에 대한 여러 가지 논의들이다. 현재까지 축적된 한국 암각화 연구 성과에 따르면 편년상 상한이 신석기시대 후기로 올라가는 울주 대곡리 반구대암각화 정도를 제외하면 대부분의 암각화는 청동기시대 중기에서 철기시대 초기에 걸쳐 제작된 것이다. 이를 근거로 대다수 암각화 연구자들은 한국 암각화를 청동기사회 및 초기 철기사회 주민들의 농경생활 및 풍요제의와 관련된 유적으로 인식하고 설명한다.

그런데 한국에서 암각화는 함북 무산 지초리에서 발견된 것을 제외하면 대다수가 영남지방에서 집중적으로 발견되고 있으며 호남지방 일부 지역과 제주도에서 확인된 몇 곳이 이에 더해지고 있을 뿐이다. 발견 빈도로 보아 앞으로도 암각화는 영남지역에서 더 많이 확인될 것으로 보인다. 이런 현상에 대해 북아시아나 베링해 연안에서 암각화 제작 전통을 지닌 집단이 남하하여 영남 해안지역에 암각화를 남긴 데에서 시작된 현상으로 이해할 수도 있고, 암각화 출현과정은 확실하지 않으나 울주 천전리 암각화에 자극 받아 출현한 칠포리형 암각화가 확산되는 과정이자 결과로 해석하는 것도 가능하다.[93] 또한 청동기사회에서 철기사회로 이행하면서 암각화 제작이 더 이상 이루어지지 않게 된 것으로 볼 수도 있고 세형동검문화가 영남과 호남지역으로 파급되면서 암각화 제작 전통이 청동의기로 옮겨져 더 이상 암각화 제작이 이루어지지 않았다고 이해할 수도 있다.

그러나 이런 식의 이해만으로 청동기시대 중후기에 영남 일원에서 검파형 무늬 중심의 암각화가 집중적으로 제작된 이유가 충분히 설명되는 것은 아니다. 청동기시대 중후기의 영남지역이 사회구성과 문화전통에서 다른 지역과 달랐다든가 생활양식이나 종교 신앙에서 구별되는 흐름이 영남 일대에 존재했다는 등의 암각화 제작과 연결될 수 있는 지역 특유의 시대적 현상에 대한 설명이 더해질 필요가 있다. 충분한 전거자료를 통해 청동기시대 의기로서의 석촉이나 석검, 석검의 자루가 왜 유독 영남지역과 인접지역 일부에서는 암각화의 제재로 선택되었는지도 설명되어야 한다.

현재까지의 조사 사례 및 분포 정황으로 볼 때 한국의 암각화는 특정 지역, 특정 시기의 문화적 현상일 가능성이 높다. 그렇다면 한국의 암각화 발생, 발전, 쇠퇴라는 통상적인 전개과정을 보여줄 것이라고 예단할 필요는 없다. 특정한 사회집단의 전유물로 급작스럽게 일부 지역에 나타났다가 짧은 기간 안에 사라질 수도 있고 그렇지 않을 수도 있는 것이다. 그 원인이 암각화 제작을 주도하던 사회집단이 소멸되었기 때문일 수도 있고 사회제도나 생활양식의 변화로 말미암은 것일 수도 있다.

암각화 제작 집단의 사회구성 및 생활양식과 관련하여 한국의 암각화를 풍요와 다산을 기원하는 주술, 제의의 산물로 인식하고 설명하려는 기존의 관행적인 해석도 한번쯤은 재고될 필요가 있다. 암각화를 제작하는 가장 큰 이유가 주술적 제의의 필요성 및 효용성 때문으로 보는 기존의 이해가 큰 틀에서는 동의될 수 있으나 주술 행위나 제의의 구체적 과정 및 내용에서는 여러 가지 이견이 제시될 수 있기 때문이다. 지역별, 사례별 차이나 주술 및 제의 내용, 혹은 과정이 가능한 한 세부적으로 논증될 필요가 있는 까닭이다.

예를 들면 대부분의 암각화 유적이 샤먼이 주도하는 공개적인 제의의 장소였다는 기존의 이해가 수용될 만한 전거자료를 바탕으로 한 것인지에 의문이 제기될 수 있다. 잘 알려진 것처럼 고대의 제의 가운데에는 사제와 극소수의 인물들만 참가할 수 있는 공개되지 않는 행사도 적지 않았다. 특별히 농경과 목축의 풍요를 기원하는 제의는 비의(秘儀)의 전통이 유지되는 경우가 많았다. 암각화 역시 입지조건이나 제재 구성, 기원 내용, 암각화 제작 집단의 성격 및 종교·문화적 전통에 따라 제의가 공개되었을 수도 있고 비공개였을 수도 있다. 주술 및 제의의 공개 여부는 이런 종교적 행위의 효과에 대한 사회적 기대, 이와 관련된 오랜 전승으로 그 가부간의 타당성을 설명하고 설득하였을 것이다.

암각화 제작과 관련하여 주술이나 제의의 구체적인 의도나 기대 효과에 대한 분석과 설명이 요구될 수도 있지만 보다 근본적인 문제제기가 시도될 수도 있다. 암각화로 남겨진 개별 제재들이 구체적으로 무엇을 나타내며 어떤 결과를 얻기 위한 것인지에 대한 체계적인 해석의 요구에 앞서 칠포리형 암각화의 검파형 무늬와 같은 특정한 제재가 농경의 풍요 기원과 관련되었으리라는 기본적인 전제 자체가 의문의 대상이 될 수도 있는 것이다. 이런 경우 검파형 무늬가 지모신을 신앙대상으로 한 농경제의와 관련 있는지 풍년을 기원하는 태양신 신앙의 표현인지, 동심원문을 기우제와 관련된 물의 표현으로 볼지 태양의 상징으로 읽을지 등등 서로 엇갈린 해석이나 접근 방식은 의미를 잃게 된다.

이렇듯 주술행위나 제의의 성격, 내용 등에 대한 기존의 이해방식에 대한 근본적인 문제 제기가 시도될 경우 우선적으로 검토하고 논의되어야 할 부분은 암각화가 중심부 문화의 산물인지 아니면 주변부 문화의 결과물인지 여부이다. 기존의 연구에서는 이에 대한 언급이 없지만 현재까지의 유적 분포로 볼 때 지역성을 강하게 띠는 암각화가 중심부 문화 산물인지 아닌지는 매우 중요하다. 대부분의 암각화가 농경사회의 풍요제의와 관련이 있다는 통설적인 이해나 세형동검 문화가 한반도 남부로 전해지면서 암각화 제작이 쇠퇴하고 암각화에 부여되던 주술적, 제의적 기능이 청동의기로 옮겨진다는 견해를 고려할 때 더욱 그렇다.[94]

선사 및 고대 한국에서 대개의 경우 새로운 기술과 문화는 북쪽에서 남쪽으로, 서쪽에서 동쪽으로 흐르는 것이 일반적이었다. 신석기시대 및 청동기시대 사회조직 및 과학기술, 종교문화 전통의 흐름 역시 주된 방향은 북에서 남, 서에서 동이었다. 외부에서 새로운 기술과 문화가 전해질 때 그 정도와 범위는 중심부인지 주변부인지에 따라 다를 수밖에 없다. 현재까지의 연구 성과로 보아 삼한의 소국은 청동기시대 이래 한반도 중남부에서 지역 중심이었거나 중심으로 성장한 곳이다.

영남 및 호남 일원에서 발견된 암각화의 입지, 규모, 내용 등으로 볼 때 한국에서 암각화를 청동기시대 사회문화 중심지역의 보편적인 문화현상으로 보기는 어렵다. 규모와 내용 등으로 말미암아 주목 받고 있는 포항 칠포리암각화, 경주 석장동암각화, 고령 양전동암각화 정도 외에는 암각화 유적의 규모도 그리 크지 않다. 칠포리형 암각화의 주요제재인 검파형 무늬가 석검의 손잡이를 모델로 삼아 나타났을 수는 있으나 오히려 이런 현상은 주변부 문화에서 흔히 발견되는 중심부 문화나 상위 문화의 모방과 재현의 결과일 수 있다. 제재의 구성과 내용, 암각의 규모에서 여타의 암각화와 뚜렷한 차이를 보이는 울주 대곡리 반구대암각화나 천전리

암각화가 청동기시대 지역문화 중심지와는 거리가 있을 가능성이 높은 점도 고려될 필요가 있다. 영남 및 호남 일원의 암각화를 일괄적으로 중심부 문화의 산물로 보기는 쉽지 않을 듯하다.

만일 한국의 암각화 대부분이 중심부 문화의 산물이 아니라면 청동기시대, 혹은 초기 철기시대로 편년되는 유적들을 농경 제의와 연결 짓는 기존의 논의는 재고될 필요가 있다. 비록 한국 청동기시대의 주된 생산양식이 농경이라 할지라도 사회구성과 운영방식에 따라 농경의 비중이나 가치는 달라질 수밖에 없는 까닭이다. 지역문화 중심부와 달리 주변부는 일상생활에 필요한 생산물의 구성방식이 매우 다양하여 순수한 의미에서의 농경의례 보다는 보편적인 성격의 다산, 풍요 주술이나 제의가 주된 관심의 대상일 수도 있다. 농경 외에도 채집, 수렵, 어로, 목축에서도 풍성한 결과를 얻기 위한 주술이나 제의는 반드시 필요한 행사로 인식되었을 것이기 때문이다. 이런 시각으로 암각화의 제재들을 재검토해 보면 여성의 성기를 연상시키거나 남녀 성교 상태를 묘사한 그림으로 가득한 안동 수곡리 암각화나 여성의 성기, 동물 발자국, 석검무늬, 검파형 무늬 등이 고르게 표현된 경주 석장동암각화는 암각화 제작자나 암각화 제의에 참가한 이들의 의도, 기원이 서로 다르지 않음을 미루어 짐작할 수 있다.

이상에서 보았듯이 울주 대곡리 반구대암각화는 층위별, 단계적 제작과정을 고려한다고 하여도 한국 암각화 가운데 편년이 가장 빠르면서도 완성도가 매우 높다. 그럼에도 그 기원이 될 만한 암각화를 한반도뿐 아니라 시베리아와 내륙아시아를 비롯하여 아시아의 다른 지역에서는 찾기 어렵다. 반구대암각화보다는 늦으나 울주 천전리암각화도 제작 시기가 매우 빠른 것으로 추정되지만 주변에서 비교될 만한 암각화가 발견되지 않는 경우이다. 더욱이 같은 대곡천변의 반구대암각화와 천전리암각화는 제재와 표현기법 상 서로 직접 닿지 않는 듯이 보인다.

포항 칠포리와 경주 석장동에서 전형적인 모습을 보이는 칠포리형 암각화는 한국 청동기사회가 남긴 주요한 문화 산물이지만 그 기원과 지역적 분포상에 대한 논의는 여전히 현재진행형이다. 검파형 무늬, 방패형 무늬로 알려진 독특한 제재와 비교될 만한 암각문이 아시아의 다른 암각화 유적에서는 발견되지 않는다. 칠포리형 암각화의 출현과 전개는 한국 청동기시대의 지역적 특징과 관련될 수도 있고 그렇지 않을 수도 있으나 매우 흥미로운 문화현상임에는 틀림없다.

한국에서 암각화 연구는 여전히 미답의 길을 걸어가듯이 진행되고 있다. 동시적으로 해결해야 할 과제는 많으나 연구기반은 두터워지거나 확대되지 못하고 있다. 학제적, 융 · 복합적 연구의 대상이지만 개별 학문분야에서 암각화 연구는 부차적 주제에 불과하다. 그러나 한국의 암각화는 선사 · 고대사회의 성격과 문화 계통, 종교 · 신앙 양상을 읽어내는 데에 반드시 필요한 역사 · 문화적 경험과 기억을 담고 있다. 여전히 빈약하기만 한 연구 여건에도 불구하고 한국에서 암각화 연구가 더욱 활발히, 적극적이며 지속적으로 이루어져야 하는 것도 이 때문이다.

미주

미주

본문

1. 국보285호 울주 대곡리 반구대암각화는 울산광역시 울주군 언양읍 반구대안길 285(대곡리)에 있다. 주암면의 위치는 북위 35°36′ 03″, 동경 129°11′ 07″이다.
2. 전호태, 「울주 반구대 · 천전리 암각화」(한국역사민속학회 편, 『한국의 암각화』 한길사, 1996)
3. 울산대학교박물관, 『울산반구대암각화』 2000.
4. 문명대, 「울산 선사시대 암벽각화」 『문화재』7호, 문화재관리국, 1973; 황수영 · 문명대, 『반구대』 동국대학교출판부, 1984.
5. 전호태, 「울산 대곡리 반구대암각화 보존론」 『한국암각화연구』2, 한국암각화학회, 2000.
6. 전호태, 「울산 대곡리 반구대암각화 형상 재분류 및 새김새 재검토-울산대박물관 실측자료를 중심으로-」 『울산사학』9, 울산사학회, 2000; 울산대학교박물관, 『울산 반구대암각화』 2000.
7. 발견 이래 1990년대 중반까지의 연구 성과는 전호태, 「울주 대곡리, 천전리 암각화」(한국역사민속학회 편, 『한국의 암각화』, 서울: 한길사, 1996)에서 일별되었다. 이후의 연구 성과들은 송화섭, 「한국의 암각화 연구의 현황과 과제」 『한국암각화연구』 창간호, 한국암각화학회, 1999; 이하우, 『한국 암각화의 祭儀性』(서울: 학연문화사, 2011)에서

검토되었다.

8. 문명대, 「울산선사시대 암벽각화」, 『문화재』7호, 문화재관리국, 1973.

9. 黃龍渾,「韓半島 先史時代 岩刻의 製作技術과 形式分類」『考古美術』127, 韓國美術史學會, 1975(黃龍渾, 『동북아시아의 岩刻畵』 민음사, 1987에 재수록)

10. 任世權,「한국 선사바위그림의 연대에 대하여」『藍史鄭在覺博士古稀紀念史學論叢』 1984; 任世權,『韓國 先史時代 岩刻畵의 性格』檀國大學校 博士學位論文 1994; 장명수, 「한국 암각화의 편년」(한국역사민속학회 편, 『한국의 암각화』 한길사, 1997); 장명수, 『韓國岩刻畵의 文化相에 대한 연구』 인하대학교 박사학위논문, 2001.

11. 金元龍, 「울주 반구대암각화에 대하여」『한국고고학보』9, 한국고고학연구회, 1980.

12. 金元龍, 「藝術과 信仰」『韓國史論』13, 國史編纂委員會, 1983.

13. 金烈圭, 『韓國文學史-그 形象과 解釋』 探究堂, 1983.

14. 鄭東燦, 「우리나라 선사바위그림의 연구-대곡리 선사바위그림을 중심으로」 연세대학교석사학위논문, 1986: 鄭東燦, 「울주 대곡리 선사바위그림의 연구」『손보기 박사 정년기념 고고인류학론총』 지식산업사, 1988에 재수록)

15. 任章赫, 「大谷里 岩壁彫刻畵의 民俗學的 考察」『韓國民俗學』24, 民俗學會, 1991.

16. 任世權,『韓國 先史時代 岩刻畵의 性格』 檀國大學校 博士學位論文, 1994.

17. 황상일 · 윤순옥, 「반구대암각화와 후빙기 후기 울산만의 환경변화」『한국제4기학보』 9, 한국제4기학회, 1995; 황상일 · 윤순옥, 「울산 태화강 중 · 하류부의 Holocene 자연환경과 선사인의 생활변화」『한국고고학보』43, 한국고고학회, 2000.

18. 한국역사민속학회 · 포항제철고문화연구회 공동 주최로 1995.1.21~1995.1.22 포항공대 정보통신연구소 중강당에서 열렸다. 그 성과는 한국역사민속학회 편, 『한국의 암각화』 한길사, 1996으로 출간되었다.

19. 전호태, 「울주 대곡리 · 천전리 암각화」(한국역사민속학회 편, 『한국의 암각화』, 한길사, 1996)

20. 제2회 울산대학교박물관 학술심포지움으로 1998.10.9 울산대학교 인문관 419호에서 열렸다. 그 성과는 울산대학교박물관 편, 『울산연구』1, 1999에 수록되었다.

21. 장명수, 「대곡리 반구대암각화의 신앙의식」『울산연구』1, 울산대학교박물관, 1999.

22. 김권구, 「대곡리 반구대암각화의 이해와 연구방향에 대하여」『울산연구』1, 울산대학교박물관, 1999.

23. 한국암각화학회 창립학술대회『한국 암각화의 새로운 지평』, 1999.5.1, 국립민속박물관; 한국암각화학회 편, 『한국암각화연구』 창간호, 한국암각화학회, 1999.

24. 울산광역시 · 예술의 전당 공동 주최 울산암각화발견 30주년기념 암각화국제학술대회(2000.8.17~2000.8.18, 예술의 전당 서예관).

25. 울산대학교박물관, 『울산 반구대암각화』 2000.

26. 전호태, 「울산 대곡리 반구대암각화 형상 재분류 및 새김새 재검토-울산대박물관 실측자료를 중심으로-」 『울산사학』9, 울산사학회, 2000 ; 전호태, 「울산 대곡리 반구대암각화 보존론」 『한국암각화연구』2, 한국암각화학회, 2000 ; 전호태, 「울산 반구대암각화 편년론」 『울산사학』10, 울산사학회, 2001 ; 이상목, 「울산 대곡리 반구대 선사유적의 동물그림 : 생태적 특성과 계절성을 중심으로」 『한국고고학보』52, 한국고고학회, 2004 ; 김호석, 「반구대암각화연구(Ⅰ)」 『한국암각화연구』5, 한국암각화학회, 2004 ; 김호석, 「울산 대곡리암각화의 육지동물에 대한 형태적 특성 고찰」 『백산학보』74, 백산학회, 2006 ; 장석호, 「국보 제285호 대곡리암각화의 도상해석학적 연구」 『선사와 고대』27, 한국고대학회, 2007 ; 손호선, 「반구대암각화의 고래종(種)」 『한국암각화연구』16, 한국암각화학회, 2012.

27. 장명수, 「韓國先史時代 岩刻畵 信仰의 展開樣相」 『한국암각화연구』2, 한국암각화학회, 2000 ; 이하우, 「울산 반구대암각화의 제작 층 분석 연구」 『한국상고사학보』58, 한국상고사학회, 2007.

28. 장명수, 『韓國岩刻畵의 文化相에 대한 연구 : 신앙의 전개 양상을 중심으로』 인하대학교 박사학위논문, 2001 ; 전호태, 『울산의 암각화-울산 대곡리 반구대암각화론』 울산대학교출판부, 2005 ; 김호석, 『한국암각화의 도상과 조형성 연구』 동국대학교 박사학위논문, 2005(『한국의 바위그림』 서울 : 문학동네, 2008 출간) ; 이하우, 『韓國先史岩刻畵의 祭儀表現에 關한 硏究』 경주대학교 박사학위논문, 2009(『한국 암각화의 祭儀性』 학연문화사, 2011 출간) ; Sangmog Lee, Chasseurs de baleines La frise de Bangudae Coree de Sud, 2011 ; 한국암각화학회 주최 '반구대암각화 발견 40주년 기념 학술토론회 『한국 암각화의 길을 묻다』' 2011.12.9, 국민대학교박물관 ; 문화재청 주최, 국제기념물유적협의회한국위원회(ICOMOS-KOREA) 주관 '대곡천 암각화군의 유산적 가치 국제세미나' 2012.6.1, 국립고궁박물관 ; 울산대학교 반구대암각화유적보존연구소 · 하버드대학교 한국학연구소 공동주최, '2012 International Conference 『World Prehistory & Ancient Arts : The Bangudae Petroglyphs of Ulsan, Korea』' 2012.4.26~27, The Charles Hotel, Cambridge ; 한국암각화학회 주최 '한국암각화학회 2012 춘계학술회의 『반구대암각화의 동물생태와 형상론』' 2012.6.2, 국립생물자원관.

29. 한국암각화학회 · 한국미술사학회 공동주최, '울산 반구대 문화유적 보존심포지엄' 2006.9.16, 국립고궁박물관 ; 한국암각화학회 주최, '2006년 한국암각화학회 추계학술대회 : 한국 암각화유적의 현황과 보존대책' 2006.12.16, 서울시립대학교.

30. 최병렬, 「반구대 암반사면의 안정성에 관한 연구」 『과학교육연구논총』18, 2002 ; 이상헌, 「국내 암각화의 훼손양상과 지질학적 보존대책」 『한국암각화연구』4, 한국암각화

학회, 2003; 울산광역시, 『반구대암각화 보존대책 연구』 2003; 이석훈 · 김수진, 「주기적으로 침수되는 퇴적암의 풍화 특성」 『한국광물학회지』17, 한국광물학회, 2004; 국토해양부, 『대곡천 하천정비 기본계획 재정비 보고서』 2006; 국토해양부, 『반구대암각화 보존을 위한 사연댐 수위운영방안 검토』 2008; 울산광역시, 『울산 반구대암각화 학술조사(3D) 용역보고서』 2008; 울산광역시, 『반구대암각화 암면보존방안 연구용역』 2009; 황상일 · 박성근 · 윤순옥, 「반구대암각화의 주기적인 침수와 구성암석의 풍화 특성」 『대한지리학회지』45, 대한지리학회, 2010; 국립문화재연구소, 『반구대암각화』 2011; 문화재청, 『대곡천 암각화군 보존학술조사 연구용역』 2012; 울산광역시, 『반구대암각화 보존을 위한 수리모형실험 연구보고서』 2013.

31. 암면의 분류방식의 차이 등을 감안하면 울산대학교박물관, 『울산반구대 암각화』 2000에 제시된 암면의 수 11개는 전호태, 「울주 대곡리 · 천전리 암각화」(한국역사민속학회 편, 『한국의 암각화』, 한길사, 1996)에서 제시된 10개의 암면(주암면의 세부 분류 번호 A,B,C,D,E를 하나의 암면으로 계산)에서 1개(보고서의 암면 번호 O)가 추가된 것이다.

32. 이하 주요 도표와 사진, 도면은 울산대학교박물관, 『울산반구대암각화』 2000에 소개된 자료에 근거한다.

33. 분류에 참고한 동물도감은 D.W.Macdonald 편저, 오창영 · 우한정 감수, 『동물대백과』1~20, 아카데미서적, 1988이다.

34. 정동찬, 「울주 대곡리의 선사바위그림 연구」 『손보기 박사 정년기념 고고인류학 논총』 1988.

35. 김원룡, 「울주 반구대의 암각화에 대하여」 『한국고고학보』9, 한국고고학연구회, 1980; 장명수, 「대곡리 반구대암각화의 신앙의식」 『울산연구』1, 울산대학교박물관, 1999.

36. 任世權, 『韓國 先史時代 岩刻畵의 性格』 檀國大學校 博士學位論文, 1994.

37. 장명수, 「대곡리 반구대암각화의 신앙의식」 『울산연구』1, 울산대학교박물관, 1999; 장명수, 「암각화를 통해서 본 우리나라 선사인들의 신앙사유」 『한국암각화연구』창간호, 1999.

38. 위의 글.

39. 정동찬, 『살아 있는 신화 바위그림』 혜안, 1996.

40. 황수영 · 문명대, 『반구대』, 동국대학교 출판부, 1984.

41. 정동찬, 「울주대곡리의 선사바위그림 연구」 『손보기 박사 정년기념 고고인류학 논총』 1988.

42. 장명수는 위의 주술사에 대응하는 女神으로 해석하였다.(장명수, 「대곡리 반구대암각화의 신앙의식」 『울산연구』1, 울산대학교박물관, 1999)

43. 임재해, 「암각화를 통해 본 탈의 기원과 그 기능의 변모」『민속연구』7, 안동대학교민속학연구소, 1997 ; 장명수, 「울산 대곡리 암각화인들의 생업과 신앙」『인하사학』5, 1997.

44. 황수영 · 문명대, 『반구대』, 동국대학교 출판부, 1984.

45. 임장혁, 「대곡리 암벽조각의 민속학적 고찰」, 『한국민속학』24, 한국민속학회, 1991 ; 임세권, 『韓國 先史時代 岩刻畵의 性格』檀國大學校 博士學位論文, 1994.

46. 정동찬, 「울주 대곡리의 선사바위그림 연구」『손보기 박사 정년기념 고고인류학 논총』 1988.

47. 장석호, 「울산 암각화의 형상분석과 양식비교」(예술의전당 · 울산시, 『암각화국제학술대회논문집』 2000)

48. 정동찬, 『살아 있는 신화 바위그림』 혜안, 1996.

49. 전호태, 「울주 대곡리 · 천전리 암각화」(한국역사민속학회 편, 『한국의 암각화』, 한길사, 1996)

50. 초기철기시대로 본 김원룡의 견해가 대표적이다.(김원룡, 「울주 반구대의 암각화에 대하여」『한국고고학보』9, 한국고고학회, 1980)

51. 황수영 · 문명대, 『반구대』, 동국대학교 출판부, 1984.

52. 장명수, 「대곡리 반구대암각화의 신앙의식」『울산연구』1, 울산대학교박물관, 1999.

53. 황수영 · 문명대, 『반구대』, 동국대학교 출판부, 1984.

54. 강봉원은 이 동물들을 다른 연구자들처럼 멧돼지로 비정하는 반면 이상목은 너구리로 보고 있다.(강봉원, 「반구대암각화에 표출된 야생동물의 재인식: 한반도 선사시대 동물사육에 대한 비판적 검토」『한국 암각화의 길을 묻다』 한국암각화학회 주최 '반구대 암각화 발견 40주년 기념 학술토론회' 발표 요지, 2011.12.9, 국민대학교박물관; Sangmog Lee, Chasseurs de baleines La frise de Bangudae Coree de Sud, 2011)

55. 장명수, 「대곡리 반구대암각화의 신앙의식」『울산연구』1, 울산대학교박물관, 1999.

56. 장명수는 B-7을 돼지로 보았다.(장명수, 「대곡리 반구대암각화의 신앙의식」『울산연구』1, 울산대학교박물관, 1999

57. 장석호, 「울산 암각화의 형상분석과 양식비교」(예술의전당 · 울산시, 『암각화국제학술대회논문집』 2000)

58. 임세권, 『韓國 先史時代 岩刻畵의 性格』 檀國大學校 博士學位論文, 1994.

59. 정동찬, 「울주대곡리의 선사바위그림 연구」『손보기 박사 정년기념 고고인류학 논총』 1988.

60. 황용훈이 제기한 이래 대부분이 이에 동의하고 있다.(황용훈, 「한반도 선사시대 암각의 제작기법과 형식분류」『고고미술』127, 한국미술사학회, 1975)

61. 송화섭, 「한국의 암석각화와 그 의례에 대한 고찰」, 『한국사상사』, 석산 한종만 박사 회갑기념논문집, 원광대학교출판국, 1991 ; 김권구, 「울주, 대곡리 반구대암각화의 이해

와 연구방향에 대하여」, 『울산연구』1, 울산대학교박물관, 1999.

62. 정동찬, 「울주 대곡리의 선사바위그림 연구」『손보기 박사 정년기념 고고인류학 논총』 1988; 임장혁, 「대곡리 암벽조각의 민속학적 고찰」, 『한국민속학』24, 한국민속학회, 1991; 임세권,『韓國 先史時代 岩刻畵의 性格』 檀國大學校 博士學位論文, 1994 등을 들 수 있다.

63. 문명대, 「울산선사시대 암벽각화」, 『문화재』7호, 문화재관리국, 1973.

64. 김원룡, 「울주 반구대의 암각화에 대하여」, 『한국고고학보』9, 한국고고학연구회, 1980.

65. 정동찬, 「울주 대곡리의 선사바위그림 연구」『손보기 박사 정년기념 고고인류학논총』, 1988.

66. 김권구, 「대곡리 반구대암각화의 이해와 연구방향에 대하여」『울산연구』1, 울산대학교박물관, 1999.

67. 송화섭, 「한국의 암각화 연구의 현황과 과제」, 『한국암각화연구』창간호, 한국암각화학회, 1999.

68. 정동찬, 「울주 대곡리의 선사바위그림 연구」『손보기 박사 정년기념 고고인류학논총』 1988.

69. 울산대학교박물관, 『울산 반구대암각화』, 2000 및 전호태, 「울산 반구대암각화 실측 형상 재분류 및 새김새 재검토-울산대박물관 실측조사자료를 중심으로-」『울산사학』9, 울산사학회, 2000 참조.

70. 전호태, 「울주 대곡리 · 천전리 암각화」(한국역사민속학회편, 『한국의 암각화』 한길사, 1996)

71. 신숙정, 『우리나라 남해안 지방의 신석기문화 연구』 학연문화사, 1994.

72. 고고학계에서 기원전후부터 3세기까지를 일컫는 '원삼국시대'는 한국사에서는 삼국시대 초기에 해당한다. 한반도 중남부지역 역사를 기준으로 한 시기 구분상의 용어인 삼한시대이기도 하다. 김원룡은 반구대암각화 제작시기의 하한선을 원삼국시대 초기로 잡았다.(김원룡, 「울주 반구대의 암각화에 대하여」, 『한국고고학보』9, 한국고고학연구회, 1980)

73. 황수영 · 문명대, 『반구대』, 동국대학교 출판부, 1984; 박영철 · 이상길 · 서영남, 「경남 울산 무거동 옥현유적의 구석기시대 유물 검토」, 『영남고고학』26, 영남고고학회, 2000; 울산발전연구원, 『울주 신화리유적 3』 2013.

74. 유병일, 「새로 찾은 울산지역의 신석기시대 유적-지표조사 자료를 중심으로-」, 『울산연구』1, 울산대학교박물관, 1999.

75. 국립중앙박물관, 『신암리 Ⅰ』 1988; 국립중앙박물관, 『신암리 Ⅱ』 1989; 심봉근 · 이동

주, 『울산우봉리유적』, 동아대학교 박물관, 1997; 한국문물연구원, 『울산 황성동 신석기시대유적』 2012; 동국대학교매장문화재연구소, 「울산 황성동 세죽 패총 유적」 현장설명회 자료, 2000; 황창한, 「울산 황성동 세죽유적」 『한국 신석기시대의 환경과 생업』 2001; 동국대학교박물관, 『울산 세죽유적1』 2007; 울산문화재연구원, 『울산 궁근정리유적 I』, 2007; 울산문화재연구원, 『울산 약사동861유적』, 2009; 울산문화재연구원, 『울산 중산동139유적』, 2009; 울산문화재연구원, 『울산 부곡동112-1유적』, 2009; 울산발전연구원, 『울산 신암리 당재골유적』, 2010; 울산발전연구원, 『울산 산하동 유적』, 2010; 울산발전연구원, 『울산 산하동 화암유적』, 2011; 우리문화재연구원, 『울산 처용리21번지 유적』, 2012; 남구 성암동 유적은 2000년 상반기 신라대학교 박물관의 지표조사 과정에서 발견되었다.

76. 전호태, 「울산 대곡리 반구대암각화 형상 재분류 및 새김새 재검토-울산대박물관 실측자료를 중심으로-」 『울산사학』9, 울산사학회, 2000.

77. 황상일 · 윤순옥, 「울산 태화강 중 · 하류부의 Holocene 자연환경과 선사인의 생활변화」 『한국고고학보』43, 한국고고학회, 2000; 황상일 · 윤순옥, 「울산시 황성동 세죽해안의 Holocene 중기 환경변화와 인간생활」 『한국고고학보』48, 한국고고학회, 2002.

78. 동국대학교박물관, 『蔚山細竹遺蹟 I』, 2007; 국립김해박물관 · 창녕군, 『飛鳳里』, 2008; 복천박물관, 『동삼동패총 정화지역 동물유체 연구보고』, 2011; 복천박물관, 『선사 · 고대의 패총; 인간, 바다, 그리고 삶』, 2011; 마경희, 「울산 황성동 신석기시대 유적의 발굴과 성과」 『한국암각화연구』14, 한국암각화학회, 2010; 최종혁, 「울산 황성동 신석기시대 유적의 동물유존체 분석」(한국문물연구원, 『울산 황성동 신석기시대 유적』 2012); 박구병, 이상목, 최종혁, 하인수 등은 신석기시대에 이미 한반도 동해안 및 남해안에서는 고래잡이가 적극 이루어졌을 것으로 보고 있다.(박구병, 「울산 반구대에 나타난 경류와 포경」 『수산업사연구』10, 수산업사연구소, 2003; 이상목, 「한국 신석기 문화의 특징과 반구대 암각화」 『한국 암각화의 길을 묻다』 한국암각화학회 주최 '반구대암각화 발견 40주년 기념 학술토론회' 발표 요지, 2011.12.9, 국민대학교박물관; 최종혁, 「동삼동 패총인의 생업」 『한국신석기연구』18, 한국신석기학회, 2009; 하인수, 「신석기시대 사람들의 어로생활」 『한국고고학저널 2010』 국립문화재연구소, 2011; 하인수, 「동삼동패총과 반구대 암각화」 문화재청 주최, 국제기념물유적협의회한국위원회(ICOMOS-KOREA) 주관 '대곡천 암각화군의 유산적 가치 국제세미나' 발표요지, 2012.6.1, 국립고궁박물관)

79. 전호태, 「청동기시대 울산의 집과 마을」 『울산사학』11, 울산사학회, 2004.

80. 정식 간행된 학술보고 내용만을 기준으로 해도 울주군 범서읍 구영리유적에서는 총 178동, 울주군 삼남면 신화리 유적에서는 모두 283동 이상의 청동기시대 주거지가 발굴되었다. 신화리 유적의 경우, 현장설명회가 이루어진 조사 사례까지 포함하면 1500동 이

상의 청동기시대 주거지가 발견된 것으로 추정되고 있다. 이하 41동 이상의 건물지가 확인된 울산지역 청동기시대 주거지 발굴 보고에 대해서는 부산대학교 박물관,『울산 검단리 마을 유적』1995; 김형곤 · 유병일,「울산 방기리 청동기시대 취락지-발굴조사 성과를 중심으로」,『영남고고학보』19집, 영남고고학회, 1996; 경남대학교 박물관 · 밀양대학교 박물관,「울산 무거동 옥현 유적」,『현장설명회 자료1,2』, 1998 · 1999; 이현석「울산 무거동 옥현유적에 대하여」,『울산연구』2, 울산대학교박물관, 2000; 영남문화재연구원,『울산 천상리 취락유적』2002; 밀양대학교 박물관 · 동의대학교박물관,「울산 야음동 유적」,『현장설명회 자료』, 2001; 밀양대학교박물관,『울산 야음동2지구』2004; 동아대학교박물관,『울산 신화리 유적』2010 · 2011; 울산발전연구원,『울산 신화리 유적1』2012; 울산발전연구원,『울산 신화리 유적2』2013; 울산발전연구원,『울산 신화리 유적3』2013; 울산문화재연구원,『울산 매곡동 유적1지구』2005; 울산문화재연구원,『울산 매곡동 유적2지구』2005; 울산문화재연구원,『울산 매곡동 유적3지구』2006; 울산문화재연구원,『울산 매곡동 유적4지구』2006; 울산문화재연구원,『울산 매곡동 유적3-1지구,4-2지구,5지구』2007; 울산발전연구원,『울산 매곡동 508번지 유적』2007; 중앙문화재연구원,『울산 구영리 유적』2005; 울산발전연구원,『울산 구영리 유적』2007; 울산문화재연구원,『울산 천곡동 가재골 유적1』2007; 울산문화재연구원,『울산 천곡동 가재골 유적2』2008; 울산문화재연구원,『울산 천곡동 가재골 유적3』2009; 울산문화재연구원,『울산 천곡동 가재골 유적4』2010; 울산발전연구원,『울산 신천동 냉천 유적』2008; 울산발전연구원,『울산 신천동 냉천 유적2』2009; 울산발전연구원,『울산 정자동 유적』2009; 울산문화재연구원,『울산 장현동 41-5 유적』2010; 울산문화재연구원,『울산 외광리 귀지 유적』2010; 한국문물연구원,『울산 언양 신화리 유적』2011; 한국문물연구원,『울산 언양 신화리 유적2』2012 참조.

81. (표8)은 전호태,「청동기시대 울산의 집과 마을」『울산사학』11, 울산사학회, 2004에 수록된 표 1) 울산지역 청동기시대 마을유적 조사현황을 기초로 2004년부터 2013년까지의 조사보고 사례를 더하여 작성한 것이다. 주거지 발굴조사 연도가 이른 것부터 차례로 41동 이상의 청동기시대 주거지가 발견된 유적을 먼저 정리하였다. 2013년 초까지 발굴 조사된 유적 가운데 현장설명회는 이루어졌으나 조사보고서가 아직 간행되지 못한 경우를 포함하여 이번 통계표 작성과정에 누락된 경우도 적지 않다. 차후 다른 기회를 통해 이를 보완하고자 한다. 이 책을 교정하는 과정에 최근 가교문화재연구원에서 발간한 울산 발리유적 발굴보고 사례를 두 곳 더하였다.

82. 울주 웅촌 검단리 유적, 울주 삼남 방기리 유적, 울주 범서 천상리 유적, 울주 서생 명산리 유적, 북구 신천동 유적, 중구 약사동 유적, 남구 무거동 옥현 유적이 여기에 해당한다. 이와 관련한 학술보고로는 부산대학교 박물관,『울산 검단리 마을유적』1995; 김

형곤 · 유병일, 「울산 방기리 청동기시대 취락지-발굴조사 성과를 중심으로」, 『영남고고학보』 19집, 영남고고학회, 1996; 영남문화재연구원, 『울산 천상리 취락 유적』 2002; 울산발전연구원, 『울산 신천동 202-1유적』 2012; 울산문화재연구원, 『울산 명산리 유적』 2011; 우리문화재연구원, 『울산 약사동 유적』 2013; 이현석 「울산 무거동 옥현 유적에 대하여」, 『울산연구』2, 울산대학교박물관, 2000 참조.

83. 울산발전연구원, 『울산 덕신리572-6유적』 2011; 울산문화재연구원, 『울산 옥동 유적』 2005; 울산문화재연구원, 『울산 상연암 유적』 2010; 울산문화재연구원, 『울산 입암리 유적』 2010; 울산발전연구원, 『울산 신화리 유적1』 2012; 울산발전연구원, 『울산 신화리 유적2』 2013; 울산발전연구원, 『울산 신화리 유적3』 2013; 울산발전연구원, 『울산 산하동 유적』 2010; 울산발전연구원, 『울산 서부리 남천 유적』 2005; 울산문화재연구원, 『울산 천전리 진현압골 유적』 2005; 울산문화재연구원, 『울산 화정동 유적』 2004; 울산발전연구원, 『울산 신천동 냉천 유적』 2008; 울산발전연구원, 『울산 신천동 냉천 유적2』 2009; 이현석 「울산 무거동 옥현 유적에 대하여」, 『울산연구』2, 울산대학교박물관, 2000; 밀양대학교박물관, 『울산 야음동2지구』 2004; 울산문화재연구원, 『울산 백천 유적』 2002; 울산문화재연구원, 『울산 발리 유적』 2003 참조.

84. 창원대학교박물관, 『울산군 문화유적원부』, 학술조사보고 제8책, 1995; 창원대학교박물관, 『울산시 문화유적원부』, 학술조사보고 제17책, 1997; 심봉근 · 이동주, 『문화유적발굴예비조사보고』, 동아대학교 박물관, 1997; 영남문화재연구원 · 국립경주박물관, 『문화유적 정밀지표조사 보고서』, 학술조사보고 제5책, 1997; 유병일, 「청동기시대 지석묘의 입지와 상석의 일고찰-넓은 의미의 취락연구에 관한 기본적인 접근」『울산연구』3, 울산대학교박물관, 2001 등이 참고 된다.

85. 주 83. 참조.

86. 이와 관련하여 반구대암각화를 농경의 비중이 높아가던 청동기시대의 수렵 · 어로집단의 생존전략적 의례의 결과물일 가능성에 대해서도 검토할 것을 요구한 김권구의 지적은 의미가 깊다고 하겠다.(김권구,「울주 대곡리 반구대암각화의 이해와 연구방향에 대하여」『울산연구』1, 울산대학교박물관, 1999)

87. 남구 무거동 옥현유적에서는 집터 73동과 논, 남구 야음동유적에서는 집터 44동과 논이 함께 발견되었다.(경남대학교박물관 · 밀양대학교박물관, 「울산 무거동 옥현유적」, 『현장설명회 자료1,2』, 1998 · 1999; 밀양대학교박물관 · 동의대학교박물관, 「울산 야음동 유적」, 『현장설명회 자료』, 2001)

88. 울주 온산 원산리유적, 울주 온양 대안리유적, 울주 삼남 신화리유적, 울주 삼남 교동리104유적, 울주 삼남 교동리 19유적, 울주 범서 사연리 늠네유적, 북구 중산동 약수유적, 북구 달천유적, 북구 창평동유적, 중구 병영성유적, 원산리유적이 이에 해당한다. 이

들 유적에 대해서는 울산발전연구원, 『울산 원산리 산102-2유적』 2010; 울산대학교박물관, 「울산 대안리유적」 『발굴결과 약보고서』, 2000; 울산발전연구원, 『울산 신화리유적1』 2012; 울산발전연구원, 『울산 신화리유적2』 2013; 울산발전연구원, 『울산 신화리유적3』 2013; 울산문화재연구원, 『울산 교동리104유적』 2008; 울산문화재연구원, 「울산 교동리19유적」 『울산 교동리192-3유적』 부록, 2009; 울산문화재연구원, 『울산 사연리 늠네유적』 2003; 울산문화재연구원, 『울산 중산동 약수유적2』 2009; 울산문화재연구원, 『울산 달천유적 1차 발굴조사』 2008; 울산문화재연구원, 「울산 달천유적 2차 발굴조사」 『울산 달천유적 1차 발굴조사』부록, 2008; 울산문화재연구원, 『울산 달천유적 3차 발굴조사』 2010; 우리문화재연구원, 『울산 창평동810번지유적』 2012; 울산문화재연구원, 『울산 병영성유적』 2005 참조.

89. 울산발전연구원, 『울산 신화리유적1』 2012; 울산발전연구원, 『울산 신화리유적2』 2013; 울산발전연구원, 『울산 신화리유적3』 2013; 울산발전연구원, 『울산 산화동 화암유적』 2011; 울산문화재연구원, 『울산 약사동861유적』 2009; 우리문화재연구원, 『울산 창평동810번지유적』 2012.

90. 울산문화재연구원, 『울산 사연리 늠네유적』 2003.

91. 전호태, 「울주 대곡리 · 천전리 암각화」(한국역사민속학회편 한길사, 『한국의 암각화』, 1996) 참조.

92. 황상일 · 윤순옥, 「반구대암각화와 후빙기 후기 울산만의 환경변화」 『한국제4기학보』 9, 한국제4기학회, 1995; 황상일 · 윤순옥, 「울산 태화강 중 · 하류부의 Holocene 자연환경과 선사인의 생활변화」 『한국고고학보』43, 한국고고학회, 2000.

93. 마경희, 「울산 황성동 신석기시대 유적의 발굴과 성과」 『한국암각화연구』14, 한국암각화학회, 2010; 최종혁, 「울산 황성동 신석기시대 유적의 동물유존체 분석」(한국문물연구원, 『울산 황성동 신석기시대유적』 2012)

94. 영남문화재연구원, 『울산 천상리 취락유적』 2002; 경남대학교박물관, 『울산 구영리유적』 2004; 중앙문화재연구원, 『울산 구영리유적』 2005; 울산발전연구원, 『울산 구영리유적』 2007.

95. 울산문화재연구원, 『울산 반연리 가막못유적』 2010; 울산문화재연구원, 『울산 입암리유적』 2010; 경남대학교박물관, 『울산 구영리유적』 2004; 중앙문화재연구원, 『울산 구영리유적』 2005; 울산발전연구원, 『울산 구영리유적』 2007; 영남문화재연구원, 『울산 천상리 취락유적』 2002; 유병일, 『울산 다운동유적의 청동기시대 주거지양상』, 『울산연구』 2, 울산대학교박물관, 2000; 창원대학교박물관, 『울산 다운동유적1』, 2004; 울산문화재연구원, 『울산 다운동 새각단유적』 2011; 울산문화재연구원, 『울산 굴화리 장검유적2』 2006; 경남대학교박물관 · 밀양대학교박물관, 「울산 무거동 옥현유적」, 『현장설명회 자

료1,2』, 1998 · 1999.

96. 김권구, 「울주 대곡리 반구대암각화의 이해와 연구방향에 대하여」 『울산연구』1, 울산대학교박물관, 1999.

97. 김원룡, 「울주 반구대의 암각화에 대하여」, 『한국고고학보』9, 한국고고학연구회, 1980.

98. 울산대학교박물관, 『울산 반구대암각화』, 2000.

99. 위의 글.

100. 필자는 수 년 전부터 이 부분에 대해 문제를 제기하고 있다.(전호태, 「울주 대곡리, 천전리 암각화」 한국역사민속학회 편, 『한국의 암각화』, 한길사, 1996.)

101. 이윤종 · 이인기, 「지질도폭설명서(언양도폭) 1:50,000」 국립지질조사소, 1972.

102. 이상헌, 「천전리 각석과 대곡리 암각화의 보존에 대한 제언」(제5회 울산대학교 인문과학연구소 학술토론회 『천전리 각석과 대곡리 암각화의 중요성과 보존방안』 발표요지, 1994.12.8)

103. 울산대학교박물관, 『울산 반구대암각화』, 2000.

104. 경상일보 2000년 5월 4일자, 9면 보도: (그림1)의 암면H에 신원을 알 수 없는 인물이 날카로운 도구로 이름과 고기문양 등을 새긴 사건.

105. 전호태, 「울주 대곡리 · 천전리 암각화」(한국역사민속학회 편, 『한국의 암각화』 한길사, 1996)

106. 황수영 · 문명대, 『반구대』, 동국대학교출판부, 1984; 울산대학교박물관, 『울산 반구대암각화』, 2000.

107. 김수진, 「울산암각화의 보존문제」(예술의 전당 · 울산시, 『암각화국제학술대회논문집』 2000); 김수진, 「반구대암각화 보존방안」(울산광역시, 『반구대암각화 보존대책 연구』 2003)

108. ibid.

109. Crosby, A., Conservation of painted lime plaster on mud brick walls at Tumacacori National monument, U.S.A., 59~73, Third International Symposium on mudbrick(adobe) preservation, Ankara 1980 ICOM, ICOMOS; Rossi-Manaresi, R., Effectiveness of conservation treatments for the sandstone of monuments in Bologna 665~688 International Symposium on The conservation of Stone Part 2 Bologna, 27~30 October 1981, ICCROM, ICOMOS.

110. 필자가 「울산 대곡리 반구대암각화 보존론」 『한국암각화연구』2, 한국암각화학회, 2000을 쓸 당시에는 반구대 진입로 확장 여부가 논의되고 있었지만, 2007년 1월 반구대 진입로 확장구역 안인 울산광역시 울주군 두동면 반구대안길 254 일대에 울산암각화박

물관 건립이 시작되어 2008년 5월 정식 개관되었다.

111. 2007년 반구대암각화를 바라볼 수 있는 대곡천 대안 구릉 위에 유적관리초소와 대형 안내판이 세워졌다.

112. 지표조사 결과 대곡댐 수몰지구에서는 청동기시대에서 조선시대에 이르는 유적이 20여개 소가 확인되었다.(창원대학교박물관, 『대곡댐 수몰지구 문화유적 지표조사보고』 1998) 이 가운데 한국문화재보호재단이 시굴조사를 거쳐 발굴조사를 실시한 유적은 모두 17개소이다. 5차례에 걸친 발굴조사(2000.3.17～2004.3.31)로 청동기시대 주거지, 삼국시대 고분군, 통일신라 및 조선시대 건물지, 조선시대의 자기가마, 옹기가마, 기와가마와 숯가마, 제련로 등이 확인되었다.(박강민, 「발굴조사를 통하여 확인된 대곡댐 편입부지내 유적」 『울산대곡박물관』 울산대곡박물관, 2010)

113. 대표적인 사례로 김호석, 이하우의 반구대 암각화 연구 성과를 들 수 있다.(김호석, 『한국의 바위그림』 문학동네, 2008 ; 이하우, 『한국 암각화의 祭儀性』 학연문화사, 2011) 반구대 암각화 제작기법을 미술적 효과와 완성도에 연계한 김호석의 분석 결과와 제작기법과 제의적 기능을 함께 검토한 이하우의 결론은 서로 만나는 부분이 거의 없다.

114. 성춘택, 「구석기시대」(한국고고학회 편, 『한국고고학강의』 사회평론, 2007) ; 한국 구석기유적에 대한 개괄적인 소개는 홍미영, 「구석기시대」(김정배 편저, 『한국고대사입문』1, 신서원, 2006) 참조.

115. 김원룡, 황용훈은 대부분의 신석기유적 신상형 유물을 생활예술의 산물로 규정하려는 경향을 보인 반면, 신숙정은 원시신앙, 특히 풍요 · 다산신앙과의 관련성에 주목하였다.(김원룡, 「韓國先史時代의 神像에 대하여」 『歷史學報』94 · 95, 역사학회, 1982 ; 황용훈, 「신석기시대-예술과 신앙」 『한국사론』12-한국의 고고학 Ⅰ · 下, 국사편찬위원회, 1983 ; 신숙정, 「신석기시대의 유물-예술품」 『한국사』2-구석기문화와 신석기문화, 국사편찬위원회, 1997 ; 근래 한국 신석기유적 출토 소형 예술품들은 임세권에 의해 다시 정리되었다.(임세권, 「선사시대의 예술과 신앙」 김정배 편저, 『한국고대사입문』1, 신서원, 2006)

116. 서울대학교박물관, 『鰲山里遺蹟』, 1989(서울대학교박물관, 『鰲山里』 Ⅰ · Ⅱ · Ⅲ, 1984 · 1985 · 1988) ; 동삼동패총 인면조가비가면은 국립박물관과 서울대학교 고고인류학과 공동 조사단의 1971년 발굴조사를 통해 수습되었다. 신상 해석 부분은 이기백 · 이기동, 『韓國史講座』1, 古代編, 新石器時代의 社會와 文化, 一潮閣, 1982 참조 ; 국립중앙박물관, 『신암리 Ⅰ』1988 ; 국립중앙박물관, 『신암리 Ⅱ』1989 ; 김용간 · 서국태, 「서포항 원시유적 발굴보고」(고고학연구소, 『고고민속론문집』4, 사회과학출판사, 1972) ; 서국태, 『조선의 신석기시대』 사회과학출판사, 1986.

117. 서국태, 『조선의 신석기시대』 사회과학출판사, 1986 ; 한영희 · 임학종, 「연대도 조개

더미 단애부 Ⅱ」『한국고고학보』26, 한국고고학회, 1991; 국립진주박물관, 『연대도』1993.

118. 임세권, 「선사시대의 예술과 신앙」(김정배 편저, 『한국고대사입문』1, 신서원, 2006)

119. 기원전 4세기부터 기원전 1세기 사이에 제작된 것으로 추정되는 숭실대박물관 소장 전 논산(傳 論山) 출토 잔줄무늬거울(국보141호)의 경우, 삼각무늬의 잔줄의 높이가 0.04~0.06㎜, 줄 간격이 0.3~0.34㎜를 기록할 정도로 무늬새김이 정교하다. 이러한 정교한 무늬를 자랑하는 청동기들은 보통 밀랍법으로 주조되었다고 한다.(최주 · 김수철 · 김정배, 「한국의 세형동검 및 동령의 금속학적 고찰과 납동위원소비법에 의한 원료산지 추정」『선사와고대』3, 한국고대학회, 1992)

120. 한병삼, 「先史時代 農耕文 靑銅器에 대하여」『考古美術』112, 한국미술사학회, 1971; 이청규, 「청동기 · 철기시대의 사회와 문화」『한국사』1, 한길사, 1994; 이청규, 「철기시대의 사회와 경제」『한국사』3, 국사편찬위원회, 1997.

121. 청동제 허리띠 고리 장식의 주요 사례는 한반도 청동기문화에 대한 기획전시 도록인 국립중앙박물관 · 국립광주박물관, 1992 『특별전 한국의 청동기문화』 범우사, 1992 참조.

122. 문명대, 황용훈, 정동찬, 이상목, 하인수는 신석기시대, 혹은 신석기시대에서 청동기시대 초기의 작품으로 보았다.(문명대, 「울산 선사시대 암벽각화」; 황용훈, 「한반도 선사시대 암각의 제작기법과 형식분류」『考古美術』127, 한국미술사학회, 1975; 정동찬, 「울주 대곡리의 선사바위그림 연구」『손보기 박사 정년기념 고고인류학논총』, 1988; 이상목, 「울산 대곡리 반구대 선사유적의 동물그림: 생태적 특성과 계절성을 중심으로」『한국고고학보』52, 한국고고학회, 2004; 하인수, 「반구대 암각화의 조성시기론」『한국신석기연구』23, 한국신석기학회, 2012) 반면 임세권, 장명수, 김원룡, 김권구는 청동기시대, 혹은 청동기시대에서 초기 철기시대에 걸쳐 제작된 것으로 보고 있다.(임세권, 「우리나라 선사암각화의 연대에 관하여」『藍史 鄭在覺博士 古稀記念 東洋學論叢』, 1984; 장명수, 『韓國岩刻畵의 文化相에 대한 연구: 신앙의 전개 양상을 중심으로』 인하대학교 박사학위논문, 2001; 김원룡, 「蔚州盤龜臺 岩刻畵에 대하여」『韓國考古學報』9, 한국고고학연구회, 1980; 김권구, 「울주 대곡리 반구대암각화의 이해와 연구방향에 대하여」『울산연구』1, 울산대학교박물관, 1999) 이하우는 반구대암각화를 청동기시대의 긴 시기에 걸친 작품으로 보았다가 견해를 수정하여 신석기시대에서 청동기시대에 걸쳐 제작된 것으로 보고 있다.(이하우, 「울산 반구대암각화의 제작 층 분석 연구」『한국상고사학보』58, 한국상고사학회, 2007; 이하우, 『한국 암각화의 祭儀性』 학연문화사, 2011)

123. 황용훈, 「한반도 선사시대 암각의 제작기법과 형식분류」『考古美術』127, 한국미술사학회, 1975; 김원룡, 「蔚州盤龜臺 岩刻畵에 대하여」『韓國考古學報』9, 한국고고학연구회, 1980; 임세권, 「우리나라 선사암각화의 연대에 관하여」『藍史 鄭在覺博士 古稀記念 東洋學論叢』, 1984.

124. 김권구, 「울주 대곡리 반구대암각화의 이해와 연구방향에 대하여」『울산연구』1, 울산대학교박물관, 1999; 전호태, 「울산 대곡리 반구대암각화 형상 재분류 및 새김새 재검토-울산대박물관 실측자료를 중심으로-」『울산사학』9, 울산사학회, 2000.

125. 장명수,『韓國岩刻畵의 文化相에 대한 연구: 신앙의 전개 양상을 중심으로』 인하대학교 박사학위논문, 2001; 김호석, 『한국 암각화의 도상과 조형성 연구』 동국대학교 박사학위논문, 2005; 이하우, 「울산 반구대 암각화의 제작 층 분석 연구」『한국상고사학보』58, 한국상고사학회, 2007 ; 장석호, 「국보 제285호 대곡리 암각화의 도상해석학적 연구」『선사와 고대』27, 한국고대학회, 2007.

126. 김호석, 『한국의 바위그림』 문학동네, 2008; 이하우, 『한국 암각화의 祭儀性』 학연문화사, 2011; Sangmog Lee, Chasseurs de baleines La frise de Bangudae Coree de Sud, 2011.

127. 울산대학교박물관, 『울산 반구대암각화』2000; 전호태, 「울산 대곡리 반구대암각화 형상 재분류 및 새김새 재검토-울산대박물관 실측자료를 중심으로-」『울산사학』9, 울산사학회, 2000; 전호태, 「울산 대곡리 반구대암각화 보존론」『한국암각화연구』2, 한국암각화학회, 2000b; 전호태, 「울산 반구대암각화 편년론」『울산사학』10, 울산사학회, 2001.

128. 임세권은 대곡리 반구대암각화에 등장하는 동물들 다수가 새끼를 밴 상태로 묘사된 것은 풍요와 다산에 대한 기원 때문이라고 본 반면 이하우는 면각과 선각이 혼합된 일부 동물들만 새끼를 밴 모습으로 보고 있다.(임세권, 「한국 선사 암각화의 한국적 형상성의 성립」『한국미술의 자생성』 한길사, 1999; 이하우, 『한국 암각화의 祭儀性』 학연문화사, 2011)

129. 주 124. 참조.

130. 문명대, 임장혁은 반구대 암각화를 전형적인 수렵 · 채집사회가 남긴 것으로 본 반면 장명수는 계절별로 어로와 수렵이 병행되고 농경도 이루어진 사회의 산물로 보았다.(문명대, 「울산 선사시대 암벽각화」『문화재』7호, 문화재관리국, 1973; 임장혁, 「대곡리 암벽조각화의 민속학적 고찰」『한국민속학』24, 한국민속학회, 1991; 장명수, 『韓國岩刻畵의 文化相에 대한 연구: 신앙의 전개 양상을 중심으로』 인하대학교 박사학위논문, 2001) 서영대는 이 유적이 수렵 · 어로사회의 작품이라고 보았으며, 임세권은 청동기시대 정착농경사회와 관련이 깊을 가능성을 제시하였고, 이상목은 신석기시대 수렵채집어로사회와 연결시켰다가 견해를 조금 수정하여 최근에는 해양어로정착사회가 남긴 것으로 보고 있다.(서영대, 「한국 암각화의 신앙과 의례」『한국암각화연구』11 · 12, 한국암각화학회, 2009; 임세권, 『한국의 암각화』대원사, 1999; 이상목, 「울산 대곡리 반구대 선사유적의 동물그림: 생태적 특성과 계절성을 중심으로」『한국고고학보』52, 한국고고학회, 2004; 이상목, 「한국 신석기 문화의 특

징과 반구대 암각화」『한국 암각화의 길을 묻다』 한국암각화학회 주최 '반구대 암각화 발견 40주년 기념 학술토론회' 발표 요지, 2011.12.9, 국민대학교박물관)

131. 전호태, 「신화와 제의」(한국역사연구회, 『한국사상사의 과학적 이해를 위하여』 청년사, 1997)

132. 그런 점에서 반구대암각화 전체의 제작 시기를 신석기시대로 크게 올려 잡고는 있으나 울산지역에 해양어로정착사회가 존재했을 가능성을 언급한 이상목, 「한국 신석기 문화의 특징과 반구대암각화」『한국 암각화의 길을 묻다』(한국암각화학회 주최 '반구대암각화 발견 40주년 기념 학술토론회' 발표 요지, 2011.12.9, 국민대학교박물관)은 주목할 필요가 있다.

133. 복천박물관, 『동삼동패총 정화지역 동물유체 연구보고』, 2011; 복천박물관, 『선사 · 고대의 패총; 인간, 바다, 그리고 삶』, 2011.

134. 국립김해박물관 · 창녕군, 『飛鳳里』 2008.

135. 이상목, 「한국 신석기 문화의 특징과 반구대암각화」(한국암각화학회 주최 '반구대암각화 발견 40주년 기념 학술토론회' 『한국 암각화의 길을 묻다』2011.12.9, 국민대학교박물관)

136. 임세권, 「미국 암각화에 나타나는 수족과장형 인물상」『한국암각화연구』3, 한국암각화학회, 2002; 이하우, 「알타이의 제단 · 제의 장소 바위그림」『중앙아시아연구』12, 중앙아시아학회, 2007.

137. 이하우, 「알타이의 제단 · 제의 장소 바위그림」『중앙아시아연구』12, 중앙아시아학회, 2007.

138. 장명수, 「蔚州 大谷里 盤龜臺岩刻畵에 나타난 信仰意識」『울산연구』1, 울산대학교박물관, 1999; 천진기, 「울산암각화를 통해 본 동물숭배, 생식신앙, 민속의례와 세계관」(울산광역시 · 예술의전당, 『울산암각화발견30주년기념 암각화국제학술대회논문집』2001)

139. 장명수는 이 장면을 '사냥할 고래를 불러올리고, 사냥하여 잡아먹은 고래의 영혼을 돌려보내는' 주술을 재현한 것으로 이해하였다.(장명수, 「蔚州 大谷里 盤龜臺岩刻畵에 나타난 信仰意識」『울산연구』1, 울산대학교박물관, 1999; 장명수, 「韓國先史時代 岩刻畵 信仰의 展開樣相」『한국암각화연구』2, 한국암각화학회, 2000)

140. 동국대학교박물관, 『蔚山細竹遺蹟 Ⅰ』, 2007; 마경희, 「울산 황성동 신석기시대 유적의 발굴과 성과」『한국암각화연구』14, 한국암각화학회, 2010.

141. 필자는 선사 및 고대 초기의 사회가 종교적 활동을 위한 제의공간을 주거지역에서 반경 20㎞ 거리 이내에서 찾는 것도 가능하다는 입장에서 대곡리 반구대 암각화 제작 집단이 태화강 중상류 지역에 생활 근거를 마련한 상태에서 반구대 일대를 제의지로 삼게 되었다고 보았다.(전호태, 『울산의 암각화—울산 대곡리 반구대암각화론』 울산대학교출판부, 2005)

142. 전호태, 「울산 반구대암각화 편년론」 『울산사학』10, 울산사학회, 2001.

143. 문명대, 「울산선사시대 암벽각화」, 『문화재』7호, 문화재관리국, 1973.

144. 한국역사민속학회 · 포항제철고문화연구회 공동 주최로 1995.1.21~1995.1.22 포항공대 정보통신연구소 중강당에서 열렸다. 그 성과는 한국역사민속학회 편, 『한국의 암각화』, 한길사, 1996으로 출간되었다.

145. 황수영 · 문명대, 『盤龜臺』, 동국대학교 출판부, 1984.

146. 이 과정과 내용에 대해서는 전호태,「울산 대곡리 반구대암각화보존론」 『한국암각화연구』2, 한국암각화학회, 2000 참조.

147. 울산광역시 · 예술의전당 공동주최 울산 암각화발견 30주년 기념암각화국제학술대회(2000.8.17~ 2000.8.18, 예술의전당 서예관)

148. 반구대암각화 주변개발 반대운동은 2001년부터 본격화 되어 이후 현재까지 다양한 방식으로 진행되고 있다. 2001년10월17일에는 학회와 시민단체들이 주축이 되어 작성한 '반구대명승지지정심의요구서'가 문화재청에 제출되기도 하였다.

149. 울산대박물관, 『울산반구대암각화』2000.

150. 울산광역시(석조문화재보존과학연구회), 『반구대암각화보존대책연구』2003.

151. 당시 문화관광부의 오지철 차관 주재로 2003년8월27일 관련기관, 단체 대표자들 사이에 회의가 열려 상호 의견 교환이 이루어지고, 동년 10월20일 주차장 부지와 도로 너비를 축소하는 것을 골자로 하는 중재안이 마련되어 울산시와 관련학회, 단체의 동의를 받았다.

152. 이끼벌레가 크게 증식하여 반구대암각화면을 훼손하고 있다는 경상일보(2008.10.30 1면)의 보도도 있었다.

153. 2,025m^2 너비의 울산암각화박물관은 2008년5월30일 정식으로 개관하였다.

154. 1999년 시작된 함평 나비축제는 나비세계엑스포 추진과 시행이 가능할 정도로 성공적인 세계적 지역축제로 자리 잡아 9년간 총 856억의 경제유발효과, 연인원 1,122만 명의 관람객을 끌어들였다. 2008년 4월 열린 고령대가야체험축제는 24만 명의 관람객을 끌어들이고 116억5천만원의 지역생산유발 효과를 기록했다.

155. 전호태, 「울산 유적 · 유물의 특성과 시립박물관의 성격」(울산경제정의실천시민연합, 『울산의 고대문화—울산매장문화재의 가치와 보존방안』1997)

156. 제42회 처용문화제는 2008년 10월2일~10월5일 울산문화공원과 태화강둔치일대에서 열렸다. 처용의 관용과 화해 정신을 바탕으로 오랜 예술의 뿌리를 찾는 것을 목표로 한 처용문화제는 실제로는 독특한 문화적 개성이나 예술적 내용을 구성하고 담아내지 못하여 내외로부터 높은 호응을 받지 못하고 있다. 지역축제로 새롭게 자리 매김할 수 있는 기획과 구성을 요구받고 있는 행사의 하나이다.

157. 울산의 경우 울산광역시의 출연으로 설립된 울산발전연구원 산하 울산학연구센터(2006년 개설)가 지역학 연구를 대표하는 연구기관이라고 할 수 있다. 울산대학교에는 아직 지역학 연구의 센터로 기능할 수 있는 연구소가 설립되지 않고 있어 지역사회의 거점 교육 및 연구기관으로서의 역할과 기능에 한계를 보이고 있다.
158. 전호태, 『울산의 암각화』 울산대학교출판부, 2005.

부록

1. 이하우, 『한국 암각화의 祭儀性』학연문화사, 2011, 18쪽 〔표1〕 참조.

2. 2002년 박창범교수 연구팀이 기존의 보고서와 연구논문에서 언급하는 성혈 유적 사례만 조사한 결과 372곳에 이르렀다고 한다.(박창범 외, 「남한지역의 바위구멍 조사연구」『한국암각화연구』4, 한국암각화학회, 2003) 2008년 문헌 및 현장조사를 통해 확인된 '윷판형 암각'으로 분류할 수 있는 남한지역 성혈유적은 42개소 136점에 이른다.(김일권, 「고령지역 바위구멍 암각화의 현황과 성격」『고령지역의 선사고대사회와 암각화』고령군 대가야박물관 · 영남대학교민족문화연구소 · 한국암각화학회, 2008) 그러나 최근의 고령지역 현장조사 결과 윷판형 암각이 7개 지역 13 곳에서 61점이 확인되었다는 연구 결과를 볼 때 지역단위 성혈암각 현장 조사가 시도되면 유적의 수는 기하급수적으로 늘어날 수도 있다.(정동락, 「고령지역의 윷판형 암각」『한국암각화연구』11 · 12, 한국암각화학회, 2009)

3. 반구대암각화와 같은 대형 암각화 유적의 개별 형상에 분류 번호를 붙인 도면을 바탕으로 작성된 학술보고서는 울산대학교박물관, 『울산 반구대암각화』 2000가 처음이다. 근래의 암각화 조사보고 및 연구는 암각화의 각 형상에 분류번호를 부여하는 방향으로 진행되고 있다.

4. 울산암각화박물관, 『한국의 암각화』2011 ; 울산암각화박물관, 『한국의 암각화 Ⅱ』2012.

5. 이하 유적 소개 순서는 지역별, 가나다순, 발견년도순을 기준으로 삼는다.

6. 반구대암각화의 재발견 과정과 조사 내용에 대해서는 문명대, 「울산 선사시대 암벽각화」『문화재』7호, 문화재관리국, 1973 및 황수영 · 문명대, 『盤龜臺岩壁彫刻』동국대학교출판부, 1984 참조.

7. 연중 수몰과 노출이 반복되는 반구대암각화 보존 및 관리방안을 둘러싼 논란과 해결방안에 대해서는 전호태, 「울산 반구대암각화 보존론」『한국암각화연구』2, 한국암각화학회, 2000 ; 전호태, 「반구대암각화, 울산학, 역사교육의 유기적 연계와 순환관계 시론」『人文論叢』27, 울산대학교 인문과학연구소, 2008 참조.

8. 2000년 4월 조사를 통해 울산대학교박물관 학술조사단에 의해 추가 발견된 암각화의 내용에 대해서는 울산대학교박물관, 『울산 반구대암각화』2000 참조.

9. 울산대학교박물관, 『울산 반구대암각화』2000.

10. 전호태, 「울산대곡리반구대암각화 형상 재분류 및 새김새 재검토-울산대박물관 실측자료를 중심으로-」『울산사학』9, 울산사학회, 2000.

11. 전호태, 「울산 반구대암각화 편년론」『울산사학』10, 울산사학회, 2001 ; 이하우, 『한국 암각화의 祭儀性』학연문화사, 2011.

12. 이상목, 「울산 대곡리 반구대 선사유적의 동물그림: 생태적 특성과 계절성을 중심으로」『한국고고학보』52, 한국고고학회, 2004.

13. 반구대암각화 제작 층을 5개 층으로 나누는 김호석과 4개층으로 분석한 이하우는 제작 층 구분 순서나 내용에서 서로 만나는 부분이 거의 없다. (김호석, 『한국의 바위그림』 문학동네, 2008; 이하우, 『한국 암각화의 祭儀性』학연문화사, 2011)

14. 문명대, 「울산 선사시대 암벽각화」『문화재』7호, 문화재관리국, 1973; 황수영 · 문명대, 『盤龜臺岩壁彫刻』동국대학교출판부, 1984.

15. 1995년 전호태에 의해 추가 확인된 암면에 대해서는 전호태, 「울주 대곡리 · 천전리 암각화」(한국역사민속학회 편,『한국의 암각화』한길사, 1996) 참조.

16. 황수영 · 문명대, 『盤龜臺岩壁彫刻』동국대학교출판부, 1984; 임세권, 『韓國 先史時代 岩刻畵의 性格』단국대학교박사학위논문, 1994; 울산광역시 · 한국선사미술연구소, 『국보 제147호 천전리각석 실측조사보고서』 2003 참조.

17. 세선각화와 명문 내용에 대한 근래의 검토는 전호태, 「울주 천전리 서석 세선각화 연구」『울산연구』1, 울산대학교박물관, 1999 참조.

18. 전호태, 「울주 대곡리, 천전리 암각화」(한국역사민속학회 편,『한국의 암각화』한길사, 1996)

19. 박영희, 「천전리 암각화의 기하문양 중 마름모꼴의 상징성에 대한 일고찰」『한국암각화연구』6, 한국암각화학회, 2005; 김인희, 「기하학문으로 본 천전리 암각화」『한국암각화연구』14, 한국암각화학회, 2010.

20. 이하우, 「천전리의 동물표현, 황금 뿔의 사슴」『한국암각화연구』14, 한국암각화학회, 2010; 이하우, 『한국 암각화의 祭儀性』학연문화사, 2011.

21. 부산시립박물관, 『東萊 福泉洞 古墳群 第5次 發掘調査 槪要』1995.

22. 홍보식, 「동래 복천동 고분군의 암각화」(울산암각화박물관,『한국의 암각화』2011)

23. 이하우, 『한국 암각화의 祭儀性』학연문화사, 2011.

24. 장명수, 「한국 암각화의 형식분류와 문화특성」『한국암각화연구』10, 한국암각화학회, 2007.

25. 이하우, 『한국 암각화의 祭儀性』학연문화사, 2011.

26. 김일권, 「남해 양아리 서불과차 암각문 유적」(울산암각화박물관,『한국의 암각화』 2011)

27. 황용훈, 「한반도 선사시대 암각의 제작기법과 형식분류」『考古美術』127, 1975; 황용훈, 『韓國先史岩刻畵研究』 경희대학교박사학위논문, 1977; 이하우, 『잃어버린 신화 바위문화 이야기』민속원, 2003.

28. 경남발전연구원 역사문화센터, 『밀양 신안 선사유적』2007.

29. 경남발전연구원 역사문화센터, 『밀양 신안유적 Ⅰ』2006; 경남발전연구원 역사문화센터, 『밀양 신안유적 Ⅱ』2007.

30. 김병섭, 「밀양 안인리(신안) 암각화」(울산암각화박물관,『한국의 암각화』2011)

31. 이하우, 『한국 암각화의 祭儀性』학연문화사, 2011.

32. 경남발전연구원, 『밀양 살내유적』2005.

33. 김병섭, 「밀양 살내유적 발굴조사 성과」『慶尙考古學』2, 2003.

34. 김병섭, 「밀양지역의 지석묘에 대한 일고찰」『경남연구』창간호, 경남발전연구원 역사문화센터, 2009; 김병섭, 「밀양 활성동(살내)유적 암각화」(울산암각화박물관,『한국의 암각화』2011)

35. 이하우, 『한국 암각화의 祭儀性』학연문화사, 2011.

36. 조영재, 「남강댐 수몰지역의 발굴성과」(제7회 영남고고학회 학술발표회, 1998)

37. 송영진, 「사천 본촌리 암각화의 발견」(울산암각화박물관,『한국의 암각화』2011)

38. 장명수는 숫돌에 새겨진 것이 비파형 동검이라고 보고 있다.(장명수, 「新例 刀劍類 그림 岩刻畵의 文化性格에 대한 檢討」『학예연구』3 · 4, 국민대학교박물관, 2003)

39. 경남발전연구원, 『대의~의령 국도건설공사 구간 내 마쌍리 유적 발굴조사 지도위원회 자료』2010.

40. 이상목은 검파형 무늬를 덧새긴 때문으로 보는 반면, 이하우는 암각화 훼손의 흔적으로 이해하고 있다.(이상목, 「경남 의령 마쌍리 출토 암각화」(울산암각화박물관,『한국의 암각화』2011); 이하우, 『한국 암각화의 祭儀性』학연문화사, 2011)

41. 김미영, 「의령 마쌍리 출토 암각화에 대한 소고」(울산암각화박물관,『한국의 암각화』2011)

42. 국립창원문화재연구소, 『함안 도항리 암각화 소재 고분 발굴조사』1991; 최헌섭, 「함안 도항리 선사유적」『한국상고사학보』10, 한국상고사학회, 1992.

43. 이하우는 기우제의 결과물로, 임세권, 장명수는 천체도로 해석한다.(이하우, 『한국 암각화의 祭儀性』학연문화사, 2011; 임세권, 『韓國 先史時代 岩刻畵의 性格』단국대학교박사학위논문, 1994; 장명수, 『韓國岩刻畵의 文化相에 대한 硏究』인하대학교 박사학위논문, 2001)

44. 이주헌, 「함안 도항리 암각화」(울산암각화박물관,『한국의 암각화』2011)

45. 이하우, 『한국 암각화의 祭儀性』학연문화사, 2011.

46. 이백규 · 오동욱, 「진천동 선사유적」(경북대학교박물관 · 대구광역시달서구, 『진천동 · 월성동 선사유적』2000)

47. 이재환, 「대구 진천동 입석 암각화」(울산암각화박물관,『한국의 암각화 Ⅱ』2012)

48. 이상길, 『청동기시대 의례에 관한 고고학적 연구』 대구효성카톨릭대박사학위논문,

2000.

49. 이하우, 「대구 천내리 암각화의 발견」(울산암각화박물관,『한국의 암각화Ⅱ』2012)

50. 이하우, 『한국 암각화의 祭儀性』학연문화사, 2011.

51. 김길웅, 「금장대 암각화에 대한 고찰」『新羅王京硏究』(신라문화재학술발표회논문집 16)신라문화선양회, 1994; 임세권, 『韓國 先史時代 岩刻畵의 性格』단국대학교박사학위논문, 1994; 동국대학교경주캠퍼스박물관, 『錫杖洞遺蹟Ⅱ』1998; 이동헌, 「경주 석장동 암각화」(울산암각화박물관,『한국의 암각화Ⅱ』2012); 오춘영, 「경주 금장대 바위그림의 분석」『한국암각화연구』2, 한국암각화학회, 2000.

52. 차순철, 「慶州市 金丈臺 出土 遺物紹介」『서라벌』5, 연구모임'서라벌', 1996.

53. 계림문화재연구원, 『경주 석장동암각화 주변 금장대 복원사업 부지내 유적발굴조사 약보고서』2011.

54. 송재중, 「3천년 잠자던 〈암각화 고인돌〉 흔들어 깨우다!」(울산암각화박물관,『한국의 암각화Ⅱ』2012)

55. 정영화 · 이채경, 『경주시 문화유적 지표조사 보고서-건천읍, 내남면, 외동읍 지역』영남대학교 문화인류학과, 1994.

56. 장명수는 생성기, 이하우는 소멸기의 작품으로 이해하고 있다.(장명수, 「韓國先史時代 岩刻畵 信仰의 展開樣相」『한국암각화연구』2, 한국암각화학회, 2000; 이하우, 『한국 암각화의 祭儀性』학연문화사, 2011)

57. 대가야박물관, 『高靈의 岩刻遺蹟』(학술조사보고서5, 2008); 신종환, 「고령 봉평리암각화의 발견과정」(울산암각화박물관,『한국의 암각화Ⅱ』2012)

58. 송화섭, 「先史時代 韓半島의 幾何文岩刻畵의 類型과 性格」『先史와 古代』5, 한국고대학회, 1993; 이상길, 「고령 안화리 암각화」(울산암각화박물관,『한국의 암각화Ⅱ』2012)

59. 이상길, 「패형 암각의 의미와 그 성격」『한국의 암각화』한길사, 1996.

60. 이하우, 『한국 암각화의 祭儀性』학연문화사, 2011.

61. 이은창, 「고령 양전동 암화조사약보-석기와 암화유적을 중심으로」『고고미술』112, 한국미술사학회, 1971; 이은창, 「고령 양전동 암각화」(울산암각화박물관,『한국의 암각화Ⅱ』2012)

62. 윤용진, 「고령 개진면 양전동 선사유적에 대하여」『고고미술』66, 고고미술동인회, 1966.

63. 嶺南埋葬文化財硏究院, 『高靈池山洞30號墳』1998; 하진호, 「고령 지산동 암각화 발견 경위-지산동30호분 개석암각화」(울산암각화박물관,『한국의 암각화Ⅱ』2012)

64. 이진구 · 김영식, 「수곡동 한들마을 선사 암각화 조사 약보」『안동문화연구』5, 안동문화연구회, 1991; 경북지역사연구소, 『안동역사 바로알기』안동시, 2000.

65. 임세권, 「안동군 임동면 한들마을의 바위그림」『안동문화연구』14, 안동대 안동문화연구소, 1993.

66. 이하우, 『한국 암각화의 祭儀性』학연문화사, 2011.

67. 임세권, 장명수는 새, 이하우는 샤먼으로 보고 있다.(임세권, 『韓國 先史時代 岩刻畵의 性格』단국대학교박사학위논문, 1994; 임세권, 「한국 암각화에 나타난 태양신 숭배」『한국암각화연구』창간호, 한국암각화학회, 1999; 장명수, 『韓國岩刻畵의 文化相에 대한 硏究』인하대학교 박사학위논문, 2001)

68. 이하우, 「한국판형 바위그림 연구」『한국암각화연구』5, 한국암각화학회, 2004.

69. 장명수, 「榮州 可興洞岩刻畵와 防牌文岩刻畵의 性格 考察」『擇窩許善道先生停年記念韓國史學論叢』1992; 박홍국, 「영주 가흥동 암각화의 발견」(울산암각화박물관, 『한국의 암각화Ⅱ』2012)

70. 송화섭, 「남원 대곡리 기하문 암각화에 대하여」『백산학보』42, 백산학회, 1993; 송화섭, 「영천 보성리 암각화 발견 경위」(울산암각화박물관, 『한국의 암각화Ⅱ』2012)

71. 이상길, 「패형 암각의 의미와 그 성격」(한국역사민속학회 편, 『한국의 암각화』한길사, 1996)

72. 배용일, 「포항 흥해읍 대련리 지표조사」『동대해문화연구』2, 동대해문화연구소, 1996.

73. 이하우, 『한국 암각화의 祭儀性』학연문화사, 2011.

74. 국립경주박물관, 「월성군 · 영일군 지표조사보고서」(국립중앙박물관, 『국립박물관 고적조사 보고』17책, 1985); 박방룡, 「포항 인비리 암각화의 발견」(울산암각화박물관, 『한국의 암각화Ⅱ』2012)

75. 이하우, 『한국 암각화의 祭儀性』학연문화사, 2011.

76. 송화섭, 「선사시대 암각화에 나타난 석검 · 석촉의 양식과 상징」『한국고고학보』31, 한국고고학회, 1994.

77. 이하우 · 한형철, 「포항 칠포리 암각화군 조사보고」『고성』 포철고문화연구회, 1990; 이하우, 「迎日 七浦마을의 바위그림들」『歷史散策』4, 범우사, 1990; 이하우, 『칠포마을 바위그림』 고문화연구회, 1994; 이하우, 「포항 칠포리 암각화의 발견」(울산암각화박물관, 『한국의 암각화Ⅱ』2012)

78. 이하우, 『한국 암각화의 祭儀性』학연문화사, 2011.

79. 마한문화연구원, 『나주지방산업단지 2차 조성사업부지 내 문화유적 발굴 약보고』 2009; 신주원, 「나주 운곡동 암각화」(울산암각화박물관, 『한국의 암각화』2011)

80. 신주원, 「나주 운곡동 유적의 세선화 검토」『한국암각화연구』14, 한국암각화학회, 2010.

81. 마한문화연구원, 『나주 운곡동유적Ⅰ-지석묘 · 기와가마』2008.

82. 전남대학교박물관, 『여수 오림동 지석묘』1992.

83. 신경숙, 「여수 오림동 고인돌과 암각화」(울산암각화박물관,『한국의 암각화』2011)

84. 송화섭, 「남원 대곡리 기하문 암각화에 대하여」『백산학보』42, 백산학회, 1993; 김광, 「남원 봉황대 선사시대 바위그림의 발견」(울산암각화박물관,『한국의 암각화』2011)

85. 김종찬, 「제주 광령리 암각화」(울산암각화박물관,『한국의 암각화』2011)

86. 서국태, 「무산군 지초리 유적에 대하여」『조선고고연구』2004년2호(131호), 사회과학원고고학연구소; 최광식, 「북한 무산군 지초리 암각화」『先史와 古代』26, 한국고대학회, 2007.

87. 전호태, 「천전리 서석 암각화와 명문」(울산광역시사편찬위원회,『蔚山廣域市史』1.역사편, 2002)

88. 국립문화재연구소, 『반구대암각화』2011; 조용진, 「암각화 연구를 위한 등고선 촬영술 제안-이미 개발되어 사용되고 있는 등고선 촬영술과 장치를 암각화 연구에 적용하는 방안에 대한 실제적 제안」(한국암각화학회,『한국 암각화의 길을 묻다』반구대암각화 발견 40주년 기념 학술토론회, 2011.12.9)

89. 송화섭은 최근 암각화 용어와 명칭 통일을 위한 학계 차원의 노력을 강조하였다.(송화섭, 「한국 암각화 문양의 명칭 및 용어 사용에 대하여」한국암각화학회 2012 동계 워크샵 발표요지, 2012.2.17~18, 부산 복천박물관) 필자는 용어 통일에서 한 걸음 더 나아가 개념 규정 작업도 필요하다는 입장이다.

90. 전호태, 「울주 대곡리 · 천전리 암각화」(한국역사민속학회 편,『한국의 암각화』한길사, 1996)

91. 국내에서는 한국암각화학회, 울산암각화박물관, 울산대학교 반구대암각화유적보존연구소가 연구 거점 역할을 담당할 수 있는 대표적인 연구단체 및 기관이다. 그러나 암각화연구의 주요과제들이 해결되려면 이들 기관, 단체의 역량이 보다 강화될 필요가 있다.

92. 검파형 암각화의 편년안만 5가지가 제시된 상태이다. 이에 대한 정리는 이하우, 『한국 암각화의 祭儀性』학연문화사, 2011, 176쪽 〔표4〕 참조.

93. 황용훈은 북아시아 암각화 전통의 남하, 송화섭은 베링해 고래어렵민의 일시 남하를 한국 암각화의 기원으로 보려 한다. 이에 반해 이하우는 칠포리형 암각화의 영남지역 자체 발생과 전파과정에 초점을 두고 연구하려는 입장을 보이고 있다.(황용훈, 『韓國先史岩刻畵研究』 경희대학교박사학위논문, 1977; 송화섭, 「반구대 암각화의 작살잡이와 우미악(Umiak)」한국암각화학회, 『반구대암각화의 동물생태와 형상론』2012 춘계학술회의, 2012.6.2, 국립생물자원관; 이하우, 『한국 암각화의 祭儀性』학연문화사, 2011)

94. 이하우, 「검파형 암각화의 양식변화와 기능성 변형」(고령군대가야박물관 · 영남대학교민족문화연구소 · 한국암각화학회, 『고령지역의 선사고대사회와 암각화』2008)

찾아보기

찾아보기

ㄱ

ㄴ

ㄷ

ㅁ

ㅂ

ㅅ

ㅇ

ㅈ

ㅊ

ㅋ

ㅌ

ㅍ

ㅎ

참고문헌 · 영문요약

참고문헌

1. 도록, 보고서

경남대학교박물관, 『김해 덕산리유적 - 부 울산 호계리 주거지』, 1995.
경남대학교박물관, 「울산구영리유적」(한국대학박물관협회, 『대학과 발굴 Ⅰ』, 1996)
경남대학교 박물관 · 밀양대학교 박물관, 「울산 무거동 옥현유적」, 『현장설명회 자료1』, 1998.
경남대학교 박물관 · 밀양대학교 박물관, 「울산 무거동 옥현유적」, 『현장설명회 자료2』, 1999.
경남대학교박물관, 『울산 구영리유적』 2004.
경남발전연구원, 『밀양 살내유적』 2005.
경남발전연구원 역사문화센터, 『밀양 신안유적 Ⅰ』 2006.
경남발전연구원 역사문화센터, 『밀양 신안유적 Ⅱ』 2007.
경남발전연구원 역사문화센터, 『밀양 신안 선사유적』 2007.
경남발전연구원, 『대의~의령 국도건설공사 구간 내 마쌍리 유적 발굴조사 지도위원회 자료』 2010.
계림문화재연구원, 『경주 석장동암각화 주변 금장대 복원사업 부지내 유적발굴조사 약보고서』2011.
국립김해박물관 · 창녕군, 『飛鳳里』, 2008.
국립경주박물관, 「월성군 · 영일군 지표조사보고서」(국립중앙박물관,『국립박물관 고적조사 보고』17책, 1985)
국립문화재연구소, 『반구대암각화』 2011.
국립중앙박물관, 『신암리Ⅰ』 1988.
국립중앙박물관, 『신암리Ⅱ』 1989.
국립중앙박물관 · 국립광주박물관, 1992『특별전 한국의 청동기문화』범우사, 1992.
국립진주박물관, 『연대도』1993.
국립창원문화재연구소, 『함안 도항리 암각화 소재 고분 발굴조사』 1991.
국토해양부, 『대곡천 하천정비 기본계획 재정비 보고서』 2006.
국토해양부, 『반구대암각화 보존을 위한 사연댐 수위운영방안 검토』 2008.
김용간 · 서국태, 「서포항 원시유적 발굴보고」(고고학연구소,『고고민속론문집』 4, 사회과학출판사, 1972)
동국대학교 경주캠퍼스 박물관, 『錫杖洞遺蹟Ⅱ』1998.
동국대학교 매장문화재연구소, 「울산 황성동 세죽 패총 유적」, 현장설명회 자료, 2000.
동국대학교 경주캠퍼스 매장문화재연구소, 『蔚山細竹遺蹟Ⅰ』2007.
동아대학교박물관, 『울산 신화리유적』 2010 · 2011.
대가야박물관, 『高靈의 岩刻遺蹟』(학술조사보고서5) 2008.
마한문화연구원, 『나주 운곡동유적Ⅰ-지석묘 · 기와가마』 2008.
마한문화연구원, 『나주지방산업단지 2차 조성사업부지 내 문화유적 발굴 약보고』 2009.
문화재청, 『대곡천 암각화군 보존학술조사 연구용역』 2012.
밀양대학교박물관 · 동의대학교박물관, 「울산 야음동 유적」, 『현장설명회 자료』, 2001.
밀양대학교박물관, 『울산 야음동2지구』 2004.
박광춘, 『언양교동리유적』, 동아대학교 박물관 · 한국도로공사, 2000.
복천박물관, 『동삼동패총 정화지역 동물유체 연구보고』 2011.
복천박물관, 『선사 · 고대의 패총: 인간, 바다, 그리고 삶』, 2011.
부산대학교박물관, 『울주양동유적조사개보』, 1985.
부산대학교박물관, 『울산 검단리 마을유적』 1995.
부산시립박물관, 『東萊 福泉洞 古墳群 第5次 發掘調査 概要』1995.
서울대학교박물관, 『鰲山里遺蹟』, 1989(서울대학교박물관, 『鰲山里』Ⅰ · Ⅱ · Ⅲ, 1984 · 1985 · 1988)
심봉근 · 이동주, 『문화유적발굴예비조사보고』, 동아대학교 박물관, 1997.
심봉근 · 이동주, 『울산우봉리유적』, 동아대학교 박물관, 1997.
영남대학교박물관, 『울산봉계리유적』, 학술조사보고 제36책, 2000.

영남문화재연구원 · 국립경주박물관, 『문화유적 정밀지표조사 보고서』, 학술조사보고 제5책, 1997.
영남문화재연구원, 「울산-강동간 도로4차선 확장포장공사구간 내 문화재 시굴조사 결과보고서」, 2000.
영남문화재연구원, 「울산 창평동유적 발굴조사」, 『현장설명회 자료』, 2001.
영남문화재연구원, 『울산 천상리 취락유적』 2002.
嶺南埋葬文化財研究院, 『高靈池山洞30號墳』 1998.
우리문화재연구원, 『울산 창평동810번지유적』 2012.
우리문화재연구원, 『울산 처용리21번지 유적』 2012.
우리문화재연구원, 『울산 약사동유적』 2013.
울산광역시 · 한국선사미술연구소, 『국보 제147호 천전리각석 실측조사보고서』 2003.
울산광역시(석조문화재보존과학연구회), 『반구대암각화보존대책연구』 2003.
울산광역시, 『울산 반구대암각화 학술조사(3D) 용역보고서』 2008.
울산광역시, 『반구대암각화 암면보존방안 연구용역』 2009.
울산광역시, 『반구대암각화 보존을 위한 수리모형실험 연구보고서』 2013.
울산대학교박물관, 「울산 대안리유적」『발굴결과 약보고서』, 2000.
울산대학교박물관, 『울산 반구대암각화』 2000.
울산대학교박물관, 『울산연암동유적-부.울산화정동유적』 2001.
울산대학교박물관, 「울산구수리유적」『국도24호선(울산언양)확 · 포장구간내유적』 2005.
울산문화재연구원, 「울산 신정동유적」『현장설명회자료』 2001.
울산문화재연구원, 「울산 신현동유적」『현장설명회자료』 2001.
울산문화재연구원, 『울산 백천유적』 2002.
울산문화재연구원, 『울산 발리유적』 2003.
울산문화재연구원, 『울산 사연리 늠네유적』 2003.
울산문화재연구원, 『울산 화정동유적』 2004.
울산문화재연구원, 『울산 매곡동유적1지구』 2005.
울산문화재연구원, 『울산 매곡동유적2지구』 2005.
울산문화재연구원, 『울산 매곡동유적3지구』 2006.
울산문화재연구원, 『울산 매곡동유적4지구』 2006.
울산문화재연구원, 『울산 매곡동유적3-1지구,4-2지구,5지구』 2007.
울산문화재연구원, 『울산 병영성유적』 2005.
울산문화재연구원, 『울산 옥동유적』 2005.
울산문화재연구원, 『울산 천전리 진현압골유적』 2005.
울산문화재연구원, 『울산 굴화리 장검유적2』 2006.
울산문화재연구원, 『울산 천곡동 가재골유적1』 2007.
울산문화재연구원, 『울산 천곡동 가재골유적2』 2008.
울산문화재연구원, 『울산 천곡동 가재골유적3』 2009.

울산문화재연구원, 『울산 천곡동 가재골유적4』 2010.
울산문화재연구원,『울산 궁근정리유적 I』2007.
울산문화재연구원, 『울산 교동리104유적』 2008.
울산문화재연구원, 『울산 달천유적 1차 발굴조사』 2008
울산문화재연구원, 「울산 달천유적 2차 발굴조사」『울산 달천유적 1차발굴조사』 부록, 2008
울산문화재연구원, 『울산 달천유석 3차 발굴조사』 2010
울산문화재연구원, 「울산 교동리19유적」『울산 교동리192-3유적』 부록, 2009.
울산문화재연구원,『울산 약사동861유적』 2009.
울산문화재연구원, 『울산 중산동 약수유적2』 2009.
울산문화재연구원,『울산 중산동139유적』 2009.
울산문화재연구원,『울산 부곡동112-1유적』 2009.
울산문화재연구원, 『울산 반연리 가막못유적』 2010.
울산문화재연구원, 『울산 상연암유적』 2010.
울산문화재연구원, 『울산 입암리유적』 2010.
울산문화재연구원, 『울산 외광리 귀지유적』 2010.
울산문화재연구원, 『울산 장현동 41-5유적』 2010.
울산문화재연구원, 『울산 명산리유적』 2011.
울산문화재연구원, 『울산 다운동 새각단유적』 2011.
울산발전연구원, 『울산 서부리 남천유적』 2005.
울산발전연구원, 『울산 구영리유적』 2007.
울산발전연구원, 『울산매곡동508번지유적』 2007.
울산발전연구원, 『울산 신천동 냉천유적』 2008.
울산발전연구원, 『울산 신천동 냉천유적2』 2009.
울산발전연구원, 『울산 정자동유적』 2009.
울산발전연구원, 『울산 신암리 당재골유적』 2010.
울산발전연구원, 『울산 산하동 유적』 2010.
울산발전연구원, 『울산 원산리 산102-2유적』 2010.
울산발전연구원, 『울산 산하동 화암유적』 2011.
울산발전연구원, 『울산 덕신리572-6유적』 2011.
울산발전연구원, 『울산 신천동 202-1유적』 2012.
울산발전연구원, 『울산 신화리유적1』 2012.
울산발전연구원, 『울산 신화리유적2』 2013.
울산발전연구원, 『울산 신화리유적3』 2013.
울산암각화박물관, 『한국의 암각화』 2011.

울산암각화박물관, 『한국의 암각화Ⅱ』 2012.
이은창, 「고령 양전동 암화조사약보-석기와 암화유적을 중심으로」『고고미술』 112, 한국미술사학회, 1971.
이진구 · 김영식, 「수곡동 한들마을 선사 암각화 조사 약보」『안동문화연구』 5, 안동문화연구회, 1991.
이하우 · 한형철, 「포항 칠포리 암각화군 조사보고」『고성』 포철고문화연구회, 1990.
전남대학교박물관, 『여수 오림동 지석묘』 1992.
정영화 · 이채경, 『경주시 문화유적 지표조사 보고서-건천읍, 내남면, 외동읍 지역』영남대학교 문화인류학과, 1994.
중앙문화재연구원, 『울산 구영리유적』 2005.
창원대학교박물관 · 부산여자대학교박물관 · 울산대학교사학과, 「울산다운동고분군」『현장설명회자료』, 1995.
창원대학교박물관, 『울산군 문화유적원부』, 학술조사보고 제8책, 1995.
창원대학교박물관, 『울산시 문화유적원부』, 학술조사보고 제17책, 1997.
창원대학교박물관, 『울산 다운동 운곡유적』, 1998.
창원대학교박물관, 『울산 다운동유적1』, 2004.
한국문물연구원, 『울산 언양 신화리유적』 2011.
한국문물연구원, 『울산 언양 신화리유적2』 2012.
한국문물연구원, 『울산 황성동 신석기시대유적』 2012.
한국문화재보호재단, 『울산시 부곡동 252-5번지 일대 한국카프로락탑(주) 공장부지발굴조사 보고서』, 2000.
한영희 · 임학종, 「연대도 조개더미 단애부Ⅱ」『한국고고학보』 26, 한국고고학회, 1991.
황수영 · 문명대, 『盤龜臺岩壁彫刻』동국대학교출판부, 1984.

2. 저서, 논문

강봉원, 「반구대암각화에 표출된 야생동물의 재인식: 한반도 선사시대 동물사육에 대한 비판적 검토」(한국암각화학회 주최 '반구대 암각화 발견 40주년 기념 학술토론회' 『한국 암각화의 길을 묻다』발표 요지, 2011.12.9, 국민대학교박물관)

경북지역사연구소, 2000『안동역사 바로알기』안동시.

김길웅, 1994「금장대 암각화에 대한 고찰」『新羅王京硏究』(신라문화재학술발표회논문집 16)신라문화선양회.

김광, 「남원 봉황대 선사시대 바위그림의 발견」(울산암각화박물관,『한국의 암각화』 2011)

김권구, 「울주 대곡리 반구대 암각화의 이해와 연구방향에 대하여」『울산연구』1, 울산대학교박물관, 1999.

김미영, 「의령 마쌍리 출토 암각화에 대한 소고」(울산암각화박물관,『한국의 암각화』 2011)

김병섭, 「밀양 살내유적 발굴조사 성과」『慶尙考古學』2, 2003.

김병섭, 「밀양지역의 지석묘에 대한 일고찰」『경남연구』창간호, 경남발전연구원 역사문화센터, 2009.

김병섭, 「밀양 안인리(신안) 암각화」(울산암각화박물관,『한국의 암각화』 2011)

김병섭, 「밀양 활성동(살내)유적 암각화」(울산암각화박물관,『한국의 암각화』 2011)

김수진, 「울산암각화의 보존문제」(예술의 전당 · 울산시, 『암각화국제학술대회논문집』 2000)

김수진, 「반구대암각화 보존방안」(울산광역시, 『반구대암각화 보존대책 연구』 2003)

金烈圭, 『韓國文學史-그 形象과 解釋』 探究堂, 1983.

김영민, 「울산 연암동형 주거지의 검토」, 『울산연구』 2, 울산대학교박물관, 2000.

김인희, 「기하학문으로 본 천전리 암각화」『한국암각화연구』 14, 한국암각화학회, 2010.

김일권, 「고령지역 바위구멍 암각화의 현황과 성격」(고령군대가야박물관 · 영남대학교민족문화연구소 · 한국암각화학회, 『고령지역의 선사고대사회와 암각화』2008)

김일권, 「남해 양아리 서불과차 암각문 유적」(울산암각화박물관,『한국의 암각화』 2011)

金元龍, 「울주 반구대 암각화에 대하여」『한국고고학보』 9, 한국고고학연구회, 1980.

김원룡, 「韓國先史時代의 神像에 대하여」『歷史學報』 94 · 95, 역사학회, 1982.

金元龍, 「藝術과 信仰」『韓國史論』 13, 國史編纂委員會, 1983.

김종찬, 「제주 광령리 암각화」(울산암각화박물관,『한국의 암각화』 2011)

김형곤 · 유병일, 「울산 방기리 청동기시대 취락지-발굴조사 성과를 중심으로」, 『영남고고학보』 19집, 영남고고학회, 1996.

김호석, 「반구대암각화연구(Ⅰ)」『한국암각화연구』 5, 한국암각화학회, 2004.
김호석, 『한국암각화의 도상과 조형성 연구』 동국대학교 박사학위논문, 2005.
김호석, 「울산 대곡리암각화의 육지동물에 대한 형태적 특성 고찰」『백산학보』 74, 백산학회, 2006.
김호석, 『한국의 바위그림』문학동네, 2008.
마경희, 「울산 황성동 신석기시대 유적의 발굴과 성과」『한국암각화연구』 14, 한국암각화학회, 2010.
문명대, 「울산 선사시대 암벽각화」『문화재』7호, 문화재관리국, 1973.
박강민, 「발굴조사를 통하여 확인된 대곡댐 편입부지내 유적」『울산대곡박물관』울산대곡박물관, 2010.
박구병, 「울산 반구대에 나타난 경류와 포경」『수산업사연구』10, 수산업사연구소, 2003.
박방룡, 「포항 인비리 암각화의 발견」(울산암각화박물관,『한국의 암각화Ⅱ』 2012)
박영철 · 이상길 · 서영남, 「경남 울산 무거동 옥현유적의 구석기시대 유물 검토」, 『영남고고학』 26, 영남고고학회, 2000.
박영희, 「천전리 암각화의 기하문양 중 마름모꼴의 상징성에 대한 일고찰」『한국암각화연구』 6, 한국암각화학회, 2005.
박창범 외, 「남한지역의 바위구멍 조사연구」『한국암각화연구』 4, 한국암각화학회, 2003.
박홍국, 「영주 가흥동 암각화의 발견」(울산암각화박물관,『한국의 암각화Ⅱ』2012)
배용일, 「포항 홍해읍 대련리 지표조사」『동대해문화연구』 2, 동대해문화연구소, 1996.
서국태, 『조선의 신석기시대』사회과학출판사, 1986.
서국태, 「무산군 지초리 유적에 대하여」『조선고고연구』2004년2호(131호), 사회과학원고고학연구소, 2004.
서영남 · 배진성, 「울산지역에서 채집된 무문토기와 석기」, 『한국 고대사와 고고학』, 2000.
서영대, 「한국 암각화의 신앙과 의례」『한국암각화연구』 11 · 12, 한국암각화학회, 2009.
성춘택, 「구석기시대」(한국고고학회 편,『한국고고학강의』사회평론, 2007)
손호선,「반구대암각화의 고래종(種)」『한국암각화연구』 16, 한국암각화학회, 2012.
송영진, 「사천 본촌리 암각화의 발견」(울산암각화박물관,『한국의 암각화』 2011)
송재중, 「3천년 잠자던 〈암각화 고인돌〉 흔들어 깨우다!」(울산암각화박물관,『한국의 암각화Ⅱ』 2012)
송화섭, 「한국의 암석각화와 그 의례에 대한 고찰」, 『한국사상사』, 석산한종만박사화갑기념논문집, 원광대학교출판국, 1991.
송화섭, 「남원 대곡리 기하문 암각화에 대하여」『백산학보』42, 백산학회, 1993.
송화섭, 「先史時代 韓半島의 幾何文岩刻畵의 類型과 性格」『先史와 古代』5, 한국고대학회, 1993.

송화섭,「선사시대 암각화에 나타난 석검 · 석촉의 양식과 상징」『한국고고학보』31, 한국고고학회, 1994.
송화섭,「한국의 암각화 연구의 현황과 과제」『한국암각화연구』창간호, 한국암각화학회, 1999.
송화섭,「영천 보성리 암각화 발견 경위」(울산암각화박물관,『한국의 암각화 Ⅱ』 2012)
송화섭,「한국 암각화 문양의 명칭 및 용어 사용에 대하여」(한국암각화학회 2012 동계 워크샵 발표요지, 2012.2.17~18, 부산 복천박물관)
송화섭,「반구대 암각화의 작살잡이와 우미악(Umiak)」(한국암각화학회,『반구대암각화의 동물생태와 형상론』 2012 춘계학술회의, 2012.6.2, 국립생물자원관)
신경숙,「여수 오림동 고인돌과 암각화」(울산암각화박물관,『한국의 암각화』 2011)
신숙정,『우리나라 남해안지방의 신석기문화 연구』학연문화사, 1994.
신숙정,「신석기시대의 유물-예술품」『한국사』 2-구석기문화와 신석기문화, 국사편찬위원회, 1997.
신종환,「고령 봉평리암각화의 발견과정」(울산암각화박물관,『한국의 암각화 Ⅱ』 2012)
신주원,「나주 운곡동 유적의 세선화 검토」『한국암각화연구』 14, 한국암각화학회, 2010.
신주원,「나주 운곡동 암각화」(울산암각화박물관,『한국의 암각화』 2011)
오춘영,「경주 금장대 바위그림의 분석」『한국암각화연구』 2, 한국암각화학회, 2000.
유병일,「새로 찾은 울산지역의 신석기시대 유적-지표조사 자료를 중심으로-」,『울산연구』1, 울산대학교박물관, 1999.
유병일,「울산 다운동유적의 청동기시대 주거지양상」,『울산연구』 2, 울산대학교박물관, 2000.
유병일,「청동기시대 지석묘의 입지와 상석의 일고찰-넓은 의미의 취락연구에 관한 기본적인 접근」『울산연구』 3, 울산대학교박물관, 2001.
윤용진,「고령 개진면 양전동 선사유적에 대하여」『고고미술』66, 고고미술동인회, 1966.
이기백 · 이기동,『韓國史講座』1, 古代編, 新石器時代의 社會와 文化, 一潮閣, 1982.
이동헌,「경주 석장동 암각화」(울산암각화박물관,『한국의 암각화 Ⅱ』 2012)
이백규 · 오동욱,「진천동 선사유적」(경북대학교박물관 · 대구광역시달서구,『진천동 · 월성동 선사유적』 2000)
이상길,「패형 암각의 의미와 그 성격」(한국역사민속학회 편,『한국의 암각화』한길사, 1996)
이상길,『청동기시대 의례에 관한 고고학적 연구』 대구효성카톨릭대박사학위논문, 2000.
이상길,「고령 안화리 암각화」(울산암각화박물관,『한국의 암각화 Ⅱ』 2012)
이상목,「울산 대곡리 반구대 선사유적의 동물그림: 생태적 특성과 계절성을 중심으로」『한국고고학보』 52, 한국고고학회, 2004.
이상목,「경남 의령 마쌍리 출토 암각화」(울산암각화박물관,『한국의 암각화』 2011)

이상목, 「한국 신석기 문화의 특징과 반구대 암각화」(한국암각화학회 주최 '반구대 암각화 발견 40주년 기념 학술토론회' 『한국 암각화의 길을 묻다』 2011.12.9, 국민대학교박물관)
이상헌, 「천전리 각석과 대곡리 암각화의 보존에 대한 제언」(제5회 울산대학교 인문과학연구소 학술토론회 『천전리 각석과 대곡리 암각화의 중요성과 보존방안』발표요지, 1994.12.8)
이상헌, 「국내 암각화의 훼손양상과 지질학적 보존대책」『한국암각화연구』 4, 한국암각화학회, 2003.
이석훈 · 김수진, 「주기적으로 침수되는 퇴적암의 풍화 특성」『한국광물학회지』 17, 한국광물학회, 2004.
이윤종 · 이인기, 「지질도폭설명서(언양도폭) 1:50,000」국립지질조사소, 1972.
이은창, 「고령 양전동 암각화」(울산암각화박물관,『한국의 암각화Ⅱ』 2012)
이주헌, 「함안 도항리 암각화」(울산암각화박물관,『한국의 암각화』 2011)
이재환, 「대구 진천동 입석 암각화」(울산암각화박물관,『한국의 암각화Ⅱ』 2012)
이청규, 「청동기 · 철기시대의 사회와 문화 」『한국사』 1, 한길사, 1994.
이청규, 「철기시대의 사회와 경제 」『한국사』 3, 국사편찬위원회, 1997.
이하우, 「迎日 七浦마을의 바위그림들」『歷史散策』4, 범우사, 1990.
이하우, 『칠포마을 바위그림』 고문화연구회, 1994.
이하우, 『잃어버린 신화 바위문화 이야기』민속원, 2003.
이하우, 「한국 윷판형 바위그림 연구」『한국암각화연구』 5, 한국암각화학회, 2004.
이하우, 「알타이의 제단 · 제의 장소 바위그림」『중앙아시아연구』 12, 중앙아시아학회, 2007.
이하우, 「울산 반구대 암각화의 제작 층 분석 연구」『한국상고사학보』 58, 한국상고사학회, 2007.
이하우, 「검파형 암각화의 양식변화와 기능성 변형」(고령군대가야박물관 · 영남대학교민족문화연구소 · 한국암각화학회, 『고령지역의 선사고대사회와 암각화』 2008)
이하우, 『韓國先史岩刻畵의 祭儀表現에 關한 硏究』경주대학교 박사학위논문, 2009.
이하우, 「천전리의 동물표현, 황금 뿔의 사슴」『한국암각화연구』 14, 한국암각화학회, 2010.
이하우, 『한국 암각화의 祭儀性』학연문화사, 2011.
이하우, 「대구 천내리 암각화의 발견」(울산암각화박물관,『한국의 암각화Ⅱ』 2012)
이하우, 「포항 칠포리 암각화의 발견」(울산암각화박물관,『한국의 암각화Ⅱ』 2012)
이현석, 「울산 무거동 옥현유적에 대하여」, 『울산연구』2, 울산대학교박물관, 2000.
任世權, 「한국 선사바위그림의 연대에 대하여」『藍史鄭在覺博士古稀紀念史學論叢』 1984.
임세권, 「안동군 임동면 한들마을의 바위그림」『안동문화연구』 14, 안동대 안동문화연구

所, 1993.
임세권, 『韓國 先史時代 岩刻畵의 性格』단국대학교박사학위논문, 1994.
임세권, 「한국 선사 암각화의 한국적 형상성의 성립」『한국미술의 자생성』한길사, 1999.
임세권, 「한국 암각화에 나타난 태양신 숭배」『한국암각화연구』창간호, 한국암각화학회, 1999.
임세권, 『한국의 암각화』대원사, 1999.
임세권, 「미국 암각화에 나타나는 수족과장형 인물상」『한국암각화연구』 3, 한국암각화학회, 2002.
임세권, 「선사시대의 예술과 신앙」(김정배 편저,『한국고대사입문』1, 신서원, 2006)
任章赫, 「大谷里 岩壁彫刻畵의 民俗學的 考察」『韓國民俗學』 24, 韓國民俗學會, 1991.
임재해, 「암각화를 통해 본 탈의 기원과 그 기능의 변모」『민속연구』 7, 안동대학교민속학연구소, 1997.
장명수, 「榮州 可興洞岩刻畵와 防牌文岩刻畵의 性格 考察」『擇窩許善道先生停年記念韓國史學論叢』1992.
장명수, 「한국 암각화의 편년」(한국역사민속학회 편, 『한국의 암각화』 한길사, 1997)
장명수, 「울산 대곡리 암각화인들의 생업과 신앙」『인하사학』 5, 1997.
장명수, 「대곡리 반구대암각화의 신앙의식」『울산연구』 1, 울산대학교박물관, 1999.
장명수,「암각화를 통해서 본 우리나라 선사인들의 신앙사유」『한국암각화연구』창간호, 1999.
장명수, 「韓國先史時代 岩刻畵 信仰의 展開樣相」『한국암각화연구』 2, 한국암각화학회, 2000.
장명수, 『韓國岩刻畵의 文化相에 대한 硏究』인하대학교 박사학위논문, 2001.
장명수, 「新例 刀劍類 그림 岩刻畵의 文化性格에 대한 檢討」『학예연구』 3 · 4, 국민대학교박물관, 2003.
장명수, 「한국 암각화의 형식분류와 문화특성」『한국암각화연구』 10, 한국암각화학회, 2007.
장석호, 「울산암각화의 형상분석과 양식비교」(예술의전당 · 울산시, 『암각화국제학술대회논문집』 2000)
장석호, 「국보 제285호 대곡리 암각화의 도상해석학적 연구」『선사와 고대』 27, 한국고대학회, 2007.
전호태, 「울주 대곡리, 천전리 암각화」(한국역사민속학회 편,『한국의 암각화』한길사, 1996)
전호태, 「신화와 제의」(한국역사연구회, 『한국사상사의 과학적 이해를 위하여』 청년사, 1997)
전호태, 「울산 유적 · 유물의 특성과 시립박물관의 성격」(울산경제정의실천시민연합,『울

산의고대문화–울산매장문화재의 가치와 보존방안』 1997)
전호태, 「울주 천전리 서석 세선각화 연구」『울산연구』 1, 울산대학교박물관, 1999.
전호태, 「울산 반구대암각화 보존론」『한국암각화연구』 2, 한국암각화학회, 2000.
전호태, 「울산대곡리반구대암각화 형상 재분류 및 새김새 재검토–울산대박물관 실측자료를 중심으로–」『울산사학』 9, 울산사학회, 2000.
전호태, 「울산 반구대암각화 편년론」『울산사학』 10, 울산사학회, 2001.
전호태, 「천전리 서석 암각화와 명문」(울산광역시사편찬위원회,『울산광역시사』1.역사편, 2002)
전호태, 「청동기시대 울산의 집과 마을」『울산사학』 11, 울산사학회, 2004.
전호태, 『울산의 암각화–울산 대곡리 반구대암각화론』울산대학교출판부, 2005.
전호태, 「반구대암각화, 울산학, 역사교육의 유기적 연계와 순환관계 시론」『人文論叢』27, 울산대학교 인문과학연구소, 2008.
정동락, 「고령지역의 윷판형 암각」『한국암각화연구』 11 · 12, 한국암각화학회, 2009.
鄭東燦, 「우리나라 선사바위그림의 연구–대곡리 선사바위그림을 중심으로」 연세대학교 석사학위논문, 1986.
鄭東燦, 「울주 대곡리 선사바위그림의 연구」『손보기박사 정년기념 고고인류학론총』 지식산업사, 1988.
정동찬, 『살아 있는 신화 바위그림』 혜안, 1996.
조영제, 「남강댐 수몰지역의 발굴성과」(제7회 영남고고학회 학술발표회, 1998)
조용진, 「암각화 연구를 위한 등고선 촬영술 제안–이미 개발되어 사용되고 있는 등고선 촬영술과 장치를 암각화 연구에 적용하는 방안에 대한 실제적 제안」(한국암각화학회,『한국 암각화의 길을 묻다』반구대암각화 발견 40주년 기념 학술토론회, 2011.12.9.)
차순철, 「慶州市 金丈臺 出土 遺物紹介」『서라벌』 5, 연구모임'서라벌', 1996.
천진기, 「울산암각화를 통해 본 동물숭배, 생식신앙, 민속의례와 세계관」(울산광역시 · 예술의전당,『울산 암각화 발견 30주년 기념 암각화 국제 학술 대회 논문집』2001)
최광식, 「북한 무산군 지초리 암각화」『先史와 古代』 26, 한국고대학회, 2007.
최병렬, 「반구대 암반사면의 안정성에 관한 연구」『과학교육연구논총』18, 2002.
최종혁, 「동삼동 패총인의 생업」『한국신석기연구』 18, 한국신석기학회, 2009.
최종혁, 「울산 황성동 신석기시대 유적의 동물유존체 분석」(한국문물연구원, 『울산 황성동 신석기시대유적』 2012)
최주 · 김수철 · 김정배, 「한국의 세형동검 및 동령의 금속학적 고찰과 납동위원소비법에 의한 원료산지추정」『선사와고대』3, 한국고대학회, 1992.
최헌섭, 「함안 도항리 선사유적」『한국상고사학보』 10, 한국상고사학회, 1992.
하인수, 「신석기시대 사람들의 어로생활」『한국고고학저널 2010』국립문화재연구소, 2011.

하인수, 「동삼동패총과 반구대 암각화」 (문화재청 주최, 국제기념물유적협의회한국위원회(ICOMOS-KOREA) 주관 '대곡천 암각화군의 유산적 가치 국제세미나', 2012.6.1, 국립고궁박물관)
하진호, 「고령 지산동 암각화 발견경위-지산동30호분 개석암각화」(울산암각화박물관, 『한국의 암각화 Ⅱ』 2012)
하인수, 「반구대 암각화의 조성시기론」『한국신석기연구』 23, 한국신석기학회, 2012.
한병삼, 「先史時代 農耕文 靑銅器에 대하여 」『考古美術』 112, 한국미술사학회, 1971.
홍미영, 「구석기시대」(김정배 편저,『한국고대사입문』1, 신서원, 2006)
홍보식, 「동래 복천동 고분군의 암각화」(울산암각화박물관,『한국의 암각화』 2011)
황상일 · 윤순옥, 「반구대암각화와 후빙기 후기 울산만의 환경변화」『한국 제4기 학보』 9, 한국 제4기 학회, 1995
황상일 · 윤순옥, 「울산 태화강 중 · 하류부의 Holocene 자연환경과 선사인의 생활변화」『한국고고학보』 43, 한국고고학회, 2000.
황상일 · 윤순옥, 「울산시 황성동 세죽해안의 Holocene 중기 환경변화와 인간생활」『한국고고학보』 48, 한국고고학회, 2002.
황상일 · 박경근 · 윤순옥, 「반구대암각화의 주기적인 침수와 구성암석의 풍화 특성」『대한지리학회지』 45, 대한지리학회, 2010.
黃龍渾,「韓半島 先史時代 岩刻의 製作技術과 形式分類」『考古美術』127, 韓國美術史學會, 1975.
황용훈, 『韓國先史岩刻畵研究』 경희대학교박사학위논문, 1977.
황용훈, 「신석기시대-예술과 신앙」『한국사론』 12-한국의 고고학 Ⅰ · 下, 국사편찬위원회, 1983.
黃龍暈, 『동북아시아의 岩刻畵』 민음사, 1987.
황창한, 「울산 황성동 세죽유적」, 『한국 신석기시대의 환경과 생업』 2001.
Crosby, A., Conservation of painted lime plaster on mud brick walls at Tumacacori National monument, U.S.A., 59~73, Third International Symposium on mudbrick(adobe) preservation, Ankara 1980 ICOM, ICOMOS.
D.W.Macdonald 편저, 오창영 · 우한정 감수, 『동물대백과』1~20, 아카데미서적, 1988.
Rossi-Manaresi, R., Effectiveness of conservation treatments for the sandstone of monuments in Bologna 665~688 International Symposium on The conservation of Stone Part 2 Bologna, 27~30 October 1981, ICCROM, ICOMOS.
Sangmog Lee, Chasseurs de baleines La frise de Bangudae Coree de Sud, 2011.

A Study of Bangudae Petroglyphs in Ulsan

Jeon, Ho-tae (Professor, University of Ulsan)

In the Bangudae Petroglyph Site, numerous figures are carved on the lower section of a huge cliff that unfolds along the winding Daegok Stream. About two kilometers up the stream is located another site of massive scale petroglyphs: the Inscribed Stone of Cheonjeon-ri, designated as National Treasure No. 147. Between the two petroglyph sites are also found some rocks of various sizes containing traces of engravings, although they have been thoroughly investigated yet. As the central region of Ulsan are mostly low hills and flat lands, the long valley area is distinctive in its atmosphere. The selection of this area as production sites seems to be closely related to these unique topographical condition and atmosphere.

It is no exaggeration to say that petroglyphic studies in Korea started with the discovery of the Bangudae Petroglyphs. It is widely known among researchers that a considerable amount of efforts was put into petroglyphic research due to the petroglyphs' rich contents, realistic representation of the figures, and unique pictorial composition. Recent researches deal with topics such as the date of the production, carving methods, and symbolic and socio-cultural interpretation of the images.

While archeological excavation of artifacts around the site can theoretically allow researchers to establish chronological analysis through comparing them with the images of each working layer, it is hard to discover or collect comparative materials; first, excavation conditions should be taken into account; and, the comparison of unearthed artifacts with the petroglyphs that have been exposed all through the time do not provide accurate analysis. For these reasons, it is extremely difficult to acquire an objective chronological analysis of the petroglyphs. Consequently, it is necessary to use different methods and data for chronological analyses of petroglyphs.

The first survey report of the Bangudae Petroglyph in Daegok-ri was made thirty years ago. In 2000, University of Ulsan Museum published a detailed survey report of the site, Although belated, this became a great resource for further petroglyph research as it provides some important academic information. Most of all, individual identification numbers are given to all the figures including the additionally reported 80 or so. In addition to Korean researchers, international petroglyph researchers are now able to attempt a sudy of the Bangudae site through these survey drawings and mapping. Moreover, those methods used by the University of Ulsan Museum, namely photographing, conducting actual measurement, making rubbing, and using cellulose methods, made a good precedent for the survey of other Korean petroglyphs.

The most significant result of the re-classification of the carved figures on the basis of the surveying report by the University of Ulsan Museum is that it called for a revision of the research direction of the site and review of some specimens in the previously suggested data. It was also acknowledge that, in the reviewing process of figure carving, a more thorough analysis of the producing process and producing skills of incomplete and transformed figures is needed. These are the remaining tasks that should be solved by future petroglyph researchers.

The Bangudae petroglyphs are composed largely of four work layers. Each layer adopted different techniques in pictorial composition and representation. Probably, the producers of all work layers of the Bangudae Petroglyphs were hunter-gatherers who lived around the Daegok Stream. It is unclear whether there were social continuations in between the four production groups. What is rather clear is that the producers of the third work layer is distinguished from the previous and subsequent groups. As a whole, however, the petroglyphs display simplicity of expression commonly discovered in the arts of prehistoric and ancient Korea.

According to my analysis, the Bangudae petroglyphs were produced between the late- Neolithic period and Bronze age by different groups of people who performed rituals in the Bangudae rock cliff area. Although ritual intention discovered in each work layer is different from each other, the common motive of production must have been their belief that rock carving should bring magical effects.

The investigation unveiled only limited information through which to estimate the date of the carvings. The shortage of more exact information on the tools or ways of life in the era makes the dating extremely difficult. Admittedly, the conclusion that the Bangudae Petroglyph is a production of a hunter-gatherer society before the beginning of agriculture would be simply drawn from the fact that the figures on the panel are mostly marine and land animals and include hunting scenes. However, it may be premature to make such a conclusion when the intentions and characteristics of the Bangudae Petroglyphs are not fully examined. Ways of everyday life and methods of tool manufacturing can be different even in the same era, depending on the region, ecological environment, cultural stage, and composition of the population in the area. Therefore, when determining the production date of the Bangudae Petroglyph, simple comparison of the results of individual studies or methods should be avoided. Instead, it is necessary to adopt inter-disciplinary, synthetic research method. If the research methodologies of the whole related fields are put together for the investigation of the site, a more accurate analysis of the Bangudae Petroglyphs would be found before too long.

The Bangudae Petroglyphs, along with the discovery of the Inscribed Stone of Cheonjeon-ri, sparked the studies of Korean petroglyphs. The Bangudae site itself also won academic recognition enough to be referred to in most related researches let alone being designated as a National Treasure. Despite all these, there has been neither proper supervision of the site nor adequate preservative measurement about the site, which is submerged in the water for seven to eight months a year now. It is therefore not surprising to see that the petroglyphs have been altered and deteriorated seriously in the past thirty years. To avoid more severe deterioration, appropriate supervision and preservation plans is extremely urgent. Hopefully, the current conditions of the site, which experienced repeated yearly submergence and exposure in addition to the constant weathering and erosion, would be improved as soon as possible, with the concerns of the academic circle as well as other individuals and institutions involved.

If local autonomy has enough contents, local identity can be explored primarily through the establishment of regional studies. Active studies of regional history and culture need to be supported with accumulated research results, and the research and preservation of cultural heritage are part of them. The results of area studies should be applied to regional history education so that the future generation can be desirably interested in regional society and be proud of them. The controversy over preservation and development of cultural heritage should be settled from this dimension.

The petroglyph researches in Korea are still in progress, exploring untrodden ways. There are many unsolved tasks, and the foundation of researches are not firmly built. Nor has the research expanded considerably for the past years. Petroglyph is a subject of interdisciplinary studies but still is a secondary subject in terms of individual study field. Petroglyphs in Korea, however, contain historical and cultural memories which are essential to understanding the characteristics of the cultural systems, religions, and faith of prehistoric and early societies. For this reason, more active and constant researches of petroglyphs of Korea are needed despite the unfavorable research conditions.

울산 반구대암각화 연구

2013년 7월 25일 1판 1쇄 발행
2013년 12월 17일 1판 2쇄 발행

저자 전호태

펴낸이 임상백
기획편집 Hollym 기획편집팀
디자인 유예지
독자감동 임상우 이승원
경영지원 남재연

펴낸곳 (주)한림출판사
주소 (110-111) 서울특별시 종로구 종로 12길 15 종로코아 7층
등록 1963년 1월 18일 제300-1963-1호
전화 02-735-7551~4
전송 02-730-5149

전자우편 info@hollym.co.kr
홈페이지 www.hollym.co.kr

ISBN 978-89-7094-677-1 93900

* 값은 뒤표지에 있습니다.
* 잘못 만들어진 책은 구입하신 서점에서 바꾸어 드립니다.